2017 年度

沪美交流精彩瞬间回眸

2 月 28 日，《上海公报》发表 45 周年，中美两地纷纷举办主题活动。其中，中国驻洛杉矶总领事馆与尼克松基金会在美国尼克松图书馆举行纪念仪式；上海市国际关系学会等机构在上海举办专题学术研讨会。

美国当地时间 5 月 6 日，“上海市北高新美国创新中心”在美国硅谷成立，旨在打通中美研究、产业、人才、资本的对接通道，进一步助力上海的大数据产业发展和全球科创中心建设。

5 月 28 日，中国第一家中美合作且具有独立法人资格的研究型大学、上海浦东第一所真正意义上的国际化大学——上海纽约大学举办首届本科生毕业典礼。据调查显示，该校 141 名 2017 届中国毕业生的就业率与雇主满意度均达到 100%。

美国当地时间 6 月 7 日，由上海市政府新闻办公室与上海市浦东新区政府联合主办的 2017 年“魅力上海”城市形象推广活动暨“上海，创新之城”摄影展在洛杉矶地区安大略国际机场拉开帷幕。

美国当地时间 9 月 14-24 日，由上海京剧表演艺术家尚长荣、史依弘主演的京剧《霸王别姬》亮相美国大都会博物馆阿斯特中国庭院，连续演出 12 场。这是中国京剧首次走进有百年历史的美国大都会博物馆。

10 月 20 日，上海首家三级规模综合型外资医院——上海嘉会国际医院正式开诊。上海嘉会国际医院同时宣布启动首个国际多学科诊疗平台。这标志着全球顶级医疗质量标准和医疗技术“落地”“生根”上海。该医院于 2011 年在中美经贸合作论坛上正式立项。该医院与美国最大教学医院——哈佛大学医学院附属麻省总医院达成长期战略合作并联合挂牌，通过合作已累计输送 600 人次医护人员赴美接受国际标准专业医疗技术和管理培训。

12 月 1-2 日，由复旦大学美国研究中心主办、上海市美国问题研究所承办的“第十届中美青年外交官对话”在上海举行。该活动已在中美两地连续举办十年，旨在帮助两国青年外交官加强沟通、增进了解。

美国当地时间 12 月 5 日，在拉斯维加斯举行的第二十九届国际电力大会上，上海外高桥第三发电有限责任公司被授予全球清洁煤领导者奖中的最高效率奖和最低氮氧化物排放奖。该奖项由美国能源巨头皮博迪（Peabody）公司出资设立，是有史以来第一次向中国企业颁奖。

美国当地时间 12 月 7 日，上汽集团加州资本与全球顶级科技创新生态平台 Plug and Play（PNP）正式达成战略合作。双方将致力于在智能驾驶、网联汽车、共享出行和汽车电动化等多个领域共同集合创新力量，培育创新企业，并通过上汽集团在中国的平台，将颠覆性的技术或产品引入中国市场，搭建起中美两国汽车科技创新的桥梁。

2017 年，美国艾奥瓦州、密歇根州、伊利诺伊州、密苏里州、阿肯色州的 5 位州长先后到访上海，与上海市政府领导亲切会谈。双方就进一步推动上海与美国地方交流与合作展开积极交流。

2017 年度

沪美交流数据纵览

2017 年上海与美国经贸交流情况

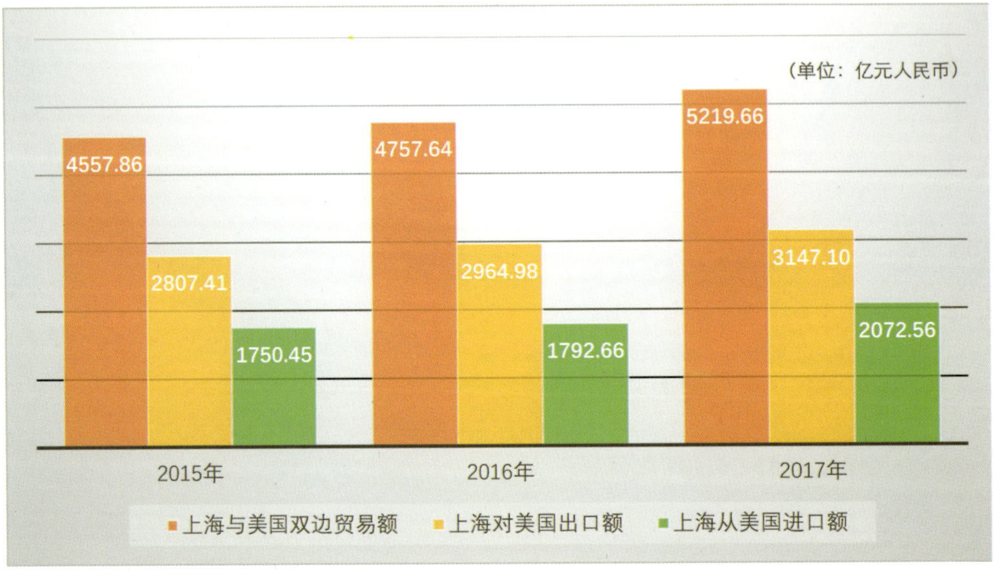

	2016 年 （亿元人民币）	2017 年 （亿元人民币）	同比变化 （%）
上海与美国双边贸易额	4757.64	5219.66	+ 9.71
上海对美国出口额	2964.98	3147.10	+ 6.14
上海对美国进口额	1792.66	2072.56	+ 15.61

上海接待外国旅游者人数（按客源国分）

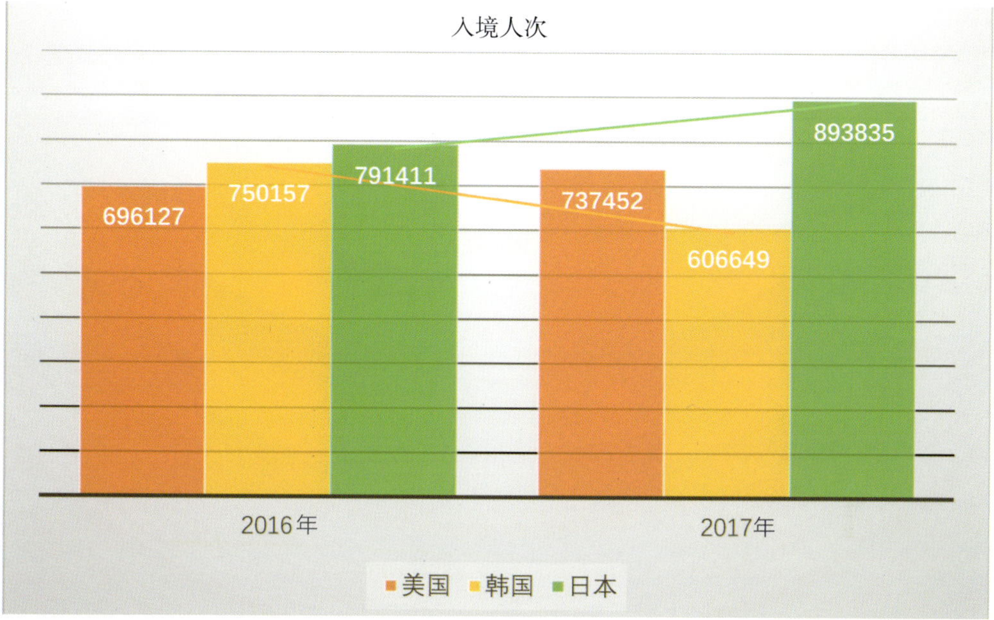

注：2017 年，上海接待美国入境旅游者 737,452 人次，同比增长 5.94%，美国超过韩国成为上海第二大外国客源国（仅按过夜外国人计）。

2017 年上海接待美国入境旅游者人次的月度统计表

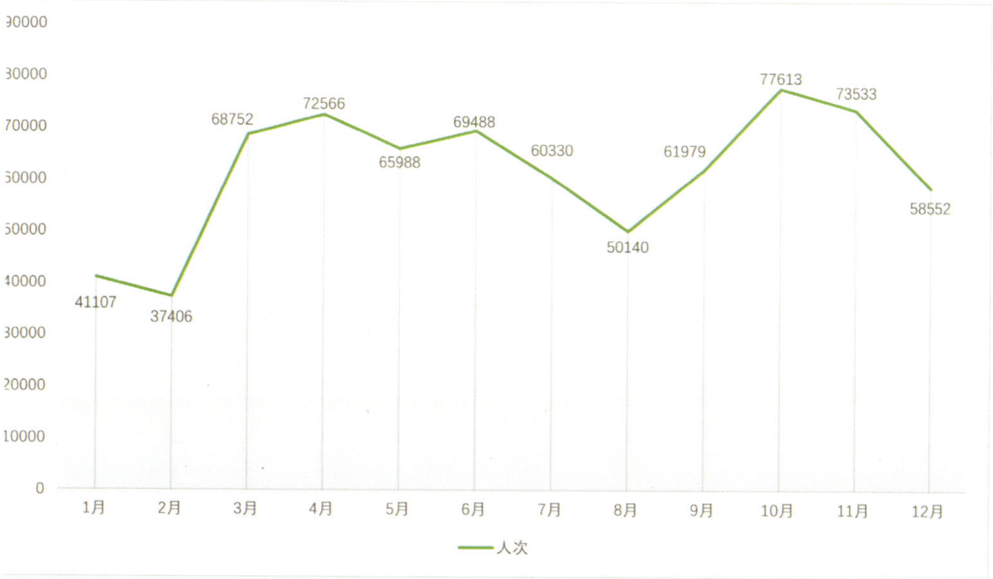

2014-2017 年
上海受理美国艺人在本市歌舞、娱乐等场所进行营业性演出统计表

2015-2017 年
上海市文化广播影视管理局审批美国进出口艺术品统计表

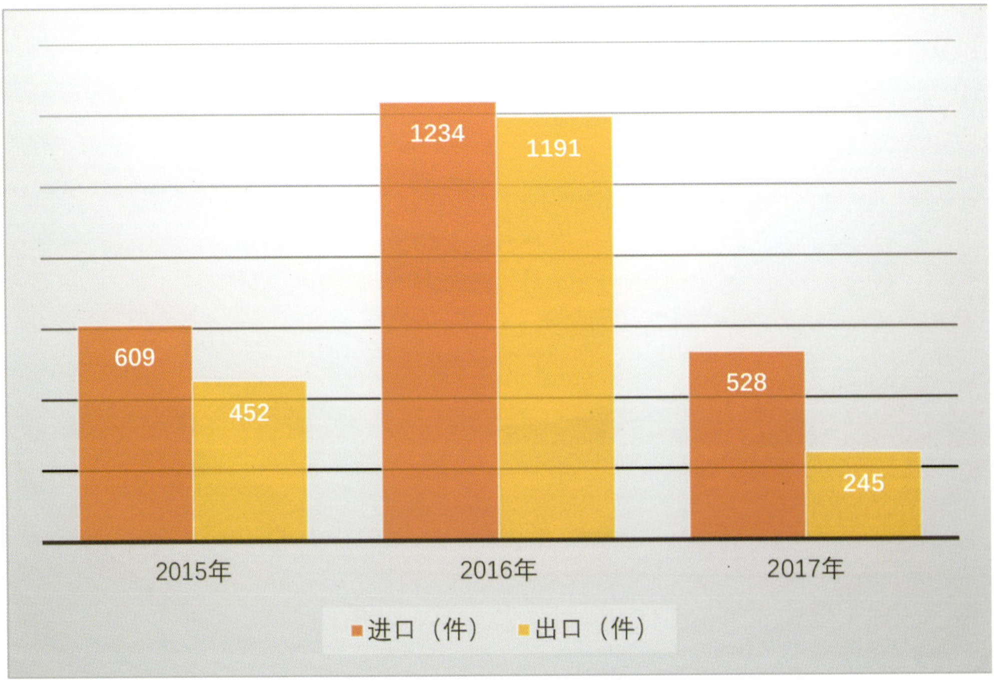

2017
上海与美国地方交流
年度大事记

上海市美国问题研究所 主编

上海遠東出版社

图书在版编目(CIP)数据

上海与美国地方交流年度大事记. 2017/上海市美国问题研究所主编. —上海：上海远东出版社，2018
ISBN 978-7-5476-1382-5

Ⅰ. ①上… Ⅱ. ①上… Ⅲ. ①中美关系—国际交流—大事记—上海—2017 Ⅳ. ①D827.51

中国版本图书馆 CIP 数据核字(2018)第 140087 号

责任编辑 张喜梅
特约编辑 黄诗韵
装帧设计 张晶灵

上海与美国地方交流年度大事记(2017)
上海市美国问题研究所 主编

出　　版 上海远東出版社
(200235 中国上海市钦州南路 81 号)
发　　行 上海人民出版社发行中心
印　　刷 浙江临安曙光印务有限公司
开　　本 710×1000 1/16
印　　张 14
插　　页 5
字　　数 251,000
版　　次 2018 年 7 月第 1 版
印　　次 2018 年 7 月第 1 次印刷
ISBN 978-7-5476-1382-5/G·877
定　　价 58.00 元

总序

仇朝兵

中美关系是一对非常复杂的双边关系，两国既存在深刻的矛盾、激烈的竞争甚至是冲突，也拥有广泛的共同利益。自 1979 年正式建交以来，中美关系的发展虽不断面临各种挑战，但整体而言，维持了积极发展的势头：高层互访频繁，双边各层次对话机制不断增加，并越来越制度化；双边经贸关系取得了长足发展，双边贸易额持续增加，双边直接投资也取得积极进展；两国军事关系也取得突破，两国防务部门在 2014 年签署了“两个互信机制”谅解备忘录（“建立重大军事行动相互通报信任措施机制谅解备忘录”和“海空相遇安全行为准则谅解备忘录”）；人文交流不断扩大和深化，两国在教育、科技、体育、旅游等领域的交流与合作成果突出；在应对全球及地区挑战方面，两国也进行了密切磋商与合作，共同推动了一些地区和热点问题的解决，促进了世界和平、稳定与繁荣。中美之间已形成了全方位、多层次的交流与互动格局。

习近平主席经常强调，“国之交在于民相亲”。经过建交以来几十年的发展，中美关系的政治和社会基础已比较坚实。全面理解中美关系，既要全面审视两国政府层面的互动，还要认真考察民间、社会层面的交往；既要考察两国政治、经济、安全领域的互动，也要考察社会、人文领域的交往；既要关注两国中央政府层面的、宏观的、战略性的互动，也要全面考察地方政府和地方层面的、微观的、具体的交往。中美关系，不仅仅是两国政府之间的关系，还是两个社会之间的关系；不仅仅是两国中央政府之间的关系，还包括两国地方政府之间的关系。随着两国各层次、各领域交往日益走向深入，中美关系的这一特征将会变得更加突出。随着各领域交流的增加，“地方”在中美两国关系中发挥的作用也将越来越重要。研究和关注“地方”层次的交往，将会为我们全面和深刻地理解中美关系提供一个崭新视角。研究“地方”在中美关系或中美交流中的作用，将成为中美关系研究的一个重要学术增长点。

上海是一座富有历史和文化内涵的城市，较早地受到欧风美雨的熏染。上海也是中国改革开放的重要窗口，在中美两国交往的历史中具有特殊地位。

鸦片战争后，中英签订的《南京条约》要求中国开放广州、厦门、福州、宁波、上海五处为通商口岸。美国在 1844 年 7 月与清政府签订的《中美五口贸易章程》(《望厦条约》)要求循例准许美国人携带家眷赴广州、福州、厦门、宁波、上海等五港口居住和贸易，这为近代美国与上海的接触提供了条约基础。美国与近代中国的经贸关系和文化交流日益深化，美国文化和制度开始对中国社会产生更深刻的影响。新中国成立后，以美国为首的西方世界对华采取了封锁、禁运和遏制政策，中国也采取了“先打扫屋子再请客”的做法。中国与西方世界相对隔绝了，上海在新中国对外交往中的地位和作用也无法得到充分发挥。

中美关系的正常化和中国的改革开放，为上海在对外交往特别是在对美交流中发挥积极作用提供了广阔背景。1972 年 2 月 28 日发布的《上海公报》也充分体现着上海在中美两国交往中的独特地位。当前上海的整体教育发展水平、科技创新能力、经济开放程度、政府治理能力在全国各省、自治区及直辖市中都名列前茅。这既反映了上海改革开放取得的巨大成就，也体现着未来上海在对外交往，包括对美交往中的潜力和能力。

随着中国对外开放水平的不断提升、经济和社会文化事业的进步以及中美关系的发展，上海与美国地方在各个领域的交流与合作也越来越多，在中美两国交往中的地位及其所发挥的作用也将会越来越突出。推动、扩大和深化上海与美国之间的交流，也必将有助于进一步推动上海的改革开放、经济发展、制度创新、社会治理、科技教育进步与学术发展，进一步增进两国人民之间的了解和友谊，促进不同文化之间的理解、尊重和融合。因此，需要从政治和战略高度提高对地方交流之重要性的认识，把上海与美国地方的交流放在中国对外战略和中美关系的全局中进行思考；需要胸怀全局，脚踏实地，积极开展各类交流活动，充分利用好上海在全国政治、经济和文化中的独特地位和它作为现代化国际大都市的独特地位，充分发挥上海在对外特别是对美交流方面的潜力。

研究上海与美国地方交流的历史与现状，对于拓展中美关系的学术研究领域和深化对中美关系之发展及其特点的认识都具有积极意义。上海市美国问题研究所组织编写的《上海与美国地方交流年度大事记》(以下简称《大事记》)在这方面进行了具有开创性的探索。

作为目前国内第一部以“地方交流”作为考察中美关系之视角的著述，《大事记》有两大特点：第一是“全面”。它全面涵盖了上海与美国地方之间的各类交流活动，包括文化艺术活动、教育交流、电影发布、科技合作、人员互访、医疗卫生交流与合作、商业投资活动、学术交流与沪美校际合作等等，充分反映了上海与美国地方之间的年度交流成果。第二是“简洁”和“准确”。对上海与美国地方之间的每一项交流活动的介绍，语言简洁朴素，详略得当，可读性强，对关键信息表述准确完整。

正因具备这两个突出特点，才使得《大事记》虽不属于精深的学术研究成果但依然具有不容忽视的学术价值和社会价值。首先是史料价值。通过收集和整理上海与美国地方之间年度各种交流活动，《大事记》为未来人们深入研究中美关系保留了重要史料，并为进一步挖掘历史资料提供了重要线索。随着未来年度《大事记》的陆续出版，这种价值将会日益凸显。其次，《大事记》成为全面展示、记录上海与美国地方之间交流与合作成果的重要平台，为人们提供了一种更为丰富多彩的中美关系图景，有助于纠正关于中美关系的各种偏见或谬论。第三，《大事记》在如实展现上海与美国地方年度交流之成就的同时，也直观地呈现了交流中存在的问题，其“咨政”价值也是显而易见的，这有助于相关决策者有针对性地作出政策调整，进一步改进工作，更好地推动上海与美国地方之间的交流与合作。

持续扩大和推动上海与美国地方之间的交流与合作，有助于夯实中美关系的社会基础。全面了解和研究上海与美国地方之间在各领域的交流与合作活动，有助于我们更加全面、平衡地认识中美关系，也有助于塑造我们更积极的世界观和更健康的大国心态。相信《上海与美国地方交流年度大事记》在其中发挥的作用值得期待！

目录

1月

2日

△美国威斯康星大学密尔沃基分校教授范大山(Dashan Fan)到访上海大学，作题为“某些振荡曲线上的 Fourier 限制性定理”的讲座。

3日

△美国加州大学洛杉矶分校富布莱特学者、古典文学系教授罗伯特(Robert Gurval)结束在华东理工大学的访问工作。其间，他作题为“埃及艳后——真相与谎言”的讲座四场，分别讲解了历史上的克利欧佩特拉、凯撒大帝和埃及艳后、美国化的埃及艳后以及电影中的埃及艳后等。罗伯特此行始于 2016 年 12 月 30 日。

△美国亚利桑那州立大学教授保罗·惠以·松田(Paul Kei Matsuda)到访上海外国语大学，作题为“Writing for Scholarly Publication in English”的讲座。

△美国布鲁金斯学会约翰-桑顿中国中心主任李成(Cheng Li)教授到访华东师范大学，围绕美国候任总统特朗普当选的特点、执政后可能的内外政策走向、国际秩序重组、中美关系、俄美关系未来发展前景等热点问题作报告。来自校内俄罗斯研究中心以及其他单位的研究人员和教师代表参与。讲座后，李成与在座专家学者就中国的美国研究现状、中美俄三边关系、台湾问题、朝鲜半岛问题、中国周边局势等热点问题进行了讨论。

3—4日

△美国数学会会士、美国犹他州立大学教授王志强(Zhiqiang Wang)到访上海理工大学，作题为“半经典非线性薛定谔方程的局部结点解”和“正则化方法研究一类拟线性椭圆方程”的学术报告。

4日

△美国哈佛大学定量社会研究中心主任加里·金(Gary King)教授到访上海交通大学,作题为“大数据,重要的不是数据(Big Data is Not About the Data)”的讲座,展示他多年来如何通过数据分析来预测社会保障的偿付能力、如何采用同一种方法来预测发展中国家的死亡原因和从社交媒体文章中挖掘有价值信息、如何创新教学方法来保证学生完成阅读作业等研究案例。

△美国田纳西大学诺克斯维尔分校教授郭宏(Hong Guo)到访华东师范大学,作题为“Computer Simulation and Analysis of Proteins: From Study of One Protein at a Time to Analysis of One Million Proteins Together”的讲座。

△美国密歇根州立大学数学系教授钱建良(Jianliang Qian)到访上海财经大学,作题为“Fast level - Set Methods for Gravity and Magnetic Inversion”的讲座。

△美国密歇根州立大学数学系教授钱建良(Jianliang Qian)到访复旦大学,作题为“Babich - like Ansatz for Three - Dimensional Point - Source Maxwell's Equations”的学术报告。

△美国普渡大学教授理查德·刘(Richard Liu)到访上海交通大学,作题为“A journey of pioneering manufacturing research from macro - to nanoscales: motivation and impact”的学术报告。

△美国蒙莫斯大学教授王加存(Jiacun Wang)到访同济大学,作题为“Design and Development of a Hand Gesture Recognition System for UAV Control”的学术报告。

4—9日

△上海财经大学组织招聘团组赴美国芝加哥参加美国社会科学联合会(ASSA)2017年会。此行旨在借助这一国际经济、金融等领域高端人才聚集平台,开展海外人才招聘工作。6日晚,在ASSA年会主会场举办了上海财经大学海外人才招聘宣讲会,吸引了百余名应聘面试者到场。

5日

△美国迈阿密大学教授阮士贵(Shigui Ruan)到访上海交通大学,作题为“Modeling the Transmission Dynamics of Avian Influenza H7N9 Virus in

China”的学术报告。

△美国圣地亚哥大学副教授卡斯滕·齐默尔曼(Carsten Zimmermann)到访上海财经大学，作题为“Co - Creation Across the Value Chain to Foster Reverse Innovation”的讲座。

△上海美国商会食品、农业与饮料委员会在上海商城举办题为“渴望更多：中国饮料市场的突破(Thirsty for More: Breaking Through in China's Beverage Market)”的专题宣讲活动。活动由上海美国商会食品、农业与饮料委员会副主席、泰来公司(Tate & Lyle)亚太区市场主管雪莉·陆(Shirley Lu)主持。尼尔森公司快速消费品行业组(CPG vertical, Nielsen)副主席辛迪·杨(Cindy Yang)作了过去18至24个月间中国饮料市场状况的回顾分析，李奥贝纳(Leo Burnett)广告公司上海分公司总经理安琪·王(Angie Wong)介绍了个人对一些获得成功的品牌的见解。

6日

△39名美国普渡大学本科生到访上海交通大学，开启普渡大学2017年春季嵌入式学期交流项目，在4周时间里学习了中国文化概论、汉语、Intercultural Teamwork、工程热力学、传热学、工程材料等课程，并体验中国文化。

△上海美国商会在上海商城举办题为“智能制造背景下的企业服务转型(Enterprise Service Transformation in Intelligent Manufacturing Trends)”的讲座，由汉得微扬(Hand Vyung)客户关系管理系统(CRM)行业事业部总经理王东、微软人工智能业务(Microsoft AI business)发展总监高辉主讲。

△上海美国商会在哈佛中心(上海)举办美利坚合众国驻中华人民共和国大使马克斯·博卡斯(Max Baucus)的招待酒会。这次酒会是博卡斯大使结束使命离开中国前最后一次访问上海所参加的活动之一。博卡斯大使对特朗普上台后中美关系的发展发表个人的见解。

△上海交通大学举行约翰·霍普克罗夫特计算机科学中心成立仪式。上海交通大学校长张杰，图灵奖得主、康奈尔大学计算机系教授、上海交通大学校长顾问约翰·霍普克罗夫特(John Hopcroft)，上海纽约大学常务副校长杰弗里·雷曼(Jeffery Lehman)，华东师范大学、同济大学、上海财经大学、上海大学、上海科技大学、东华大学等高校计算机领域的专家和负责人，以及上海交大研究生院、教务处、科研院、电子信息与电气工程学院、致远学院的领导和师生出席。张

杰校长指出，成立约翰·霍普克罗夫特计算机科学中心旨在关注计算机领域的基础问题、开发新理论及未来的高效运算法则、培养计算机领域的杰出人才，并期待该中心发展成为享誉世界的计算机研究中心。

△美国普林斯顿大学东亚系主任柯马丁(Martin Kern)教授到访上海师范大学，作题为“文本勘断与中国政治哲学的起源:《尚书》研究新动向”的讲座。柯马丁教授与欧美学术同仁从不同于传统研究的角度对《尚书》进行开拓，讲座重点介绍这些新的研究成果。

△美国佐治亚州立大学肖恩·曹(Sean Cao)博士到访复旦大学，作题为“Private Information Acquisition and Corporate Investment: Evidence from Site Visits”的学术报告。

△美国德州农工大学教授方磊(Lei Fang)到访复旦大学，作题为“Integrating Coplanarity, Rigidity, and Processability in Conjugated Macro - molecules”的学术报告。

6—8日

△复旦大学经济学院副院长陈诗一率领招聘小组赴美国芝加哥，参加美国社会科学联合会(ASSA)2017年会并招聘人才。受益于复旦大学和经济学院近年来国际化所取得的良好进展和声誉，此次海外招聘共收到来自全球知名大学的求职申请逾320份。经济学院在考虑学科发展需要、申请者学术能力等因素的基础上邀请求职者在年会上进行交流和面试。

9日

△美国国家科学院学部委员、美国哥伦比亚大学地球与环境工程学院终身教授拉尔(Upmanu Lall)到访华东师范大学，作题为“Forecasting and managing climate risk”的讲座。

△美国威斯康星大学麦迪逊分校永久教职副教授李万军(Wanjun Li)到访东华大学，作题为“Stem Cell - based Musculoskeletal Tissue Engineering for Orthopedic Applications”的讲座。

△美国俄亥俄州立大学教授鲁武(Wu Lu)到访复旦大学，作题为“III - Nitride Semiconductor Nanowire Resonant Tunneling Diodes”的学术报告。

10日

△《美国化学会志》发表华东理工大学田禾院士团队和台湾大学周必泰教授课题组合作的研究成果“Snapshotting the Excited－State Planarization of Chemically Locked N, N′－Disubstituted Dihydrodibenzo[a, c]phenazines”。“振动诱导发光”是一种有机共轭分子发光的新机制，它由田禾院士团队在研究二氢二苯并吩嗪类分子独特的发光现象时提出。

△上海美国商会在上海商城举办题为“中国扶贫的趋势与机遇(Poverty Alleviation Trends and Opportunities in China)”的宣讲活动。演讲人为中国扶贫基金会资源发展部主任助理朱峰。他介绍了近期中国扶贫政策的最新动态，并对公众参与和企业合作对贫困人士带来帮助的未来发展趋势和机遇提出个人见解。

△在美国APAP亚洲协会举办的中国上海国际艺术节推介会上，中国上海国际艺术节平台最新委约的原创作品——张军的当代昆曲《我，哈姆雷特》和“扶持青年艺术家计划”委约作品——代博的室内协奏曲《弯曲的时空》大放异彩。《我，哈姆雷特》以昆曲演绎莎翁笔下故事，将西方古典文学通过东方传统戏曲手段加以表现。《弯曲的时空》是由13位艺术家合作演奏的一部室内协奏曲，让时空脱离线性运动，使欧洲音乐语汇与东方音乐传统对话。

△上海美国商会在上海商城举办题为“2017年上海商业地产市场展望(2017 Shanghai Commercial Property Market Outlook)”的圆桌会议。世界著名房地产服务公司世邦魏理仕(CB Richard Ellis)中国区零售租赁代表丽贝卡·蒂伯特(Rebecca Tibbott)、戴德梁行(DTZ Cushman & Wakefield)上海公司方案小组和分布办公小组负责人乔纳森(Jonathan Rideou)、高力国际(Colliers International)工业服务负责人塔米·唐(Tammy Tang)分别对2017年上海零售、办公和工业领域的前景发表个人见解。

△上海美国商会在四季酒店召开一月份的商会会员通气会。通气会以“新环游——中国海外旅游业的发展(The New Grand Tour － The Growth of Chinese Overseas Tourism)”为题，主要内容是中国旅游业的发展及其对旅游产业的影响。洲际酒店集团(InterContinental Hotels Group)商业主管艾米丽·张(Emily Chang)、美国联合航空公司(United Airlines)东亚区域销售主管伊莉莎·林(Eliza Lin)、美国驻上海领事馆高级商务官员卡梅伦·沃克(Cameron Werker)分别作发言。

△哈佛大学东亚研究中心台湾研究小组史蒂夫·戈尔德茨坦(Steve Goldstein)教授率陆伯彬、容安澜、傅士卓等组成的美国学者代表团到访上海国际问题研究院。上海国际问题研究院副院长严安林会见代表团一行。该院台港澳研究所所长邵育群、国际战略研究所所长吴莼思、台港澳研究所童立群副研究员等研究人员与代表团座谈。双方就当前中美关系和两岸关系讨论交流,并对特朗普执政后的双边关系发展和台海问题交换看法。

上旬

△上海第二军医大学附属长海医院临床教学中心成功举办美国心脏协会(AHA)基础生命支持(BLS)导师课程培训班,旨在使学员掌握AHA的最新BLS教学流程,在接受主任导师对各自独立教学过程的督导后成为长海医院第一批AHA授权的BLS导师,并获得导师资格证书。由此,将长海医院临床实践培训课程的建设和标准与国际接轨,打造专业的临床实践技能培训导师团队。

△美国工程院院士、加州大学伯克利土木与环境系原系主任丽莎·阿尔瓦雷茨·科恩(Lisa Alvarez-Cohen)教授到访同济大学。同济大学校长钟志华教授会见科恩并简单介绍了学校基本情况,提出对美著名大学合作的战略构想,特别是希望加强与加州大学伯克利分校的合作。科恩院士向钟校长介绍了她与同济大学合作的历史,强调了科研合作和人员交流方面的成果,希望进一步加强合作,并期待钟校长近期对加州大学伯克利分校的访问。

11日

△美国北卡罗来纳大学特聘教授克劳斯·拉雷斯(Klaus Larres)到访上海国际问题研究院,作关于特朗普政府与中美欧关系的讲座。上海国际问题研究院欧洲研究中心主任张迎红主持。该院欧洲研究中心和美洲研究中心的研究人员出席讲座。

△美国德克萨斯大学大河谷分校教授冯宝峰(Baofeng Feng)到访同济大学,作题为"A Two-component Generalization of the Degasperis-Precesi Equation and Its Short Wave Limit"的学术报告。同日,冯宝峰到访上海大学,作题为"Degasperis-Precesi方程的二元推广及短波极限"的学术报告。

△美国德州大学阿灵顿分校教授刘悦(Yue Liu)到访上海大学,作题为"来自于水波理论的Camassa-Holm-KP模型"的学术报告。

12日

△上海美国商会在上海商城举行会员培训项目，为中国小组成员定制课程，以提升参与者的行政演讲技巧。培训项目为期一天，由 eHouser. com 培训师华先锋(Eric Houser)负责培训工作。

△上海美国商会在上海商城举行企业家委员会(Entrepreneurship Committee)2017年新年计划会议。各企业家借此次会议的机会，对企业家委员会在2016年的项目进行反馈，并对2017年的目标和项目进行交流。

13日

△上海美国商会在新天地朗廷酒店举办上海美国商会 CEO 系列讲座的最新一期活动。讲座主题是“探究新民族主义的兴起——与 APCO 首席执行官布拉德·斯塔布对话(Navigating the Rise of New Nationalism - A Conversation with APCO CEO Brad Staples)”。斯塔布对特朗普当选、英国脱欧、世界主要经济体中民族主义的崛起和经济保护主义政策的实施等一系列热点事件对商业贸易的影响发表了个人见解。

△美国埃默里大学法学院教授络德睦(Teemu Ruskola)到访上海交通大学，在该校法学院参加“对话法律东方主义(A Conversation on Legal Orientalism)”论坛，与多位专家学者展开研讨。

△上海美国商会在上海商城举行题为“高管商务仪表之展现个人魅力，提升领导者专业形象(Leadership Image and Personal Brand)”的会员培训项目。培训由欧信国际合伙人兼三师会总裁吴俊财(James Ng)、CIPT 国际职业培训师卜静怡(Jenny)担任讲师，面向企业中高管、销售总监、技术高管以及其他想要提升专业形象的资深经理人士等。学员们通过培训了解如何选择符合职业要求的商务装束、如何塑造拥有自我风格的职业专业形象、个人形象如何跟企业文化相结合等问题。

△上海美国商会在上海商城举办“上海外国人高端人才签证改革”情况介绍会。上海市人力资源与社会保障局外事部主任兼上海市外国专家局主任祝颖华对2016年9月中国新颁布的《外国人来华工作许可制度》作介绍。

△美国纽约大学工学院教授姜钟平到访东华大学，作题为“Network Small-Gain Theorem: A Tool for Network Stability and Control”的讲座。

16 日

△美国威奇托州立大学教授维克多·伊萨科夫(Victor Isakov)到访复旦大学,作题为“Some inverse problems: Increasing Stability, Option Pricing and Anisotropic Elasticity”的学术报告。

17 日

△由上海市张江高新区管委会主办、上海科技开发交流中心承办的“领事进张江”活动举行,美国、法国、比利时、丹麦、荷兰、俄罗斯、南非、澳大利亚、伊朗、日本、马来西亚、斯里兰卡等 22 个国家驻沪总领馆总领事、领事和驻沪机构代表以及张江国家自主创新示范区内 17 个园区及企业代表集聚一堂,进行交流。该活动旨在搭建合作交流展示平台,促进张江园区和企业融入国际创新体系建设,加大国际合作力度,拓宽国际渠道。

△上海美国商会在上海商城举办早餐圆桌会议。会上,美国战略与国际问题研究中心中国商业和政治经济学项目主管兼费和中国研究项目副主任甘思德(Scott Kennedy)与美国商会会员就中国的网络信息技术和创新政策、特朗普时代中美双边关系的发展等问题交换了意见。

△上海美国商会举办题为“美国制造,售于中国——蓝海战略(Made in USA Selling to China - Blue Ocean Strategy)”的在线讨论会。Leseed 公司主席汤尼·陈(Tony Chen)在线上讨论中对美国公司如何通过线上线下整合的战略进入中国市场提供了有价值的指导意见。

△上海美国商会制造商商业理事会(Manufacturers' Business Council)在上海商城举办题为“将外国公司出售给中国买家(M&A in China: Selling a Foreign Company to a Chinese Buyer)”的圆桌会议。Lin Engineering 公司的首席执行官特德 ·林(Ted T. Lin)作为主讲人,对“美国公司出售给中国买家”这一主题有关的案例实践和经验教训发表了独到的见解。

△上海美国商会的女性经理人联络委员会(Women's Executive Network Committee)在进贤路夜来香餐厅举行午餐交流会。交流会主题为“2017 年的领导者目标”。资深经理人莎拉·科林(Sarah Köchling)和吉恩·刘(Jean Liu)主持午餐会,资深经理培训师杰夫·哈森弗拉茨(Jeff Hasenfratz)、阿克塞尔·库尔曼(Axel Kuhlmann)、奥德丽·施罗德(Audrey Schroeder)等人与会。

19日

△上海美国中心邀请“山高”乐队举办了一场音乐、舞蹈和文化交流的活动。“山高”是一个在中国成立的美国阿巴拉契亚民俗音乐团体，同时也是美国大使馆文化受助者。“山高”在上海美国中心通过教传统的方块和大圈舞蹈与观众互动，并分享对中美两国音乐的热爱。

△美国史密森尼环境研究中心副研究员卢蒙（Meng Lu）到访华东师范大学，作题为“Data Tell Stories：Case Studies in Chesapeake Bay and Sundabans”的学术报告，介绍美国史密森尼环境研究中心长达30年的倍增CO_2实验以及开展的红树林及孟加拉虎保护生物学项目。

中旬

△上海市侨联秘书长陶勇率团一行6人出访美国洛杉矶、西雅图和加拿大温哥华，受到当地侨团的热烈欢迎。其间，代表团在洛杉矶与南加州侨界上海籍侨领及各界代表座谈交流，美国华人社团联合会荣誉主席张素久、鹿强，监事长顾衍时，美国上海人联谊会创会会长刘冰，南加州复旦大学校友会会长刘永刚，美国电商物流联合会会长罗豪等出席。陶勇转达中国侨联副主席、上海市侨联主席沈敏给南加州侨胞的新年问候，介绍上海市侨联工作的近况与远景，还参观了360zebra和MADEINCHINA. COM两家华人电商物流企业并进行交流，探讨如何与上海企业建立更多的合作商机。

21日

△美国圣路易斯华盛顿大学在上海外滩华尔道夫酒店举办“中国老龄化”论坛。来自亚洲地区的众多著名高校学者齐聚一堂，探讨老龄化对全球现有医疗、就业、社会保障体制的挑战。主管国际事务的副校长詹姆斯·沃尔什教授表示本次论坛旨在鼓励合作型研究，促进跨学科对话，为中国日益严重的老龄化问题提供解决方案，寻求老龄产业经济增长机会。

△上海浦东新区龙美术馆举办美国艺术家詹姆斯·特雷尔作品上海回顾展。开幕式上，美国驻上海总领事馆副领事戴枫（Devin Glick）发表了演讲，希望观众通过欣赏美国艺术展出，加强两国的文化联系，促进相互理解。

21 日—2 月 3 日

△华东师范大学合作共建的海外孔子学院举办了一系列新春文化活动。其间,华美孔院、华美协进社以及华美人文协会共同举办庆祝中国新年的招待会,中国驻纽约总领馆教育参赞徐永吉和纽约州教育厅、亚洲协会以及美国各地教育界知名人士等 60 余人出席;中阿肯色大学孔子学院举办文化俱乐部首次活动——体验中国“味儿”,吸引了美国、西班牙、日本、韩国等国学生及教职员工参与;由芝加哥孔子学院主办、北京人大附中学生艺术团参演的 2017 年新春汇演在美国沃特佩顿演奏厅(Walter Payton's Recital Hall)举行,芝加哥公立学区 8 所学校的 1000 名学生参与;由美国爱荷华大学中文部主办、爱荷华大学孔子学院协办的 2017 年新年晚会成功举行。

23 日

△由中国食品药品监管总局国际合作司举办的“中美食品药品检查员队伍建设”座谈会在沪举行。会议邀请了美国驻华使馆农业处、美国食品药品管理局(FDA)驻华办有关专家,分别就美国农业部食品安全检查局(FSIS)、美国 FDA 的食品药品检查员队伍建设情况作介绍;中美双方围绕美国 FSIS 和美国 FDA 检查机构和检查员的职责任务、事权划分、检查员职责、能力条件、定岗分级、培训考核等内容进行讨论交流。此前,1 月 20 日,美国 FDA 驻华办代理助理主任孙志刚(Zhigang Sun)博士应邀到总局进行关于美国的仿制药申请与审评的专题交流,介绍美国仿制药制度的基本框架、仿制药申报格式和内容的基本要求、FDA 审评审批流程以及审评过程中的常见问题。

27 日

△由上海师范大学与美国密苏里大学合办的密苏里大学孔子学院在百特中学(Battle High School)举办 2017 年中国春节文艺汇演。汇演得到哥伦比亚市教育局的大力支持。来自当地 9 所学校的汉语师生共 100 余人亮相舞台,近千人观看演出。《哥伦比亚每日论坛》《哥伦比亚密苏里人报》等媒体对汇演作了报道。

30 日

△国际遗传学领域权威学术杂志《自然遗传学》(*Nature Genetics*)在线发表

了上海交通大学附属仁济医院风湿病研究所与美国南卡罗来纳医科大学等研究机构合作的最新研究成果“A Missense Variant in NCF1 is Associated with Susceptibility to Multiple Autoimmune Diseases”。该研究新发现的易感基因与多种自身免疫疾病相关,为系统性红斑狼疮、类风湿性关节炎以及原发性干燥综合征等自身免疫疾病的治疗干预找到了新靶点。该项研究通讯作者为仁济医院风湿病科沈南教授以及南卡罗来纳大学贝蒂·曹(Betty Tsao)教授、赵健博士,第一作者为南卡罗来纳大学的赵健博士和仁济医院风湿病研究所马健阳。

下旬

△应美国哈佛大学附属布列根和妇女医院不育与生殖手术中心及美国遗传与辅助生育研究院等世界知名生殖中心的邀请,复旦大学附属妇产科医院上海集爱遗传与不育诊疗中心高级生殖医学访问团出访美国,在华盛顿大都会区、波士顿和旧金山等地进行了为期 11 天的医学考察。其间,访问团参加了 2017 美中高级生殖医学研讨会,参观了 INOVA 个体化健康中心、哈佛大学医学院附属布列根和妇女医院不育与生殖手术中心、旧金山斯坦福大学及硅谷科技巨头公司苹果、谷歌、脸书等。

2月

1—10日

△复旦大学附属妇产科医院上海集爱遗传与不育诊疗中心在美国华盛顿特区大都会区的美国遗传与辅助生育研究院(GIVF)完成了其第二十期的年度海外培训。美国遗传与辅助生育研究院作为全球最大的集遗传、辅助生育、精子库和卵子库于一体的遗传与辅助生育中心之一,与复旦大学附属妇产科医院是长期紧密的合作伙伴。

3日

△斯坦福泛亚音乐节中国新年音乐会在美国斯坦福大学 BING 音乐厅举办。中国驻旧金山总领事馆副总领事任发强出席并表示祝贺。当晚,在著名华人指挥家蔡金冬的指挥下,美国硅谷交响乐团和上海音乐学院青年小提琴家张润崄演奏的小提琴协奏曲《梁祝》、上海京剧院老生傅希如演唱的京剧《智取威虎山》选段、京剧名伶丁泓演出的《梨花颂》以及著名旅美华人艺术家高曼华和沈洋的艺术歌曲,感染了现场数百名中美观众。

7日

△中国侨联副主席、上海市侨联主席沈敏会见美国上海联谊会会长、美国鹰龙传媒董事长苏彦韬夫妇一行,介绍侨联工作和职能,希望苏先生发挥文化媒体的平台作用,传承中华文化,弘扬民族精神,讲好中国故事,传播中国声音,为中美文化交流作出更大的贡献。

9日

△美国驻上海总领事馆副总领事关德琳(Gwendolyn Jill Cardno)出席美式

风情餐厅塔可贝尔在浦东陆家嘴店的开幕敲钟仪式，表达对塔可贝尔在中国发展的祝贺和祝福。前美国职业男篮明星沙奎尔·奥尼尔作为荣誉店长出席活动。这是他第二十七次到中国进行文化交流。

△美国驻华使馆武官贺伯雷（Bradley Hitchcock）中校及麦忠信（Evan W. McKinney）少校到访上海国际问题研究院，与该院台港澳研究所所长邵育群、国际战略所所长吴莼思就中美关系发展、台湾问题、朝核问题以及“一带一路”倡议等问题进行座谈。

11—17 日

△同济大学校长钟志华率设计创意学院、建筑与城市规划学院、土木工程学院、磁浮交通工程技术研究中心和外办的相关人员出访美国和加拿大，先后访问麻省理工学院、哈佛大学、斯坦福大学、加州大学伯克利校区、美国劳伦斯伯克利国家实验室和加拿大英属哥伦比亚大学，与相关负责人进行广泛深入的交流，签署多份合作协议。其间，钟志华一行还参观了麻省理工学院等离子科学与聚变中心实验室、媒体实验室、大众创新实验室、欧特克公司等。

13 日

△上海市人民政府侨务办公室副主任姚卓匀在华侨大厦会见北美华文教育服务中心会长、浙商大学校长助理韩清源博士，美国亚洲金融协会秘书长李志鸿等一行 3 人。韩清源向姚副主任介绍了中心近年来的情况，希望进一步加强与上海市政府侨办在华文教育方面的联系与合作。

13—14 日

△上海外国语大学国际关系与公共事务学院副研究员汪段泳应美国社会科学研究学会（SSRC）邀请，赴纽约参加“中国—非洲和平与安全研究学术研讨会”。汪段泳提交论文反映其研究团队在前后 5 年间于刚果所进行的两次田野调查的初步成果。两天的研讨会分别在美国社会科学研究学会和非政府组织 Quaker United Nations Office 总部举行，出席人员包括来自中、美、非的研究者和社会活动家以及联合国工作人员。

14 日

△同济大学设计创意学院院长娄永琪与美国麻省理工学院媒体实验室主任伊藤·穰一(Joi Ito)就共同在上海建设"City Science Lab@Shanghai"联合实验室在麻省理工学院媒体实验室(Media Lab)正式签署合作协议。该联合实验室致力于推动同济大学与麻省理工学院在教学和科研方面的合作,并结合上海需求开展设计、技术、政策、服务的相关研究和创新转化。

△*Journal of Hematology & Oncology* 主编刘德龙(Delong Liu)教授到访复旦大学附属肿瘤医院,接受该院颁发的名誉教授聘书,并作题为"How to Get Paper Published in *Journal of Hematology & Oncology*"的报告。会后,他受邀参加了肿瘤内科的学术座谈会,参观了肿瘤内科日间病房、I 期临床病房、实验室,并与肿瘤医院胡夕春教授等进行深入交流,就双方以后的长期合作达成进一步共识。

15 日

△美国布鲁克海文国家实验室研究员牛田超(Tianchao Niu)到访上海大学,作题为"原子尺度表面科学的 STM & XPS & DFT 研究(Telling 'Who is Who' at Atomic Scale - STM & XPS & DFT - Powerful Tools for Surface Science)"的学术报告。

16—20 日

△华东师范大学校党委副书记杨昌利率国际交流处相关人员访问美国爱荷华大学、爱荷华大学孔子学院和华美协进社孔子学院,就教育管理、教育培训等议题进行了交流,旨在进一步加强与美国高校和机构的交流与合作。

17 日

△《美国科学院院刊》在线发表了上海交通大学系统生物医学研究院、上海交通大学附属胸科医院与美国加州大学洛杉矶校区医学院合作的最新研究成果"High - throughput Screening of Rare Metabolically Active Tumor Cells in Pleural Effusion and Peripheral Blood of Lung Cancer Patients"。这一研究发展了一种在胸水、血液等液体样本中检测具有高代谢活性的稀有肿瘤细胞的高通量检测新方法。

△美国医学科学院院士、加州大学旧金山校区教授约翰·鲁宾斯坦(John Rubenstein)到访复旦大学,作题为“Transcriptional Regulation in the Forebrain Ganglionic Eminences”的学术报告。

21日

△美国西弗吉尼亚大学教授张存铨(Cunquan Zhang)到访上海大学,作题为“Jaeger循环流猜想的反例”的学术报告。

△由复旦大学和美国健康效应研究所共同承担的“长三角地区航运排放对环境空气质量与人体健康的影响”国际合作项目启动会在复旦大学召开。项目参与单位还包括上海市环境监测中心和上海市环境科学研究院。健康效应研究所位于美国波士顿,是国际知名的长期致力于环境健康效应研究的机构。该所长丹·戈林鲍姆(Dan Greenbaum)和首席科学家凯蒂·沃克·丹(Katy Walker Dan)与会,介绍了项目背景和预期目标。与会多方就项目的具体落实和时间安排达成了共识。研究长三角航运大气污染排放对环境空气质量和人体健康的影响,不仅有助于长三角地区空气质量的改善,也有利于人们正确认识航运排放带来的空气污染及其人体健康效应,具有重要的理论和现实意义。

22日

△美国弗吉尼亚大学化学系教授布伦特·甘诺(Brent Gunnoe)到访华东理工大学,作题为“Transition Metal Catalyzed Hydroarylation of Olefins: New Catalysts for Alkyl and Alkenyl Arenes”的学术报告。

△美国约翰·霍普金斯大学教授彼得(Peter Saundry)到访同济大学,会见同济大学国际与公共事务研究院院长夏立平教授等,就中美关系、特朗普政府对外政策、美国北极能源政策等进行交流。

△美国阿肯色大学终身教授杨松(Song Yang)到访上海大学,作题为“Social Network Analysis: Histories and Applications”的学术报告。

23日

△美国皮尤慈善基金会公布本年度皮尤海洋学者名单,上海海洋大学海洋科学学院、国家远洋渔业工程技术中心远洋渔业战略研究室唐建业入选。皮尤海洋学者项目旨在促进全球有潜力的海洋科学家致力解决全球海洋所面临的困

难与挑战,在全球范围内资助优秀科学家,是全球海洋领域影响力很大的项目。

△美国驻上海总领事史墨客(Hanscom Smith)、文化领事卢乔书(Lustig Joshua)一行 4 人到访上海大学。其间,史墨客作关于中美双方合作关系的讲座,介绍中美合作关系、签证有效期、全球贸易、学术交流等方面的内容,并感谢上海大学多年来与领馆之间的友好合作,期待在未来继续加强合作。之后,卢乔书访问了上海大学美国研究中心,对中心的发展情况进行了解,并表示支持。

△美国化学会《药物化学杂志》在线发表了华东理工大学药学院上海市新药设计重点实验室黄瑾课题组药学研究新成果“Drug Repurposing of Histone Deacetylase Inhibitors that Alleviate Neutrophilic Inflammation in Acute Lung Injury and Idiopathic Pulmonary Fibrosis via Inhibiting Leukotriene A4 Hydrolase and Blocking LTB4 Biosynthesis”。该成果通过大规模药物筛选、晶体学研究和体内药效学研究等方法,发现已知上市药物 SAHA 的全新靶标 LTA4H 并揭示其在急性肺损伤(ALI)和多发性肺纤维化(IPF)等疾病中的治疗作用。

23—24 日

△美国哈佛大学经济学系教授理查德·弗里曼(Richard Freeman)到访上海财经大学,开展为期 2 天的学术访问。其间,他与多位教师及博士生围绕中国发展问题,深入讨论了教育经济学与政策评价中的实证研究课题;还作题为“China Awake: Advances in Science, Patenting, and Innovation”的学术报告,采用大数据深入对比分析了中国与世界其他地区知识积累和科创发展的新特点与新趋势。

24 日

△美国辛辛那提大学儿童医院教授黄涛生(Taosheng Huang)到访复旦大学,作题为“Mitochondria in Health and Diseases”的学术报告。

△第二军医大学附属长海医院临床教学中心与美国心脏协会(AHA)大中华区(挪度)国际培训中心签署合作备忘录,正式在长海医院成立“美国心血管急救培训中心”。至 3 月底,中心已开展培训 11 次,受训人数近 200 人;既针对急诊、麻醉、胸心外、心内及所有监护室等重点科室开展基础生命支持(BLS)的培训,同时也为积极报名的院机关行政、后勤等各类工作人员进行培训。

△美国哈佛大学癌症中心 Dana－Farber 癌症研究院分子肿瘤学资深研究员邓景（Jing Deng）博士到访华东师范大学，作题为“Overcoming BCL-2 Addiction—How to Make Decisions towards Precision Medicine”的学术报告。

△美国马萨诸塞大学教授尼尔森·莱西（Nelson Lacey）到访上海财经大学，作题为“The Benefits of Hedge Funds ”的学术报告。

△美国南加州大学傅晓（Xiao Fu）博士到访上海财经大学，作题为“Competition in Standard－Setting with Network Effects”的学术报告。

△美国国会前参议员代表团到访上海国际问题研究院，该院学术委员会主任杨洁勉和国际战略研究所所长吴莼思、台港澳研究所所长邵育群、海洋与极地研究中心成员杨立会见代表团。双方就中美关系进行了交流。

△美国卡内基国际和平基金会副主席安德烈·维斯（Andrew Weiss）和莫斯科中心亚太项目主任亚历山大·戈布耶夫（Alexander Gabuev）到访上海国际问题研究院，陈东晓院长会见其一行，并就中美俄三边关系进行交流。该院俄罗斯中亚研究中心主任李新、副主任强晓云及钱宗旗、赵隆等研究人员参加座谈。

25日

△“特朗普政府及美国能源改革：国内影响与外交意义”圆桌论坛在上海国际问题研究院召开。来自美国、日本等国的专家、学者参与。论坛由比较政治与公共政策研究所所长于宏源主持，台港澳研究所所长邵育群作专题致辞。约翰·霍布金斯大学教授丹·古德（Dan Guttman）、彼得（Peter Saundry），斯坦福与气候变化基金会董事会主席汤姆·海勒（Tom Heller），亚洲研究所高级研究员丹尼尔·加勒特（Daniel Garrett），国际能源署亚太司原司长高桥美佐子，悉尼科技大学教授施训鹏，东盟与东亚经济研究院李谚斐，上海社科院生态经济所所长周冯琦，山东大学李昕蕾副教授等就特朗普上台之后的能源政策变化、气候政策变化以及可能给中美、美日等多边国际格局带来的影响进行了交流和探讨。本次圆桌论坛促进了各国学者交流，加深了各方对未来美国政策变化以及国际环境外交变化的理解。

27日

△上海美国商会未来领袖委员会在上海美国商会会议中心举办“未来领袖会员会 2016 年度薪酬调查圆桌会议 ”。普华永道中国和香港地区的优先服务

领袖艾米·蔡(Amy Cai)、万宝盛华集团(中国)的专业合伙人乔伊斯·叶(Joyce Ye)在会上介绍了各自对年轻职场人士职业培养的见解。

△美国 Quantic 公司咨询专家周敏(Min Zhou)博士到访复旦大学,作题为"An Overview of GxP Regulations and Compliance from Global Perspectives"的学术报告。周敏博士是美国监管科学专家,在生物检测等 GXP 认证方面有丰富的经验。

△美国罗格斯大学教授张存惠(Cunhui Zhang)到访复旦大学,作题为"Adaptive Prediction in Additive Models"的讲座。

△美国德州大学奥斯汀分校副校长珍妮特(Janet Ellzey)教授、电气与计算机工程系系主任艾哈迈德·陶菲克(Ahmed Tewfik)教授以及魏·李(Wei Li)教授一行到访上海交通大学电子信息与电气工程学院,院长毛军发等人接待,双方就开展联合培养学生合作计划展开讨论。陶菲克教授进行了留学宣讲,并作题为"Collision Resolution and Interference Elimination In Multiaccess Communication Networks"的学术报告。

△美国伊利诺伊大学厄巴纳－香槟分校教授戴维·兰格(David Lange)到访上海交通大学,作题为"Innovations in Recycling Concrete"的学术报告。

28 日

△美国加州大学河滨校区郭江庭(Jiangting Guo)到访复旦大学,作题为"Progressive Taxation and Macroeconomic (In)stability"的讲座。

△美国乔治城大学法学中心研究生项目副院长凯伦·沃兰德(Caryn Voland)到访上海交通大学,在该校法学院作宣讲,详细介绍乔治城大学法学院的 LLM、JD、SJD 项目。

△中国驻洛杉矶总领事馆与美国理查德·尼克松基金会在位于美国加利福尼亚州约巴林达市的尼克松图书馆举行纪念尼克松总统访华暨《上海公报》发表 45 周年纪念仪式。中国驻洛杉矶总领事刘健在纪念仪式上致辞说,《上海公报》确认了一个中国的原则,具有深刻的历史意义。理查德·尼克松基金会主席比尔·巴瑞鲍特在致辞中说,中美关系自 1972 年尼克松总统访华后有了巨大的发展,中美两国在商贸以及经济合作等领域有着广泛共同利益,如今,中美之间每 17 分钟就有一架航班起降,中美之间的文化交流也令两国人民受益。出席纪念仪式的还有 1972 年尼克松访华随行人员代表、尼克松外孙克里斯托弗·尼克

松·考克斯以及一些美国商界人士和地方官员。

△上海美国商会在四季酒店举办题为“特朗普上台30天中对中美关系的影响”的主题研讨会。安可顾问有限公司大中华区董事长麦健陆(James McGregor)、《时代周刊》前东亚局主管汉娜贝区(Hannah Beech)、复旦大学美国问题研究中心主任吴心伯教授与会,发表了各自的见解。

28日—3月1日

△2016年诺贝尔化学奖得主、美国化学会士、美国西北大学教授詹姆斯·弗雷泽·斯托达特勋爵来沪,应邀访问了上海多所高校:28日,斯托达特教授到访华东理工大学,与该校党委书记杜慧芳就高层次、高水平国际合作交流以及国际合作联合实验室建设的相关事宜进行会谈,并在该校作题为“Probing Ways of Getting Molecular Machines to (Do) Work”的学术报告;3月1日,教授到访复旦大学,作题为“Materials Beyond Cyclodextrins: A Double Round of Serendipity”的学术报告;3月2日,教授到访华东师范大学,与该校副校长汪荣明就加强两校相关领域的科研合作事宜进行会谈,并在该校作题为“‘机械键’的发展和未来”的学术报告。

下旬

△上海政法学院模拟联合国协会派出代表团赴美国参加第六十三届哈佛大学全美模拟联合国大会。这是上海政法学院模联协会第四次应邀参会。在正式会议阶段,上海政法学院代表与哈佛、耶鲁、西点等美国高校模联代表共同为各自的国家争取利益,积极开展磋商交流。

△美国妇产科协会(ACOG)主席布朗(Brown)教授及杜克大学分子生物实验室主任冯丽萍(Liping Feng)教授一行应上海交通大学附属新华医院产科主任叶伟萍的邀请,赴新华医院产科及环境与儿童健康教育部重点实验室进行学术访问。双方就产前诊断、围产期诊治等方面的学术议题进行了深入探讨,确立了基于具体研究项目的进一步合作规划。

3月

1日

△上海国际问题研究院学术委员会主任杨洁勉会见由中美交流基金会组织的美国媒体人士代表团。该院国际战略研究所所长吴莼思、美洲研究中心副研究员孙海泳参加交流。双方就中美关系等问题进行了讨论。

△美国乔治城大学法学中心助理院长加林・M. 沃兰德(Garyn M. Voland)到访复旦大学,作题为“Studying Law in the U. S.: Academic and Practical Studies to Create Well－Rounded Lawyers”的讲座。

△上海美国商会在上海商城举办题为“Financial Crime Compliance－Its Impact on Your Business”的讲座。主讲人为安永公司诈骗审查及纠纷协调服务合伙人余文谦(Manhim Yu)。

△上海美国商会在上海商城举办题为“Creative Thinking: How to Find Innovative Solutions for Your Business Challenges”的会员培训活动。主讲人为新加坡籍创新专家杰夫・谭(Jeff Tan)。

2日

△美国北卡罗莱纳大学肯南弗拉格勒商学院杰出营销学和营销学科讲座教授简－本尼迪克・斯廷坎普(Jan－Benedict Steenkamp)到访复旦大学,作题为“数字时代下的品牌建设”的讲座。教授表示,数字时代迅速造就了如BAT、京东等中国互联网耳熟能详的大品牌,也让海外科技巨头声名远播。线上线下的组合成了大品牌在数字时代最有效的营销手段之一。

△美国乔治城大学外交事务学院研究员雷切尔・S. 萨尔兹曼(Rachel S. Salzman)到访同济大学,与该校国际与公共事务研究院院长夏立平教授等进行学术交流。双方就美国特朗普政府对外政策、美俄关系、中美关系等交换了

看法。

△Fragomen Worldwide 律师事务所高级合伙人罗德尼·马尔珀特(Rodney Malpert)律师到访上海交通大学，作题为“特朗普上台后的美国局势(The Trump Presidency: Impacts to Immigration and More)”的讲座，解析美国的移民政策、特朗普上台以后对美国移民政策可能带来的新变化、美国民主党和共和党对于移民政策的不同态度，并列举了特朗普上台以后所出台的一系列移民政策。

3日

△美国乔治城大学爱德蒙·沃尔什外交学院博士后雷切尔·萨尔兹曼(Rachel Salzman)到访华东师范大学，作题为“BRICS as a Vehicle for Changing Global Norms and Institutions: The View from Russia and China”的讲座。

△上海美国商会在上海商城举办题为“Key Account Management”的会员培训活动。培训活动主讲人为 Simitri 公司的经理人培训师王永生(Stephen Wong)。

4日

△美国加州大学伯克利分校社会学系教授高棣民(Thomas Gold)到访上海国际问题研究院，院长陈东晓会见。高教授在该院作关于当前美国内政和外交政策的讲座。学术委员会主任杨洁勉主持。研究院青年研究人员和研究生参加。

3—5日

△由复旦大学风湿免疫过敏性疾病研究中心、复旦大学遗传与发育协同创新中心主办，华山医院风湿免疫科、复旦大学遗传工程国家重点实验室和复旦大学现代人类学教育部重点实验室承办的第七届国际硬皮病联盟(International Network of Scleroderma Clinical Care and Research)年会暨复旦大学第十二届风湿免疫论坛在华山医院北院举行。在3月4日的第七届国际硬皮病联盟年会上，美国德克萨斯大学莫林·梅斯(Maureen Mayes)教授和周晓东(Xiaodong Zhou)教授、美国波士顿大学医学院玛丽亚·特罗扬诺夫斯卡(Maria Trojanowska)教授先后发言，围绕硬皮病这一难治疾病，介绍了他们在流行病

学、发病机制、诊治进展等方面的最新研究成果。3 月 5 日在第十二届风湿免疫论坛上,美国德克萨斯大学约翰 · D. 雷万利(John D. Reveille)教授作了以历史的视角看人类迭代发展中多样性对自身免疫演变的影响的发言。

△诺贝尔前经济学奖评委、美国华盛顿大学奥林商学院高级副院长安江 · 萨克(Anjan Thakor)教授到访复旦大学,作题为"美国金融监管及特朗普经济计划"的讲座,详细介绍了美国银行监管的历史、各监管部门的作用、早期著名的银行监管法案,并谈到了特朗普总统最新经济政策。

△美国西北大学材料与工程学院副教授黄嘉兴到访东华大学,作题为"Langmuir - Blodgett Colloidal Assembly: Challenges and Solutions"的学术报告。

5—8 日

△"哈佛医学院医院领导力与管理培训课程(CLIMB - LEAD)"在浦东哈佛上海中心举行。哈佛大学医学院国际教育学院副院长阿杰伊 · 辛格(Ajay Singh)教授,哈佛大学商学院、波士顿大学商学院教授梅尔文 · 梅内塞斯(Melvyn Menezes),哈佛大学商学院教授保罗 · 赫利(Paul Healy),哈佛大学医学院附属布莱根妇女医院教授李洲(Zhou Li)和康奈尔大学医学院教授罗伯特 · 克龙(Robert B. Crone)通过互动式的案例分析、实战式小组作业等生动的教学方法,帮助学员理解医院管理领导力的内涵,了解现代医院管理模式,包括财务、人力资源管理、临床信息化等基础领域及如何利用现代化管理方式更好地解决临床实践中的质量与安全问题等。上海华山医院选派的 11 位中青年管理骨干与来自全国医疗机构的近 50 位医院管理者一同参加了此次培训课程。

5—11 日

△上海音乐学院副院长杨燕迪和音乐学系主任赵维平、民乐系主任张文禄、作曲系教授陆培等一行 13 人访问美国密歇根大学,开展主题为"中国音乐"的主题交流,分座谈会、演出、工作坊和讲座 4 个部分进行。

6 日

△美国哈佛大学医学院全球教育副院长阿杰伊 · 辛格(Ajay Singh)教授、全球教育执行总监罗宾 · 惠特利(Robin J. Wheatley)教授等一行 6 人到访上海

交通大学医学院。上海交通大学副校长、医学院院长陈国强院士会见了来宾。中方热忱欢迎哈佛医学院参与交通大学医学院建设上海风格、中国特色、世界一流的医学院的进程，尤其希望在临床研究培训和科研合作等方面取得实质性的成果。

△美国波士顿学院卡罗尔管理学院教授格雷戈瑞·斯托勒(Gregory Stoller)到访东华大学，作题为“国际化创新与创业”的讲座。

△6—22日，美国宾夕法尼亚州立大学教授马丁·特雷休伊(Martin Trethewey)到访上海交通大学，为上海交通大学机械与动力工程学院2017届本科毕业生开设毕业设计专题系列讲座，内容涉及毕业设计中的项目进度控制、工程伦理、国际产品设计3个专题。

7日

△美国密歇根大学迪尔本分校教授墨菲(Yi Lu Murphey)到访上海交通大学，作题为“Intelligent Energy Control and Management in Hybrid Electric Vehicles (HEV)”的学术报告。

△美国宾夕法尼亚大学工学院(简称“宾大”)15位师生到访上海交通大学机械与动力工程学院，开启一周的东方文化学习体验之旅。宾大师生参观了海洋工程国家重点实验室、汽车电子控制技术国家工程实验室和中意绿色能源楼，聆听题为“中国高铁的技术发展与经济效益”的讲座，还在学习之余参观了外滩、豫园、金茂大厦、南京路步行街等上海标志性景观。

△美国SLAC国家加速器实验室教授罗纳德·鲁思(Ronald Ruth)到访上海交通大学，作题为“The Lyncean Compact Light Source: A miniature Synchrotron for your Laboratory”的学术报告。

△美国南卡罗莱纳大学教授陆监渊(Linyuan Lu)到访上海大学，作题为“图和超图的谱半径的极值问题”的学术报告。

△上海美国商会在上海商城举办题为“Introduction to the Speed of Trust”的会员培训活动。主讲人为富兰克林柯维(Franklin Covey)公司的咨询师特里·唐(Terry Tang)。

△上海美国商会在上海四季酒店举办三月份的月度会员简报活动，主题为“中国经济回顾”。演讲嘉宾为著名经济学家、上海数字化与互联网金融研究中心执行主任、中欧国际工商学院教授刘胜军(Shengjun Liu)。

8日

△美国艾默里大学法学院院长罗伯特·夏皮罗(Robert Schapiro)、副院长菲比·史蒂文森(Phoebe Stevenson)、院长助理杰西卡·德沃金(Jessica Dworkin)一行到访华东政法大学,与华东政法大学副校长林燕萍、国际交流处处长夏菲、研究生教育院副院长洪冬英、国际文化交流学院副院长姜丹等进行会谈。双方就具体的合作方式进行了详细探讨,并就尽快续签合作备忘录达成一致意见。

△美国斯坦福大学教授罗纳德·鲁思(Ronald D. Ruth)到访同济大学,作题为"A Miniature Synchrotron for Your Laboratory: The Lyncean Compact Ligth Source and Its Applications"的学术报告。

△美国驻上海总领事馆副总领事关德林(Gwen Cardno)到访上海市徐汇区。上海市徐汇区副区长王宏伟接待了副总领事一行,并介绍徐汇区经济社会发展、产业转型升级、"十三五"规划制定实施以及对外开放等方面的情况。他表示,徐汇区将一如既往地深化同美国在多领域的交流合作,推动双方互利共赢。关德林表示,徐汇深厚的人文底蕴和良好的发展环境令人印象深刻,今后将与徐汇区共同推动中美多层次的合作与交流,实现互赢。

9日

△上海国际问题研究院国际战略研究所所长吴莼思、台港澳研究所所长邵育群、国际战略研究所薛晨博士、世界经济研究所薛磊博士与到访的美国空军战争学院代表团就中美关系中的安全议题进行了交流。

10日

△美国布鲁金斯学会市场规制中心主任、经济学家亚伦·克莱(Aaron Klein)到访上海国际问题研究院,就特朗普政府的经济政策、美中经济关系等议题与专家们进行座谈。该院公共政策所所长于宏源主持会议。复旦大学许泽成教授,时代经济研究院副院长姚小辛,上海美国问题研究所龙菲博士,世界经济研究所副研究员叶玉、助理研究员王玉柱,公共政策所副所长唐为红、副研究员孙海泳、助理研究员周亦奇等出席会议。

△美国密歇根大学神经外科教授奚国华到访复旦大学,作题为"Intracerebral Hemorrhage: Translation and Reverse Translation"的学术报告。

△美国文博大学教授于滨到访华东师范大学，作题为“揭竿而起还是委屈求全——兼论特朗普执政下的美国政军关系”的讲座。

△美国波士顿学院法学院教授、校教育政策委员会主席、马萨诸塞州律师协会理事朱迪·麦克莫罗教授到访华东政法大学，作题为“The Rule of Law in the Age of Trump”的讲座，介绍了美国法治的特征，并从 4 个方面指出特朗普作为总统对当前法治的挑战。

△上海美国商会在上海商城举办题为“Successfully Navigating Chinese Culture for Expat Managers”的会员培训活动。主讲人为波特曼地产集团国际发展部的副主管、资深咨询师魏国礼(Greg Whitehorn)。

上旬

△上海师范大学副校长高建华教授，加州理工学院副校长兼数学、物理和天文科学部主席菲奥娜·哈里森(Fiona Harrison)教授，智利康赛普希翁大学校长塞尔吉·奥拉旺希·美利努德(Sergio Lavanchy Merinod)教授分别代表三方，在美国加州理工学院签署亚毫米波望远镜国际合作框架协议。根据协议，亚毫米波望远镜国际项目将在三方合作的框架下由上海师范大学主导在智利运行。

11 日

△上海国际问题研究院举行中美城市民间外交座谈会。美国城市外交著名智库机构泰倡议(TAI)领导人泰卡森(Carson Tavenner)、美国加哈纳城市长、韦斯特兰市市长、俄亥俄州政府官员等 7 人作为美方代表参加会议。上海国际问题研究院比较政治与公共政策所所长于宏源主持会议。上海交通大学国际关系系主任郑华教授、上海市建管委成键副处长、复旦大学许泽成教授、上海市美国问题研究所叶君、中联部《当代世界》杂志编审徐海娜、上海市民宗委杨纪伟、上海外国语大学崔琪涌等参加会议。中美学者就城市外交、城市财政、城市治理、基础设施建设以及中美城市化发展中的异同等议题进行交流和经验分享。

13 日

△上海市商务委员会在美国商会举办新政策宣讲活动，科创思、罗氏、赢创、汉高、固特异、惠氏等 60 余家欧洲和美国企业参加。宣讲会上，市商务委介绍了跨国公司地区总部政策的历史沿革和上海外资总部经济发展现状，详述了 2017

版总部政策新增和修订的内容，从人、财、物三方面介绍了跨国公司地区总部的鼓励政策，并解答了企业关心的问题，受到了与会企业的好评。下一步，市商务委还将持续宣传、解读地区总部新政，围绕总部经济提质工程，进一步发挥在沪跨国公司地区总部在“四个中心”和科创中心建设中的积极作用。

△美国俄克拉荷马州立大学加里·G. 延(Gary G. Yen)客座教授聘任仪式在上海交通大学举行。仪式结束后，教授参观了转化医学国家重大科技基础设施(上海)以及电院自动化系实验室，对转化医学和自动化系实验室的相关汇报表示了浓厚兴趣，希望今后能在多个领域开展全方位的学术交流和科研合作。

△美国纽约州立大学石溪分校副校长刘骏(Jun Liu)到访同济大学，副校长江波会见。同济大学文科办公室、可持续发展与新型城镇化智库、国家创新发展研究院、国际交流学院、人文学院等单位负责人参加会议。双方就推进两校智库合作项目进行商讨，就有关专业双学位联合培养可行性进行讨论。

△美国佛罗里达州立大学教授李红(Hong Li)到访上海交通大学，作题为“Exciting Opportunities in Structural Biology: Mechanistic and Translational Science”的学术报告。

△美国德州大学达拉斯分校教授苏雷什·塞西(Suresh Sethi)到访同济大学，作题为“Feedback Stackelberg Games for Dynamic Supply Chains with Cost Learning”的讲座。

△美国纽约城市大学教授祝英(Ying Zhu)到访上海外国语大学，作题为“The Relationship Between Hollywood and Chinese Film History”的讲座。

△上海美国商会在上海商城举办题为“Shanghai's Revised Headquarter Policy”的政策介绍通气会。上海市商务委外国投资管理处副处长陈昊在会上为企业解读新政，并回答了与会各方的现场提问。

△上海美国商会在上海商城举办题为“China's New Foreign NGO Law”的简报会。DLF 上海律师事务所的合伙人威廉·陆(William Lu)作为主讲人向与会各方介绍了 2017 年 1 月 1 日新通过的《中华人民共和国境外非政府组织管理法》。

14 日

△上海美国商会在上海商城举办题为“E-Commerce in China: What You Need to Know to Successfully Sell Online in the World's Largest Market!”的

会员培训活动。主讲人为盛世长城大中华区电子商务主管德劳因(Cyril Drouin)。

△美国俄亥俄州立大学讲席教授李龙飞到访华东理工大学,作题为"Some Recent Studies in Nonlinear Spatial Econometrics"的学术报告。报告中,李龙飞简要回顾了空间计量经济学的发展历史,并以政策传导为例,对空间权重矩阵进行了说明。

△美国科学院院士、Scripps 研究所教授、中国科学院爱因斯坦讲席教授彼得·K. 沃格特(Peter K. Vogt)博士到访复旦大学,作题为"lncRNAs: the Challenge of Identification, Regulation and Function"的学术报告。

△美国佐治亚理工学院机械系先进制造学科终身教授梁越昇到访东华大学,作题为"Physics - Based Modeling and Optimization of High-Performance Machining"的学术报告。

△美国纽约州立大学石溪分校教授刘骏(Jun Liu)到访上海外国语大学,作题为"Global Competence Every Student Must Have What, Why, and How"的讲座。

△美国迈阿密大学哲学系教授迈克尔·斯洛特(Michael Slote)到访上海财经大学,作题为"德性伦理学与德性知识论:德性的转向"的讲座,分析作为德性伦理学两大理论来源的亚里士多德的理想主义德性伦理学和休谟的情感主义,并提出情感主义德性伦理学这一西方伦理学发展的新方向。

△美国亚利桑那大学教授刘勇(Yong Liu)到访上海财经大学,作题为"How Does the Effect of Product Recalls Extend Beyond Country Boundaries? A Study of Automobile Recalls in China and the U. S."的学术报告。

△美国加州大学河滨校区招生代表姚青月(Qingyue Yao)到访上海海洋大学,介绍加州大学河滨校区及研究生商学院,重点对"3 + 1 + 1"项目进行详细解读。

15日

△美国纽约大学沙克地产学院教授鲁宾逊(Robinson)和学生代表团一行28人到访上海,参观吴淞工业区展示馆,听取吴淞转型办园区基本情况的介绍,感受转型发展给吴淞工业区带来的变化。

△美国地球物理协会(American Geophysical Union)在其会刊*Earth &*

Space Science News 上以研究亮点的形式报道了华东师范大学生态与环境科学学院夏建阳教授、美国俄克拉荷马大学骆亦其(Yiqi Luo)教授和阿拉斯加大学大卫·麦克吉尔(David McGuire)教授课题组合作的研究论文。该论文以“Terrestrial Ecosystem Model Performance in Simulating Productivity and Its Vulnerability to Climate Change in the Northern Permafrost Region”为题，于2017年2月底发表于*Journal of Geophysical Research*：*Biogeosciences* 。

△美国福特汉姆大学法学院院长马修·迪勒(Mathew Diller)、助理院长维拉·布洛克(Vera Bullock)、国际事务和非法学博士项目负责人马蒂·斯莱文斯(Marty Slavens)一行到访华东政法大学，与华东政法大学国际交流处处长夏菲、副处长赖锦盛等进行会谈。迪勒表示，希望了解华东政法大学对合作项目的需求，探讨双方是否可以就暑期班、短期访学等项目进行合作。随后，双方就具体合作事宜深入交换了意见。

△美国加州州立大学教授杜宏伟(Hongwei Du)到访上海交通大学，作题为“Challenges, Opportunities and Pitfalls with Big Data”的讲座。

△美国杜克大学副教授张俊杰(Junjie Zhang)到访上海交通大学，作题为“When Airpocalypse Met Blockbusters: The Impact of Air Pollution on Box Office”的讲座。

△美国科学家联合会主席查尔斯·D. 弗格森(Charles D. Ferguson)博士到访同济大学，与该校国际与公共事务研究院院长夏立平教授等进行学术交流，双方讨论了特朗普政府东亚政策、导弹防御系统、中美关系等问题。

△美国圣母大学教授晓波·莎伦·胡(Xiaobo Sharon Hu)到访华东师范大学，作题为“Network Resource Management in Wireless Control Systems”的学术报告。

△美国著名律师吉恩·玛丽·阿马比尔(Jean Marie Amabile)到访华东政法大学，作题为“Why Americans Love Their Guns so much”的讲座，介绍美国宪法第二修正案与枪支之间的联系、美国全国步枪协会以及众多影响枪支管控的案件。

16日

△美国明尼苏达大学杰出终身教授、LM Fingerson/TSI Inc 公司机械工程主席裴有康(David Y. H. Pui)到访复旦大学，作题为“Filtration Solutions to

Mitigate PM2.5 Pollutants in Urban Air”的学术报告。

△上海外国语大学国际金融贸易学院章玉贵院长、李煜鑫老师与到访的美国西雅图大学负责国际事务的副校长罗素·鲍威尔(Russell Powell)教授会谈，就科研合作、联合培养、师生交流、国际会议等合作达成诸多共识。之后，鲍威尔教授在该校作题为“美国‘禁穆令’及其影响(Muslim Ban in US and Its Impacts)”的讲座。

△上海美国商会在上海商城举办题为“Gain More from Your Brain”的会员培训活动。主讲人为 UseClark 大中华区培训师西里列·吉古(Cyrille Jégu)。

17 日

△上海美国商会在上海商城举办题为“Cross - Strait Dilemmas: U.S. - China - Taiwan Relations in an Age of Evolving Identities”的讲座。美国弗吉尼亚大学教授雪莉·林(Syaru Shirley Lin)和何汉理(Harry Harding)作为主讲人，发表了各自对中国、美国、中国台湾地区三边关系面临的挑战的看法。

△上海美国商会在上海商城举办题为“Media Spokesperson Skills”的会员培训活动。主讲人为 Allison + Partners 公司的副主席比尔·亚当斯(Bill Adams)。

△美国长木花园公众教育部副总裁道格拉斯·尼海姆博士和学者项目主任塔玛拉·弗莱明博士造访上海辰山植物园，目的是宣传长木花园的新教育项目——学者项目，并与该园签署学者项目实践单位的合作协议。

△美国弗吉尼亚大学教授何汉理(Harry Harding)到访复旦大学美国研究中心，作题为“特朗普政府的前两个月执政状况”的讲座。何汉理从分析特朗普的性格特征及成长环境入手，认为特朗普的领导风格、政策取向都具有鲜明的颠覆现状、“不走寻常路”的特点，再加上他迟迟未任命一些重要的职能部门岗位以及对白宫核心团队的倚重，将影响其对外政策。

△美国地球物理联盟会士、杜克大学教授史提芬·坎默(Steven A. Cummer)到访上海交通大学，作题为“Cloaking Sound and Light with Metamaterials”的学术报告，介绍了隐身材料从概念到可行性最后到实现的发展过程以及其潜在的巨大利用价值。

△美国北达科他大学教授杉浦有朗到访华东师范大学，并举行钢琴大师班活动，对不同时期的钢琴曲作品做了细致的分析和讲解。

△美国北达科塔大学教授凯瑟琳·诺曼底尔登到访华东师范大学，作关于美国女性音乐家的讲座。她通过对文献的分析，介绍佛罗伦萨·克林顿·苏这位身处世纪之交的女性音乐家对美国音乐教育所做出的贡献，尤其是她为争取女性音乐家社会地位所做的努力。

18 日

△上海交大－南加州大学文化创意产业学院成立两周年纪念活动暨入驻紫竹国际教育园区仪式在沪举行，上海交大－南加州大学文化创意产业学院教学基地和紫竹中美网络视听传媒管理联合研究中心基地正式启用。上海市闵行区副区长杨德妹、美国南加州大学教学委员会前主席帕特丽·赖利(Patricia Riley)、安纳伯格传媒与新闻学院教授李志希(Ben Lee)、马歇尔商学院教授陈百筑(Baizhu Chen)、紫竹国家高新技术产业开发区董事长以及各行精英人士出席。赖利教授在致辞中提到，南加州大学与上海交通大学在过去十几年间往来密切，具有良好的全方位合作基础。文创学院与南加大安纳伯格传媒与新闻学院合作成立联合研究中心，为两校联合科研团队的建设与发展提供平台。其入驻紫竹国际教育园区，将为中美研究人员间深度交流与合作夯实基础。

△美国加州大学圣地亚哥校区药学院院长杰姆斯·麦克罗(James McKerrow)教授到访复旦大学，作题为“Meeting the challenge of developing drugs for neglected tropical diseases”的学术报告。

18—21 日

△美国应用语言学学会第四十届年会在美国俄勒冈州波特兰市召开。上海理工大学教师毕志伟参加会议，并宣读论文“ESL Learners’ Strategic Processing in Role－Playing Pragmatic Tasks in Academic Settings”。该论文是毕志伟与美国北亚利桑那州大学的助理教授 Soo Jung Youn 博士合作的研究成果，得到语言策略领域知名教授安德鲁·科恩(Andrew Cohen)的高度评价。参会期间，毕志伟还与其他各国学者进行了研讨和交流。

20 日

△上海交通大学校党委书记姜斯宪在闵行校区会见到访的美国哈佛大学肯

尼迪政府学院Ash研究中心主任安东尼·赛奇(Anthony Saich)教授一行。上海交通大学国际与公共事务学院代表同来宾签署该院与哈佛大学肯尼迪政府学院Ash研究中心合作备忘录。根据该合作备忘录,哈佛大学肯尼迪政府学院Ash研究中心每年将接收上海交通大学国际与公共事务学院的优秀博士生到该中心担任访问学者。此外,双方还计划合作举办中美市长(区长)国际研讨会,旨在为美国和中国的市长搭建面对面交流城市治理经验的平台。

△美国驻上海总领事馆科技环保卫生领事芮力、经济专员陈欣到访同济大学循环经济研究所,就中美绿色合作伙伴计划(植物环保瓶项目)进展、长三角区域循环经济发展进行交流。该计划是同济大学循环经济研究所所长、马克思主义学院教授杜欢政团队与美国可口可乐公司合作开展的项目,分别由杜欢政、可口可乐公司总裁担任中、美方项目负责人。

△美国马里兰大学人类病毒研究所基础科学共同主任、医学教授埃里克·桑德博格(Eric Sundberg)博士和基础科学共同主任、生物化学教授陆五元博士到访复旦大学药学院。双方围绕原创新药研究领域开展合作交流进行了深度探讨。

△美国西北大学助理教授马永超(Yongchao Ma)到访复旦大学,作题为“Regulation of Mitochondrial Function in Motor Neuron and Dopaminergic Neuron Degeneration”的学术报告。

△美国爱荷华大学商学院组织管理系助理教授李宁到访同济大学,作题为“A Social Network Perspective of Teams Research”的讲座。

△上海美国商会在上海商城举办题为“China’s Banks: A Prism for Understanding the Political Economy”的讲座。主讲人为曾担任民生银行和光大银行董事的史维平(James Stent)。

20—22日

△第十四届美国古典声乐家国际声乐比赛在华东师范大学举行。该活动由美国国家古典音乐艺术表演联合会、人民音乐出版社《歌唱艺术》《中国音乐教育》杂志社主办,华东师范大学音乐学系承办。经过3天的角逐,22日晚,由伊斯特曼音乐学院、伯克利波士顿音乐学院、辛辛那提音乐学院、新英格兰音乐学院、克利夫兰音乐学院、休斯敦大学音乐学院等13所美国知名音乐学院的声乐学科负责人和资深教授组成的大赛评委会为获奖选手颁发获奖证书,同时向获

奖选手中最具发展潜质的优秀选手颁发美国各大音乐学院的专业录取通知书。美国古典声乐家国际声乐比赛是一个集国际声乐比赛、美国音乐学院录取、高峰论坛、声乐大师班为一体的系列活动。此次为首次登陆上海。

中旬

△上海黄金交易所副总经理宋钰勤率队出访美国,分别与世界黄金协会等机构高层进行会谈,分享“上海金”独特的市场机遇,共同探讨项目的可行性方案,积极寻求国际交流合作。

△上海市副市长陈寅在兴国宾馆会见到访的美国前国防部长、科恩集团董事长兼首席执行官威廉·科恩一行,介绍了上海近年来城市建设和经济发展的情况。双方进行了亲切友好的交谈。

△美国驻上海总领事馆总领事史墨客(Hanscom Smith)和经济官林熙致、总领事秘书费玉英在嘉定区副区长陆祖芳的陪同下,参观嘉定孔庙与上海中国科举博物馆,增加了对中国科举史、中国传统文化的了解和认知,并对嘉定厚重的人文底蕴留下了深刻的印象。

△上海众信旅游与美国旅游推广局、美国联合航空共同打造的沪上首家美国主题馆正式揭幕。该馆位于上海众信旅游旗舰店四楼,每天滚动播放美国旅游目的地的视频。市民、游客还可以在馆内翻阅美国旅游的书籍、杂志,感受美国各大旅游目的地的魅力。

△杨浦区委副书记、区长谢坚钢和副区长谈兵接待美国麻省理工学院行政副校长凯伦·格利森(Karen Gleason)女士一行。双方分别介绍了发展现状,并就下一步合作进行探讨。

21日

△上海美国商会在上海四季酒店举办一年一度的Barnett－Oksenberg中美关系讲座,主题是“Possible Flashpoints in the Asia－Pacific Region”,主讲人为美国斯坦福大学终身教授威廉·佩里(William Perry)。

△美国哥伦比亚大学全球经济治理研究中心主任什韦纳尔(Jan Svejnar)教授到访上海国际问题研究院,作关于欧美经济的学术讲座。其间,什韦纳尔与上海国际问题研究院院长陈东晓会见,并与该院世界经济所和全球治理所研究人员进行交流。讲座由世界经济研究所所长张海冰主持。捷克驻沪总领事理查

德·卡帕尔齐参加了讲座。

△美国第十九任国防部长、斯坦福大学终身讲座教授威廉·佩里(William Perry)在由美中关系全国委员会(NCUSCR)、上海美国学会(SAAS)和上海美国商会(AMCHAM)在上海主办的"鲍大可-奥克森伯格中美关系讲座"上发表演讲。佩里强调要解决朝鲜核问题,首先中美要就谈判的策略和目标达成一致。在南海的中美军事遭遇问题上,佩里称,首先是美国和中国要商定双方军舰遭遇时应如何表现的准则。

△美国第十九任国防部长、斯坦福大学终身讲座教授威廉·佩里(William Perry)一行到访上海社会科学院。上海社会科学院院长王战教授与佩里就中美关系特别是中美经贸关系等议题进行交流。随后,佩里出席"新形势下的中美关系"专题研讨会。研讨会由上海社会科学院、美中关系全国委员会、斯坦福大学国际安全与军控中心、上海市美国学会等联合主办。中美双方的专家学者应邀与会,就新形势下中美关系的总体走向、中美经贸关系新特点、东亚地区安全形势等议题进行对话与研讨。会上,美中关系全国委员会会长史蒂夫·欧伦斯(Steve Orlins)和上海社科院副院长、上海市美国学会会长黄仁伟作开幕发言。他们均表示,当前中美关系发展处于关键时期,希望通过中美两国重要智库的对话交流与沟通,推动中美关系实现良好发展。

△美国Airbnb公司联合创始人及CEO布莱恩·切斯基(Brian Chesky)到访复旦大学,作题为"在全球社区中重构信任"的演讲。这是Airbnb公司CEO首次在中国高校作公开演讲。演讲前,复旦大学校长助理苟燕楠会见布莱恩·切斯基一行,就即将开展的全方位合作进行交流。其间,切斯基一行与复旦大学签署了《Airbnb国际青年复旦奖学金设立协议》与合作备忘录。根据协议,Airbnb将在复旦大学设立国内首个国际青年复旦奖学金"Airbnb国际青年复旦奖学金",以资助住宿金的模式,帮助每年获奖的复旦大学学生走出国门以获得多元文化体验。

△2001年诺贝尔化学奖得主、美国Scripps研究所讲席教授巴里·夏普莱斯(Barry Sharpless)到访同济大学,作题为"硫氟交换(SuFEx)点击化学"的讲座。之后,夏普莱斯从同济大学校长钟志华手中接过同济大学名誉教授证书,正式受聘为该校名誉教授。

△美国伊利诺伊大学香槟分校商学院理学硕士项目执行主任、运营管理学教授迪利普·塞哈特(Dilip Chhajed)到访上海财经大学商学院,与院长助理韩

玉兰教授、MBA国际交流与合作总监陈晰、MBA国际交流与合作办公室叶薇会谈。塞哈特教授详细介绍了伊利诺伊大学香槟分校商学院理学硕士项目的学制、课程与特色,并就双方在“MBA + X”项目和暑期项目等领域合作的可能性进行探讨。双方均表示对多领域的合作充满信心,期待未来两院能够建立起可持续的合作关系。

△美国哥伦比亚大学教授应志良到访复旦大学,作题为“Adaptive Learning and Multi - Armed Bandit Problem”的讲座。

22日

△美国德州大学达拉斯分校教授苏雷什·拉达克里希南(Suresh Radhakrishnan)到访复旦大学,作题为“Trust, Family Firms, and Mergers and Acquisition Quality”的讲座。

△上午,美国宾夕法尼亚大学沃顿商学院蔡天文(Tony Cai)教授到访复旦大学,作题为“Rate - Optimal Perturbation Bounds for Singular Subspaces with Applications to High - Dimensional Data Analysis”的讲座。

△下午,美国宾夕法尼亚大学沃顿商学院蔡天文教授到访华东师范大学,作题为“Optimal Estimation of Co - heritability in High - dimensional Linear Models”的讲座。

△美国康宁公司全球副总裁埃里克·马瑟(Eric Musser)一行到访复旦大学药学院,与院长王明伟、研究员邵黎明会谈,表达了加强双边合作和交流的意向。

△美国加州大学旧金山校区助理教授段辛(Xin Duan)到访复旦大学,作题为“Molecular and Genetic Assembly of Retinal Circuits”的学术报告。

△美国宾夕法尼亚州立大学教授马丁·特雷休伊(Martin Trethewey)携妻子到访上海交通大学机械与动力工程学院,为即将赴美游学的学生介绍美国校园生活,帮助学生做好游学准备,还将中美不同的教学风格进行比较,鼓励大家勇于参与课堂教学,与师生互动交流。

△上海市市长应勇在衡山宾馆分别会见沙特亲王、沙特基础工业公司董事长萨乌德,上海市市长国际企业家咨询会议前主席、美国史带公司董事长兼首席执行官格林伯格,美国铁狮门公司总裁兼首席执行官徐瑞柏。萨乌德、格林伯格和徐瑞柏表示,在当前世界经济增长迟缓的情况下,中国经济稳步发展,上海的

重要性日益增强，并希望与上海进一步加强合作，为推动上海繁荣发展和建设全球城市贡献力量。

△上海美国商会在上海商城举办题为“Technology and Innovation: Intelligent Manufacturing in China”的专题讲座。演讲人为埃里克（Erik Walenza）、陈江宁（Jiangning Chen）、鲍勃·巴特莫尔（Bob Buttermore）等5位资深经理人。

△上海美国商会在上海商城举办题为“Anti－Unfair Competition Law Commercial Bribery Rules”的商业贿赂新规的政策培训会。主讲人为上海市工商局检查总队副总队毛仲良和某五百强企业的亚太合规总监陈立彤（Henry Chen）。

22—23日

△美国辛辛那提交响乐团首次到中国，在东方艺术中心为上海观众奉上交响音乐会及好莱坞大片电影原声音乐会。22日，乐团指挥约翰·莫里斯·拉塞尔到访上海控江高级中学，与控江高级中学学生乐团共同排演《碟中谍》《FOX》等经典电影名曲。同日，乐队首场演出献演作曲家拉威尔和格什温的经典音乐作品。23日，乐队举行好莱坞电影原声音乐会。

23日

美国犹太人委员会（AJC）亚太研究所所长助理丹尼尔·西尔弗（Daniel Silver）一行到访上海国际问题研究院，院长陈东晓会见来宾。代表团介绍了AJC及犹太人群体有关情况，并同上海国际问题研究院的专家学者就当前国际形势、美国新政府等议题交换了看法。院长助理、全球治理研究所所长叶青，世界经济所所长张海冰，西亚非洲研究中心李伟建研究员和金良祥副研究员、周亦奇助理研究员一同参加会见。

△美国佐治亚理工学院教授张周民（Zhoumin Zhang）到访上海交通大学，作题为“Near－Field Radiative Thermoelectric Energy Conversion”的学术报告。

△美国纽约大学心理学院认知与神经科学中心教授迈克尔斯·兰迪（Michaels Landy）到访华东师范大学，作题为“Sensory Cue Integration: Proprioception and Tactile”的学术报告，介绍视动控制的研究，解释反应时间和

反应线索之间的关系。

△美国联邦法院法官迈克尔·米姆(Michael Mihm)同贝克麦坚时奋迅联营办公室顾问李澜律师到访华东政法大学,作关于法庭诉辩技巧的讲座。米姆法官就美国陪审团于诉讼中的角色、如何做一个优秀律师、美国庭审程序、诉讼所呈现的电子化新趋势等做了详细讲解。

△上海美国商会环境委员会和财政服务委员会在上海商城举办题为"Green Financing"的专题演讲活动。主讲人为美国富国银行上海分行副总经理林汉(Han Lin)、普华永道可持续发展和气候变化高级主管吴钱(Qian Wu)、科誉高瞻金融租赁商业主管徐平 (Xuping Guan)。

△上海美国商会在上海商城举办题为"Best Practices for Attracting & Retaining High Caliber Millennials"的主题讲座。主讲人为安德烈·吉西格(Andre Gisiger)、维奇·廖(Vicky Liao)、柯林·王(Colin Wong)等人。

△上海美国商会在上海商城举办题为"China's Sweet Tooth - Trends and Implications in Sugar Consumption"的主题讲座。主讲人为康塔尔消费指数研究部(Kantar Worldpanel)的商业主管贾斯丁·库克(Justin Cook)和上海交通大学副教授易盛(Sheng Yi)。

24 日

△上海美国商会在上海波特曼丽思卡尔顿酒店举办题为"Inside Trump's Asia Policies"的主题讲座。主讲人为曾任克林顿政府国防部长的威廉·科恩(William Cohen)。

△美国加州大学尔湾校区教授桑杰夫·德万(Sanjeev Dewan)到访复旦大学,作题为"Business Analytics: Research and Career Opportunities"的讲座。

△美国耶鲁大学及香港中文大学师生访问团一行 20 人到访上海财经大学工商管理学院。双方师生在座谈会上和校园参观中得到充分交流的机会,来自不同学习和文化背景的三地学生也由此得以获得看待问题的新视角。耶鲁大学莱斯利教授表示期望未来有更多的合作机会。

△上海市人民政府外事办公室副主任金雷会见美国芝加哥大学副校长肯·马诺蒂一行。金雷副主任表示,上海与芝加哥大学的合作历史悠久,希望芝加哥大学早日在上海设立分中心,进一步加强双方交流与合作。马诺蒂副校长简要介绍了芝加哥大学目前在中国的发展情况及未来规划。双方还就互相关心的一

些问题进行了交流。

△美国约翰·马歇尔法律学校代表团到访上海政法学院，副校长关保英教授会见来宾。代表团成员包括校长达比·迪克森(Darby Dickerson)教授、副校长安东尼·尼迪维基(Anthony Niedwiecki)教授、亚洲项目主任桃乐茜·李(Dorothy Li)女士、委员会名誉主席里奥纳德·阿玛利(Leonard Amari)及其夫人唐娜·阿马里(Donna Amari)、委员会成员罗杰·赞帕罗(Roger Zamparo)及其夫人伊丽莎白·赞帕罗(Elizabeth Zamparo)、中国知识产权资源中心主任亚瑟·袁(Arthur Yuan)。上海政法学院国际交流处处长王蔚教授、国际交流学院院长欧阳美和教授、国际法学院副院长王祥修教授、法律学院副院长杨向东副教授等参加会见。代表团表示非常重视与中国高校法学院的合作交流。

△美国新英格兰学院副校长罗伯特·马蒂诺(Robert Martino)带领眼科专家团队到访上海眼视光眼科医院，参与上海国际医学中心落户仪式。上海国际医学中心作为国家卫计委和上海市政府的“医改试点项目”，同时作为国内首家“建、管、用”模式的医疗服务项目，承载着建立多层次医疗服务体系的重任。

△美国德州大学教授顾明栋到访上海外国语大学，作题为“Thinking Literary Studies in the Age of Globalization and Telecommunication”的讲座。

25日—4月2日

△美国俄亥俄大学教授、莱比锡大学和马来亚大学富布莱特高级专员威廉·康迪(William Condee)到访华东师范大学，作题为“《汤姆叔叔的小屋》和美国种族问题：从迪克西到奥巴马”和“现代表演理论：残酷戏剧、史诗戏剧和后戏剧”的讲座。第一场讲座以斯托夫人的代表作《汤姆叔叔的小屋》为基础，分析了小说中涉及的种族问题和性别问题。第二场讲座聚焦现代法国戏剧家安托南·阿尔托的“残酷戏剧”理论和德国戏剧家贝尔托·布莱希特的“史诗戏剧”理论，比较了两者的异同。

26日

△美国佛蒙特州司法部长威廉·索莱尔(William Sorrell)与美国佛蒙特法学院教授西乌·提普·拉姆(Siu Tip Lam)一行两人到访上海财经大学，作题为“州司法部长的视角下环境执法的着重之处”的讲座。随后，两位访客与该校法学院副院长宋晓燕教授、葛伟军教授，马克·波斯蒂(Mark Poustie)教授、胡苑

副教授、戴悦博士进行合作会谈，并表示对上海财经大学法学院的国际化工作非常认同，回国后将积极促成合作。

△国际著名指挥家雅尼克(Yannick Nézet - Séguin)率领费城交响乐团来沪，为沪上观众演奏贝多芬的《普罗米修斯的创造》序曲、斯特拉文斯基的《彼得鲁什卡》和勃拉姆斯的《第四交响曲》。

27 日

△美国斯坦福大学国际安全和合作中心研究员薛理泰一行到访上海国际问题研究院，副院长严安林会见来宾。双方就台湾问题、南海问题以及朝核问题等交换了看法。该院亚太研究中心副主任龚克瑜、台港澳研究所童立群副研究员与国际战略研究所助理研究员薛晨一同参加了会见。

△美国麦克默里大学副校长戴维・黑林格(David Heringer)和国际处主管埃里克斯・王(Alex Wang)一行到访上海电力学院。校长李和兴会见来宾，党委副书记李艳玲、国交处处长朱群志与来宾进行了友好洽谈。双方就多项合作项目达成共识，并将陆续推动实施。

△美国密歇根州立大学教授杰姆斯・麦卡斯克(James McCusker)到访复旦大学，作题为“First - Row Transition Metal - Based Complexes for Light Capture and Conversion: Challenges and Opportunities”的学术报告。

△美国密歇根大学教授沃尔克・西克(Volker Sick)到访上海交通大学，作题为“How Laser Diagnostics Helps to Improve Heat Transfer Predictions in Internal Combustion Engines”的学术报告。

△美国伊利诺伊大学香槟分校信息科学学院学术研究中心副主任斯蒂芬・唐尼(Stephen Downie)教授到访上海大学，作题为“使用封闭和开放数据的数字人文研究:案例来自 HathiTrust 中心(Digital Humanities Using Both Closed and Open Data: Use Cases from the HathiTrust Research Center)”的学术报告。

27—28 日

△美国加州大学教授叶扬到访上海外国语大学，作题为“莎剧《奥赛罗》之艺术(The Art of William Shakespeare's Othello)”和“斯威夫特与《格列佛游记》浅说(Fierce Indignation: Jonathan Swift and Gulliver's Travels)”的讲座。

29日

△美国密西西比大学药学院教授戴尔·G. 内格尔(Dale G. Nagle)到访上海中医药大学,与该校师生分享他分析和研究不同脏器选择性转移乳腺癌的代谢差异的最新进展,并就如何在中药中发现抗癌药物提出见解。

△上海美国商会在上海商城举办题为"Outcomes of the NPC - China's National People's Congress"的专题讲座。主讲人为博然思维集团(Brunswick Group)合伙人约翰·穆尔(John Moore)、陆家忠(Jiazhong Lu)和高云松(Yunsong Gao)。

△上海美国商会在上海商城举办题为"Increasing Your Business Social Impact"的专题讲座。主讲人为志愿行动创新中心(Center for Innovation in Voluntary Action)的名誉主管米歇尔·诺顿(Michael Norton)。

30日

△上海国际问题研究院与美国卡特中心在上海共同举办"中美非公共卫生合作"研讨会。前中国非洲事务特别代表钟建华、卡特中心副总裁乔丹·瑞恩(Jordan Ryan)等专家参加会议。该会议评估了中美在非公共卫生合作的进展,总结了各自的经验和面临的挑战,并探寻可以合作的空间。

△上海美国商会在上海商城举办题为"The 7 Habits of Highly Effective People Foundations - Improve Effectiveness Throughout Your Workforce"的会员培训活动。培训活动主讲人为富兰克林柯维(Franklin Covey)公司的高级咨询师杰克·于(Jack Yu)。

△美国加州大学洛杉矶校区教授王国斌到访复旦大学,作题为"近代早期全球史视野下的中国近代经济史"的讲座。

△美国索尔克生物研究所助理教授金鑫到访上海交通大学,作题为"Functional model of basal ganglia neural pathways for action"的学术报告。

△美国加州大学洛杉矶分校数学系终身教授索林·波帕(Sorin Popa)到访华东师范大学,作题为"Structure and randomness in II1 factors"的学术报告。

△海外华人美术家协会共同主席、中国画学会(纽约)会长曹俊到访上海财经大学,作题为"欧美语境里的中国画"的讲座。

31 日

△美国西北大学助理教授罗姆纳·埃尔·阿明(Loubna El Amine)到访复旦大学，作题为“The Problem of Political Order in Classical Confucian Thought”的讲座。

△美国加州理工学院博士后、哈佛大学副研究员、美国航空航天局喷气推进实验室全球城市碳计划成员刘竹到访复旦大学，作题为“Anthropogenic carbon cycles and the implications for global sustainability”的学术报告。

△美国萨福克大学文理学院院长玛丽亚·丰田(Maria Toyoda)到访复旦大学，作题为“Introducing Suffolk University’s CUES: towards a global and interdisciplinary approach to urban sustainability”的学术报告。

△美国德州大学阿灵顿分校教授刘朝军(Chaojun Liu) 到访上海理工大学，作题为“湍流新理论 - DNS 和实验(New Theory on Turbulence Generation - DNS and Experiment)”的学术报告。

△美国加州大学尔湾校区教授陈中平(Zhongping Chen)到访上海理工大学，作题为“OCT 成像技术的最新进展：从实验室研究到临床转化(Advances in optical coherence tomography: translation of OCT technology from bench to bedside)”的学术报告。

△美籍华人艺术教育家苏维治到访东华大学，作题为“编程艺术的应用和介绍”的讲座。苏维治教授目前在美国和中国进行艺术教学工作，近年致力于视觉艺术、平面设计和美术教育工作的研究，用科学逻辑性来分析和寻求艺术的规律性。

△美国自然历史博物馆国际部主任莎伦·斯托尔伯格(Sharon Stulberg)及古生物部主席马克·诺瑞尔(Mark Norell)等一行 3 人到访上海自然博物馆，上海科技馆副馆长、上海自然博物馆管委会主任姚强接待来宾。馆内三处一中心相关人员参加。姚强副馆长向来宾介绍了上海自然博物馆场馆基本情况，并就人员交流、课题研究、临展引进等方面与对方进行了初步探讨。座谈结束后，访问团参观了上海自然博物馆展区，对场馆展陈设计、教育活动开发等方面给予了高度评价。他们表示，“让藏品亲近观众”“将博物馆教育放在首要位置”是当今世界博物馆界的发展趋势，美国自然历史博物馆多年来一直在积极推广这些理念，而上海自然博物馆已将其贯穿于实际，并在运行中取得了醒目的成绩，积累了丰富的经验，这让他们对今后两馆的合作充满期待。

△上海市市长应勇分别会见墨西哥莫雷洛斯州州长、墨西哥全国州长会议主席格雷科·拉米雷斯率领的代表团和美国美银美林集团全球首席运营官托姆·蒙塔格。应勇表示，上海欢迎美国、墨西哥等世界各国企业来沪投资兴业，共享发展机遇。格雷科·拉米雷斯和蒙塔格表示，上海是中国的经济中心城市，现代化进程引人注目。希望学习借鉴上海在对外开放、基础设施建设、金融创新发展等方面的经验，加强友好交往，促进合作共赢。

4 月

1 日

△上海市公安局境外非政府组织管理办公室向美国大豆出口协会上海代表处、美国国际棉花协会上海代表处、美国国际商标协会上海代表处、美国国际铜专业协会上海代表处、美国家禽蛋品出口协会上海代表处、美国肉类出口协会上海代表处、美国先进医疗技术协会上海代表处、西班牙纺织行业研究协会上海代表处 8 家境外非政府组织驻沪代表机构颁发“境外非政府组织代表机构登记证书”。

4 日

△华东理工大学“上海高校智库”社会工作与社会政策研究院院长徐永祥教授在美国休斯敦大学访学期间，接受美国南部最大的华人电视台——美南电视(STV 1.5, Southern News Group)的采访，制作了半小时的专题节目，介绍中国经济和社会快速发展的特点及社会工作事业的发展。

5 日

△美国宾夕法尼亚州立大学医学院教授布鲁斯·艾伦·史坦利(Bruce Alan Stanley)及孙东晓博士一行到访华东理工大学，作题为“Mass Spectrometry for ID and Quantitation of Proteins from Biological Materials”的学术报告，介绍空气污染暴露与呼吸道疾病、心血管疾病的相关性及研究方法。

△美国阿克伦大学工学院院长唐纳德·维斯科(Donald Visco)、院长助理朱莉·赵(Julie Zhao)到访华东理工大学，作关于阿克伦大学交流项目的宣讲，并介绍了学院的专业设置和学生培养等情况，希望在教学和科研方面开展更广泛的合作交流。

△美国礼来(中国)研发有限公司外部创新研发亚太区执行总监党群博士到访复旦大学药学院,受到院长王明伟研究员和院长助理张雪梅教授的热情接待。双方在介绍各自情况后就设立由礼来公司资助的博士后联合培养机制、科研项目合作、双向学术交流以及本科生课外实习等议题进行了深入讨论并达成共识。

△美国特拉华大学文理学院院长乔治·沃森(George Watson)博士、文理学院副院长特洛伊·理查兹(Troy Richards)教授、美术设计系国际交流处艾米·希克斯(Amy Hicks)教授、音乐系及国际合作交流特使高翔教授一行到访华东师范大学。双方共同商议了两校之间师生交流与合作的可能性,并就下一步合作方向展开深入讨论并达成共识。

△美国纽约州立大学布法罗分校博士后杜浛(Han Du)到访华东师范大学,作题为"病原微生物的致病性及抗菌研究"的学术报告。

△美国驻上海总领事馆总领事史墨客(Hanscom Smith)和农贸处处长布蔚薇(Valerie Brown)在总领事官邸举办天猫美国葡萄酒上线发布会。活动中有30种葡萄酒亮相,分别来自加州、俄勒冈州、华盛顿州、纽约州,吸引了上海的媒体、酒商和来自加州葡萄酒协会的嘉宾。

6日

△上海美国商会在上海商城举办题为"全球变局下的金融国际化之路"的讲座。讲座主讲人为北京大学光华管理学院院长、金融学系教授、博士生导师刘俏。

△美国加州大学伯克利分校校长尼古拉斯·B.德克斯(Nicholas B. Dirks)、校长资深中国顾问叶文心(Wen－hsin Yeh)教授一行到访华东师范大学。双方就推动两校师生交流项目展开探讨,并就当今中美高等院校人文社会科学的研究现状和发展方向等议题充分交换了意见。

7日

△国家杰出青年科学基金获得者、同济大学土木工程学院教授吕西林在美国丹佛举行的结构工程大会上领取了由美国土木工程师学会(ASCE)颁发的"纽马克奖(Nathan M. Newmark Medal)",以表彰他在结构动力试验、高层结构抗震与振动控制方面的开创性研究工作以及在地震工程领域对人才培养与重大工程技术支撑做出的杰出贡献。

△微软全球副总裁麦克·内尔(Mike Neil)携微软中国研发领导团队拜访上海仪电。上海仪电副总裁黄金刚接待了微软客人。双方就进一步加强在云计算领域的合作进行了深入的交流。上海仪电介绍了 Azure Stack 引进研发的过程和进展情况。微软方面表示将全力支持上海仪电利用微软云技术开发混合云产品的应用。双方期待下一次交流和尽早交付满意的成果。

7—14 日

△美国斯坦福医学中心护理副院长兼护理部主任温蒂·H. 福德(Wendy H. Foad)教授携护理部格雷琴·布朗(Gretchen Brown)副主任、心脏与血管健康服务中心塔丽娜·邝(Tarina Kwong)主任对第二军医大学附属长海医院进行了为期一周的友好访问。其间,温蒂副院长一行参观了护理学院、智慧课堂与校史馆。长海医院护理部邀请 3 位嘉宾分别进行了专题讲座。

9—16 日

△上海音乐学院党委副书记刘艳一行赴加拿大不列颠哥伦比亚大学音乐学院、美国伯克利音乐学院进行访问。访美期间,刘艳与伯克利音乐学院副院长马修·尼克,高级副院长、教务长拉里·辛普森,研究生部主任卡米尔以及伯克利波士顿音乐学院副院长贝内特进行会谈,就两院展开全方位多角度的深度合作签定了合作备忘录。

10 日

△美国驻上海总领事馆农贸处处长布蔚薇(Valerie Brown)在其官邸首映了《和美美一起学烹饪》系列第一集。这是美国农贸处推广丰富的美国食品和美国菜系的“享/味/美/国”活动,旨在推广美国食品和美国菜系。这一系列烹饪短片会在上海美国农贸处的微博等社交媒体平台播出,每集都会有大厨指导如何制作美国美食。

△上海市副市长翁铁慧在人民大厦会见美国麻省总医院院长彼特·斯莱文博士一行。

△美国圣地亚哥郡郡长朗·罗伯茨一行到访上海闵行区,闵行区区长朱芝松会见了代表团一行。朱芝松向代表团详细介绍了闵行区的人文历史、社会事业、产业经济发展情况以及闵行区的未来发展战略,希望两地加强人员往来与投

资经贸合作，促进两地共赢发展。朗·罗伯茨郡长表示愿与闵行区在科技创新、提升居民生活品质等方面开展合作交流。

△美国宾夕法尼亚大学副教授周荣(Rong Zhou)到访上海交通大学，作题为“Imaging Cancer Glutamine Metabolism”的学术报告。

△美国爱荷华州立大学美国能源部艾姆斯实验室副研究员姚永鑫(Yongxin Yao)到访上海交通大学，作题为“The Recent Development and Applications of DFT + Gutzwiller - Rotationally Invariant Slave - Boson Method”的学术报告。

△美国明尼苏达大学教授安东尼·迈克尔·迪恩(Antony Michael Dean)到访上海交通大学，作题为“The Evolution of a Catalytic Mechanism”的学术报告。

△美国北达科他大学副教授储千里(Qianli Chu)到访上海大学，作题为“利用对称的砌块合成有机材料：从氢键组成的骨架到可持久的环丁烷聚合物(Organic Materials Synthesized Using Symmetric Building Blocks: From Hydrogen Bonded Framework to Sustainable Polycyclobutane (PCB))”的学术报告。

△上海美国商会贸易促进工作组在上海商城邀请上海税管中心的沈文磊主任针对海关总署在4月1日施行的“全国通关一体化改革”作专题介绍。

△上海美国商会在上海商城举办题为“创新工具D4”的商会会员培训讲座。主讲人为金思管理咨询公司(BMGI)大中华区执行副总、资深顾问黑带大师、知名的管理实务专家朱邦壬。

11日

△美国罗格斯大学副教授陆炜丽到访上海市精神卫生中心，作题为“认知行为疗法治疗重度精神病患者的创伤后应激障碍临床随机对照试验(Cognitive BehaviorTherapy for Post Traumatic Disorder among Persons with Serious Mental Illness: A RandomizedTrial)”的讲座，详细介绍其在美国开展的研究，并就研究设计、研究实施中的关键点回答了大家提出的问题。

△美国爱荷华州立大学教授赵炎(Yan Zhao)到访复旦大学，作题为“Molecularly Engineered Organic Nanoparticles for Binding, Controlled Release, and Catalysis”的学术报告。

△美国加州大学圣巴巴拉分校博士后胡袁源到访东华大学，作题为“Understanding the Device Physics of Organic Field－effect Transistors”的学术报告。

△美国西雅图大学阿尔伯斯商业与经济学院院长约瑟夫·菲利普斯到访上海外国语大学，参与“3＋2”金融或会计专业联合培养的本科生面试并决定为多名优秀学生提供奖学金。两校代表还就短期学生交流、教师交流以及硕士学位项目等方面的合作交换了意见，探讨合作的可能性。

△上海美国商会企业家委员会和技术创新会员会在上海商城联合举办题为“A Close Look at Accelerators in China”的活动。活动由香港瑞安集团（SHUI ON Group）总经理理查德·唐（Richard Tan）、中国加速（Chinaccelerator）的项目主管奥斯卡·拉莫斯（Oscar Ramos）和经营主管威廉·鲍（William Bao）担任主讲人。

△上海美国商会在上海商城举办题为“Post－Merger Integration：M&A Opportunities & Challenges”的活动。活动由安永公司的运营交易服务执行主管陈宣（Hsuan Chen）、国际纸业投资（International Paper Investment）上海分公司的首席财务官海伦·浩洋·胡（Helen Haoyang Hu）以及美国都福集团（Dover）亚洲区总裁迈克尔·岳鹏·张（Michael Yue Peng Zhang）担任主讲人。

△上海美国商会在上海四季酒店举办月度会员通气会。化险咨询（Control Risks'）大中华和北美区高级合伙人肯特·科德尔（Kent Kedl）、美国驻上海领事馆总领事史墨客、上海国际问题研究院港澳台研究所的张哲辛（音）担任通气会的主讲人。

11—13日

△美国华盛顿大学海洋渔业系主任安德烈·埃里克·蓬特（André Eric Punt）教授到访上海海洋大学，作题为“美国渔业重建计划：发展与挑战（Rebuilding Plans for USA fisheries：Progress and Challenges）”和“管理策略评估：是灵丹妙药还是又一滥用工具？（Management Strategy Evaluation：A Panacea or Yet Another Overused Tool?）”的学术报告。

12日

△上海市政协主席吴志明会见即将离任的美国驻上海总领事史墨客。吴志

明希望总领事离任后继续关心上海，为中美关系的发展贡献力量。史墨客表示，他在上海工作了三年，之前在大使馆工作了两年半，与中国结下了深厚的感情，回国后将继续推动两国各层次、多领域人员交往，推动两国关系继续向前发展。

△上海美国商会在上海商城举办题为“Current Trends and Drivers in Cross－border Investments”的主题活动。活动主讲人为上海纽约大学助理教授大卫·于(David Yu)。

△上海市人大常委会副主任洪浩在人民大厦会见了由纽约州众议院副议长奥蒂兹率领的美国纽约州议员代表团一行。

△上海国际问题研究院院长陈东晓会见美国参院财委会副首席监督顾问克里斯托弗·阿姆斯特朗(Christopher Armstrong)率领的美亚学会第110批美国国会议员助手团一行。双方就当前地区热点问题等交换了看法。上海国际问题研究院国际战略研究所所长吴莼思、世界经济研究所助理研究员潘晓明等人参加了交流活动。

△美国男童合唱团艺术总监兼指挥费尔南多·马尔瓦·鲁伊斯到访上海进才中学，聆听进才中学合唱团的表演，给予团员们指点，一起排练了《Jingle bells through the ages》《This little babe》两首乐曲，并邀请团员们出席4月21日来华演出的美国男童合唱团音乐会。

△美国人文与科学院公布了2017年院士名单，复旦大学顾问教授、物理79级校友沈志勋当选。沈志勋在凝聚态物理和复杂材料领域研究中做出了许多开创性的工作，是国际学术界公认的凝聚态物理领域的一流科学家。

△美国纽黑文大学教授王承璐(Chenglu Wang)到访华东理工大学，作题为“营销学及社科方法研究”和“粉丝在品牌建设中的作用”的讲座。

△美国纽约城市大学教授李圭(Gui Li)到访上海交通大学，作题为“Letters from Other Friends: Theorizing Translogopoethics Today with & after Derrida et al.”的学术报告。

12—14日

△美国科学院院士、麻省理工学院教授蒂莫·西冠(Timothy Swager)先后到访东华大学和同济大学，在两校作题为“Molecular Electronics for Chemical Sensors”的讲座。讲座基于分子电子学原理，围绕超灵敏化学传感器展开。

13 日

△上海美国商会医疗保健委员会在上海商城举办题为“The Real Story of Grass－roots Healthcare Transformation in China”的活动。主讲人为毕马威(KPMG)的医疗主管珍妮·姚(Jenny Yao)。

△中国商飞公司副总经理史坚忠会见来访的美国克瑞集团高级副总裁路易斯·平卡姆(Louis Pinkham)一行,双方进行了友好交流。史坚忠介绍了公司型号研制和发展建设等方面的情况。路易·平卡姆表示,克瑞集团对能参与中国商飞公司型号研制项目感到荣幸,希望双方进一步加强沟通交流,共同推进世界民机产业发展。

△“未来信息技术”第二届上海交通大学国际青年学者论坛举行。上海交通大学名誉教授、美国科学院与工程院院士、图灵奖得主约翰·霍普克罗夫特(John Hopcroft),上海交通大学讲席教授、瑞典皇家工程院院士、中国科学院外籍院士安德斯·林德奎斯特(Anders Lindquist)担任演讲嘉宾并致辞。来自世界各地信息技术领域的优秀青年学者汇聚一堂,围绕“未来信息技术”“国际化师资队伍与人才培养”等主题进行深入交流,畅谈信息技术学科发展面临的热点、机遇与挑战。

△美国北卡罗来纳州立大学教授塔斯尼姆哈桑(Tasnim Hassan)到访华东理工大学,参与授聘仪式,成为该校客座教授。之后,他作题为“Unified constitutive modeling for low－cycle fatigue, Creep and Fatigue－Creep responses”的学术报告。

△美国华盛顿州立大学教授柏金汇(Jinghui Bo)到访上海交通大学,作题为“The Welfare and Distributional Effects of Fiscal Volatility: A Quantitative Evaluation”的讲座。

△美国罗格斯大学华民研究中心主任、社会工作学院教授黄建忠到访上海交通大学,作题为“中国草根组织的透明度与资源分配”的讲座,介绍外国社会组织草根组织的透明度情况和中国草根社会组织透明度的发展状况,提出用透明度指数(GTI)衡量草根社会组织的透明度。

13—16 日

△第六届上海国际新生儿医学论坛(The 6th Shanghai Neonatal Forum)在上海召开。由复旦大学附属儿科医院、国家儿童医学中心、卫生部新生儿疾病重

点实验室主办，瑞典哥德堡大学、加拿大新生儿协作网和郑州大学第三附属医院协办，是中国新生儿领域规模最大、最具影响力的国际学术会议。来自美国、加拿大、英国、德国、瑞典、瑞士、印度、菲律宾及中国等国家和地区的专家围绕围产期脑损伤的发病机制、防治策略及影像学特点，早产儿母乳喂养，早产儿支气管肺发育不良发病机制及治疗策略，新生儿呼吸机应用，新生儿黄疸，新生儿疾病基因诊断，以新生儿家庭为中心的医疗模式及院际转运问题等诸多专题进行精彩演讲，并展开深入讨论。

14日

△"共同携手反对家庭暴力高端论坛"在上海普华永道创新中心举行。由美国驻上海总领事馆、联合国妇女署、上海妇联和澳大利亚驻上海总领事馆共同主办论坛。联合国妇女署中国国家项目负责人朱莉·布鲁萨德(Julie Broussard)主讲。美国驻上海总领事馆副总领事关德琳(Gwendolyn Cardno)在开幕词中强调了外交界在连接反对家暴的利益相关者方面可以发挥的作用，并鼓励在场参与者加入微信小组，美国驻上海总领事馆将通过微信小组在反对家暴的问题上持续更新最新进展。该论坛汇聚了来自政府、民间社会、学术界和企业界的100多位领导人，共同探讨家庭暴力对社会的影响以及切实可行的解决方案。

16日

△美国硅谷 Founders Space 创办人史蒂夫·霍夫曼到访同济大学，作题为"企业创新方法论(Corporate Innovation Methodologies)"的讲座。他以欧美大企业戴尔、雅虎为例，提出了"创新是一个趋势，如果企业不关注创新，必将面临淘汰"的观点。

△Google 大中华区高级总监王丽到访上海外国语大学，作题为"Management at an Internet Company"的讲座，讲述她在各互联网公司就职的感受。

17日

△美国德州大学圣安东尼分校教授布瑞恩·薛彻提(Brian A. Ciochetti)到访复旦大学，作题为"Risk and Return in Emerging Markets Real Estate"的讲座，报告他关于新兴市场房地产风险与回报的最新研究。

△美国约翰·霍普金斯大学助理教授赖安·费灵(Ryan Felling)到访复旦大学,作题为"Epigenetic Regulation of Neuroplasticity after Perinatal Hypoxic-Ischemic Brain Injury"的学术报告。

△美国罗格斯大学教授史提芬·利维森(Steven Levison)到访复旦大学,作题为"TGF β - Stimulated Astrocytes Exacerbate Perinatal Brain Injury"的学术报告。

△美国加州大学伯克利分校教授奥马尔·亚吉(Omar Yaghi)到访上海交通大学,作题为"Molecular Weaving: The journey to beautiful and functional crystals"的学术报告。

△俄亥俄州立大学运动医学中心教授克里斯多弗·凯丁(Christopher Kaeding)带领福勒肯尼迪运动医学中心的艾伦·格特古德(Alan Getgood)、约翰·霍普金斯医学院的田中美保(Miho Tanaka)和宾州赫歇尔骨与关节诊疗中心的阿曼·科塔(Aman Dhawan)3 位研究员到访华山医院。4 人观摩了手术,并参加"中美运动医学学术沙龙",对华山医院运动医学科的临床和科研成果给予高度的评价。

18 日

△美国创意设计学院副校长、教务长、学术委员会副主管 Sooshin Choi 教授到访上海理工大学出版印刷与艺术设计学院,副院长薛雯、陶海峰携工业设计系部分教师接待,就学生交换交流、教师学术访问与科研合作等议题展开会谈。双方将以工业设计系为基点,进一步推动交流项目和合作。

△美国驻上海总领事馆科技环境卫生处领事芮力(Charles Reynolds) 到访上海国际问题研究院,就美国液化天然气出口与中美能源合作前景,与比较政治与公共政策研究所所长于宏源研究员和曹嘉涵博士进行交流。

18—27 日

△上海交通大学医学院附属第九人民医院原护理部主任阮洪、手麻科护士长施瑱和护理教研室干事项娴静一行 3 人赴美国弗吉尼亚联邦大学及其附属医院进行学习交流。联合健康学院院长塞西尔·德雷恩(Cecil Drain)教授、麻醉护理系主任米迦勒(Michael Fallacaro)教授等欢迎学习团到访。双方就麻醉护理课程设置等问题进行了深入的探讨。学习团还参观了弗吉尼亚联邦大学附属

的医疗中心。

19日

△由美国驻上海总领事馆和上海静安区图书馆联合举办的“地球日二十年回顾海报展(1997—2016)”在静安区图书馆海关楼举行。美国驻上海总领事馆新闻文化处处长欧阳天(Brian Gibel)向40多名公务员、当地媒体和观众致以欢迎,带领观众参观展览海报,并强调美中在环境问题上的标志性成就,呼吁进一步限制野生动物贩运,保护栖息地、清洁空气和水。

19—25日

△“VEX机器人世界锦标赛”在美国路易斯维尔市举行。上海外国语大学附属外国语学校代表队获得VEX初中组冠军和最佳思考奖。“VEX机器人世界锦标赛”要求参赛者根据比赛当场发布的规则,发挥创意,自行设计、制作机器人并进行编程。2017年的比赛吸引了来自美国、英国、澳大利亚、加拿大、中国、日本等40多个国家的1400支赛队同场竞技。

20日

△美国科学院院士、哈佛大学医学院终身教授施扬到访华东师范大学,作题为“RNA Modifications in the DNA Damage Repair”的学术报告。

△美国密歇根大学副教授徐明(Ming Xu)到访上海理工大学,作题为“可持续建设背景下的产业生态学”的学术报告。

△上海美国商会企业家委员会在上海商城举办题为“How to Economically Create Your Company's Visual Identity”的讲座培训活动。主讲人为Michael J. Rosenthal。

中旬

△美国波士顿大学教授、艺术学院院长琳恩·艾伦(Lynne Allen)到访上海理工大学,作招生讲座。教授介绍了波士顿大学及耶鲁大学本科艺术生的学习环境和课程安排,展示了部分波士顿大学学生的海报作品及他们的毕业设计展,解答了师生的问题,指出学生在创作与设计的过程中应多拓宽思维并坚持创新。

21 日

△被誉为世界三大童声合唱团之一的美国男童合唱团在上海东方艺术中心登台,这也是该合唱团首度来华巡演。当晚,以北美风格为主、充满世界各大洲风情的音乐作品,如维瓦尔第的《光荣颂(选段)》、莫扎特的《圣体颂》、北美黑人圣诗作曲家摩西·霍根的《在我灵魂深处的音乐》,先后上演。合唱团指挥费尔南多·马尔瓦·鲁伊斯表示,音乐是无国界的,希望把这些美好的音乐都带来中国。

△上海美国商会环境委员会在上海商城广场举办"地球日集市"活动,以提升人们的环境保护意识。

△上海美国商会在上海商城举办主题为"谈判技巧培训"会员培训活动。主讲人为资深销售和账户管理培训师史蒂芬·王(Stephen Wong)。

△美国纽约城市大学教授陈斌(Bin Chen)到访上海交通大学,作题为"基于集合的多案例研究方法(Introduction to Qualitative Comparative Analysis as a Set - Based Research Approach)"的讲座。

△美国康奈尔大学教授张超到访同济大学,作题为"Transcriptome and allele frequency responses to selection for tame/aggressive behaviors in silver foxes (Vulpes vulpes)"的学术报告。

△美国纽约中医学院院长陈业孟(Yemeng Chen)教授到访上海中医药大学,作题为"美国中医行业从业情况分析与发展趋势"的讲座。教授梳理了美国中医针灸发展的历史,鼓励大家努力求学创业,在促进自身能力提升的同时,融入中医药国际化发展的潮流。

21—25 日

△美国怀俄明大学助理教授利亚·列斐伏尔(Leah LeFebvre)到访上海大学,作题为"数字时代的人际关系:沟通、维护与纪念(Communicating, retaining, & memorializing interpersonal relatioinships: The Interface Between Relationships and Digital Technologies)"和"正视人际沟通与关系的黑暗面('Everyone is a moon and has a dark side they never show to anybody' - Accepting the Dark Side)"的讲座。

23日

△美国密歇根大学教授徐浩新到访上海大学，作题为“管泡离子通道：启动泌酸细胞‘酸’门（Ion channels in the tubelovesicles：opening the acid gate in the parietal cells）”的学术报告。

△美国雪城大学马克斯维尔公民与公共事务学院高级公共管理教育主任史蒂文·J. 勒克斯（Steven J. Lux）与中国项目主任陈学毅博士到访华东政法大学政治学与公共管理学院。在会谈中，双方各自介绍了院校的办学和科研状况，特别就社会冲突管理的教学和研究进行了深入的交流。双方在国际合作办学、学生互访以及科研合作等方面达成了初步的意向。

24日

△《自然-神经科学》（*Nature Neuroscience*）杂志在线发表由复旦大学脑科学研究院研究员王云实验室与哈佛大学医学院 Dana-Farber 癌症研究所教授马秋富实验室合作的题为“Identification of spinal circuits involved in touch-evoked dynamic mechanical pain”的研究成果。双方通过近三年的合作，在触诱发痛的脊髓环路机制研究上取得了一些突破性的成果。

△美国密歇根大学医学院教授克里斯汀·维海（Kristen Verhey）到访同济大学，作题为“Gated Entry into the Ciliary Compartment”的学术报告。

△美国俄亥俄州立大学教授特里·A. 米勒（Terry A. Miller）到访华东师范大学，作题为“Spectroscopy of Reactive Chemical Intermediates：Experiment and Theory”的讲座。

△美国马里兰大学国际与安全研究中心项目主管与外联主任乔纳斯·西格尔（Jonas Siegel）教授到访上海大学，作题为“特朗普治下的美国对外政策制定（U. S. Foreign Policy Making under Trump）”的讲座。

△国际学术期刊《美国科学院院刊》（*PNAS*）在线发表了中国科学院上海生命科学研究院（人口健康领域）秦骏研究组的题为“Epithelial EZH2 Serves as an Epigenetic Determinant in Experimental Colitis by Inhibiting TNF α-mediated Inflammation and Apoptosis”的研究论文。

24—28日

△上海交通大学材料基因组联合研究中心汪洪教授一行赴美国密歇根大

学、阿贡国家实验室、美国西北大学以及美国劳伦斯伯克利国家实验室,进行交流访问。其间,中方代表团参观了实验室,并与各实验室代表共同探讨了合作的可行性和具体方案。

25 日

△美国宾夕法尼亚大学医院内分泌及代谢临床中心主任、美国内分泌协会主席苏珊·孟德尔(Susan Mendal)教授一行到访上海奉贤区奉城医院,就开展国际合作进行交流。两院对今后的合作交流达成初步共识。

△美国内布拉斯加医学中心医学院副院长凯莉(Kelly Caverzagie)教授到访同济大学附属同济医院,作题为"培养未来医师课程"的讲座,介绍了内布拉斯加医学中心即将实施的"基于成果导向"教育的新课程体系。之后,双方就国际医学教育合作进行讨论交流。

△美国工程院院士、通用电气(GE)全球研发中心首席科学家彼得·安德烈森(Peter Andresen)到访上海交通大学,作题为"核工程材料在高温高压水环境下的应力腐蚀"的学术报告。

△上海美国商会在上海商城举办题为"How to Valuate Intangible Assets"的培训活动。主讲人为达夫菲尔普斯(Duff & Phelps)的评估咨询服务主管内维尔·林(Neville Lam)。

△上海美国商会在上海商城举办题为"Preparing for China's Nationwide Launch of Carbon Market"的专题研讨活动。发言人为上海环境能源交易所的助理经理李金(Jin Li)、Covestro Polymers 公司的公共和政府事务经理龙峰(Feng Long)、Cypress New Energy 公司的经营主管保罗·张(Paul Zhang)以及环境保护基金会(Environmental Defense Fund)的项目经理张晓璐(Xiaolu Zhang)。

26 日

△上海美国商会市场营销和媒体委员会在上海波特曼丽思卡尔顿酒店举办题为"Top Media Trends of 2017"的主题研讨会。研讨会的演讲嘉宾为浩腾媒体(OMD)中国区经营合伙人巴斯克·贾斯瓦(Bhasker Jaiswal)、Kraft Heinz 中国区整合媒体主管詹姆斯·李(James Lee)、浩腾媒体(OMD)中国区商业主管珍妮特·庞(Jeanette Phang)等人。

△美国加州大学戴维斯分校教授柏昭君(音)到访同济大学,作题为"Rayleigh Quotient Optimizations and Eigenvalue Problems"的学术报告。

△美国中阿肯色大学教授杰西·巴特勒(Jesse Butler)到访华东师范大学,作题为"Ecological Self - understanding——Identifying and Integrating an Epistemic Virtue Across Culture"的讲座。他立足于东西方哲学交融的视野,试图从这两种古老的智慧之中重新发见人同自然的关系。

△美国华盛顿大学教授蒋绍毅(Shaoyi Jiang)到访华东理工大学,作题为"Molecular Understanding, Design and Development of Ultra Low Fouling Zwitterionic Materials"的学术报告。

△美国莱特州立大学教授张博增(Bozeng Zhang)到访上海理工大学,作题为"石墨烯在能量存储方面的应用(Graphene for Energy Storage Applications)"的学术报告。

△4月26日,为庆祝世界知识产权日,美国驻上海总领事馆新闻文化处、美国专利贸易办公室和美国电影协会合作,在上海美国中心举办电影《喜悦》(*Joy*)放映与交流分享之夜。美国驻上海总领事馆知识产权事务负责人迈克尔(Michael Mangelson)、美国电影协会亚太区副总裁兼大中华区负责人冯峰首先概述了知识产权保护的重要性,然后讨论了电影中的知识产权(IP)元素,以提高公众对知识产权如何影响美国普通人生活的认识。迈克尔和冯峰还与现场80位观众进行了互动问答。

27日

△美国哈佛大学教授大卫·韦茨(David Weitz)到访华东师范大学,作题为"Droplet Microfluidics for Single Cell Studies"的学术报告,着重讲述了微流控技术在生物医学领域的应用。

△美国战略与国际问题研究中心发展项目主任丹尼尔·伦德(Daniel Runde)到访上海国际问题研究院,与该院世界经济研究所和外交政策研究所相关研究人员就美国特朗普政府的国际发展政策走向及中美合为议题进行交流讨论。外交政策副所长张春主持座谈。台港澳研究所所长邵育群、世界经济所所长张海冰及研究人员叶玉、周玉渊、薛磊、祝鸣参加会谈。

△美国密歇根大学教授洪源远(Yuen Yuen Ang)到访复旦大学,作题为"Directed Improvisation: The China Model that Other Countries can Learn

From"的讲座。洪源远教授认为,对于其他发展中国家,可以从中国学习经验。

28 日

△美国橡树岭国家实验室张鹏飞博士到访华东理工大学,作题为"多相选择性氧化反应中催化剂的控制合成和应用"的学术报告。报告为从事相关催化研究的师生在高性能催化剂的设计与制备方面提供了非常重要的参考价值。

△美国哈佛医学院教授马修·沃尔多夫(Matthew Waldor)到访华东理工大学,作题为"Genome - wide Investigations of Pathogen and Host Factors Contributing to Microbial Pathogenesis"的学术报告。

△上海美国中心邀请英语语言学员奥斯丁·帕克(Austin Pack)进行跨文化交流英语教学讲座。帕克为参与活动的 76 名学生、教师和年轻专业人士比较和分析了美中沟通方式的差异,并通过分析中西方沟通误会的实例,让参与者对美国文化的某些方面有更深入的了解。

△美国 Merck 公司丹尼尔·杜洛克(Daniel A. DiRocco)等人在*Science* 上发表了其在立体选择性磷酰化方面的最新研究成果。他们基于上海交通大学教授张万斌的原创性工作,设计并合成了一种手性双环咪唑骨架的多功能催化剂。美国化学会新闻期刊*Chemical & Engineering News* 和国内知名化学新闻网站 X - Mol 分别对此进行了亮点报道,并对张万斌教授进行了专访。

29 日

△华东师范大学教育学部在美国圣安东尼奥与美国雪城大学教育学院首次联合举办学术交流会,近 200 名各国学者出席了交流会。此次交流会借助美国教育研究协会(American Education Research Association, AERA)2017 年会的平台开展。AERA2017 年会的主题是"Knowledge to Action - Achieving the Promise of Equal Educational Opportunity"。华东师范大学共有 19 篇论文被大会接收。在 5 天的会议期间,教育学部师生通过小组会、圆桌会以及张贴论文等多种形式做了十余场学术报告,交流和分享了研究成果及学术观点,传播了中国学者的声音,扩大了教育学部的学术影响力。

下旬

△2017年美国大学生数学建模竞赛（MCM）与交叉学科建模竞赛（ICM）成绩正式揭晓。上海交通大学获得7个特等奖、2个特等奖提名奖、48个一等奖、128个二等奖。上海大学获得1个特等奖提名奖、6个一等奖、24个二等奖。

5月

2日

△美国大学理事会国际部副总裁琳达·刘(Linda Liu)、理事会国际高等教育高级总监克雷·汉斯利(Clay Hensley)和中国项目及关系发展总监卡罗尔·松(Carol Choong)一行到访华东师范大学。双方就诸多合作可能达成共识。

3日

△美国天普大学教授罗学明(音)到访复旦大学,作题为“Dynamic Retargeting Without Annoying Customers: A Machine Learning Optimization Algorithm”的讲座。

△美国麻省理工学院博士后研究员朱政(Zheng Zhu)到访上海交通大学,作题为“Numerical study of Quantum Hall systems with half - filled Landau levels: Anisotropy effect on Moore - Read state & Phase diagram of 1/2 + 1/2 bilayers”的学术报告。

△美国德州大学达拉斯分校助理教授秦真鹏到访上海理工大学,作题为“光触发药物超快速释放在大脑实时活动控制方面的应用研究(Optically - triggered Compound Ultrafast Release to Study Real - time Brain Activity)”的学术报告。

△美国德州农工大学助理教授王大伟(Dawei Wang)到访同济大学,作题为“From Superradiance Lattice to Topological Quantum Optics”的学术报告。

△美国耶鲁大学教授杰夫瑞·亚力山大(Jeffrey Alexander)到访上海大学,作题为“戏剧性知识分子:马克思、弗洛伊德、凯恩斯、萨特等学者的社会行为表现(Dramatic Intellectuals: The Social Performance of Marx, Freud, Keynes, Sartre, Ayn Rand, and Franz Fanon)”的讲座。

3—4日

△上海国际问题研究院同美国战略与国际问题研究中心（CSIS）在华盛顿举办第五轮“中美全球经济秩序对话”会议。美国主要智库及前政府要员参加会议。来自上海国际问题研究院、中国社科院、中国人民大学和天津大学等机构的十余名中方代表与会。会议围绕中美在全球化进程中的引领者角色转换、中美宏观经济和财政政策、基础设施投资和可持续发展、中美投资和贸易政策管理等议题展开讨论。

3—7日

△美国宾夕法尼亚大学语言数据联盟科研副主任袁家宏（Jiahong Yuan）博士到访上海交通大学，开设有关语料库的系列讲座。为期3天的专题讲座中，袁家宏介绍了美国宾大LDC语料库资源，并重点介绍了语音研究领域引用率非常高的TIMIT语音数据库的开发、建设与运营情况。

4日

△上海美国商会在上海商城举办题为“Cybersecurity Compliance Workshop for Critical Information Infrastructure (CII)”的讲座讨论活动。主讲人为Mayor Brown的法律顾问张晓燕（Xiaoyan Zhang）、化险咨询（Control Risks）的副经理卡莉·拉姆齐（Carly Ramsey）和该公司合伙人本·伍列夫（Ben Wootliff）。

△美国辛辛那提大学林德纳商学院副院长尼克·威廉姆斯（Nick Williams）教授、国际项目学术主任拉里·盖尔斯（Larry Gales）副教授一行到访华东师范大学。双方就本科生双学位合作模式进行深入的探讨，初步商定就本科生双学位项目签署合作协议，并就12月份辛辛那提大学林德纳商学院MBA访学团来访达成初步意向。

△美国马萨诸塞大学教授爱丽丝·张（Alice Cheung）和吴肯明（Kenming Wu）到访华东师范大学，分别作题为“Pollen - Pistil Interactions: A Long and Winding Road to Fertilization”和“FERONIA to RAC/ROP GTPases: A Core Pathway for Their Global Roles in Plant Growth and Reproduction”的学术报告。

△《纽约时报》企业联合及新闻服务公司高级咨询师和亚太地区客户公共关

系代表刘仕诚(David Liu)到访上海财经大学,作题为“美国媒体环境报道”的讲座。

△首届中华青少年交响乐团(NYO - China)在上海东方艺术中心吹响集结号。NYO - China 组委会公布了最终入选的 105 名学子名单。年内,这些学员将赴美国参加为期两周的住宿制训练营,并在纽约卡内基音乐厅首演。

△上海戏剧学院代表团一行 20 人抵达美国,爱乐音专董事长孙凤斌、校长谢坦、火凤青年国乐团艺术总监于璋等到机场迎接。上海戏剧学院此次赴美交流演出共 5 场,有京剧、昆剧、越剧表演和戏曲音乐演奏。演出采用无话筒演奏与表演的形式,使观众体验真实听觉的享受。

5 日

△普利策奖获得者、《皮卡优恩时报》(*The Times - Picayune*)报社编辑吉姆·阿莫斯(Jim Amoss)到访上海并在复旦大学作演讲。他此行最后一站在上海美国中心,与观众一起欣赏电影《聚焦》(*Spotlight*)。

△首位来自中国大陆的美国白宫学者、英特尔公司前董事总经理、宇沃资本美国董事长黄征宇(Zhengyu Huang)到访复旦大学,作题为“中国如何提升在美国的软实力”的讲座。黄征宇以其作为少数族裔参与美国政治互动的一线体验,为听众阐述了美国人如何看待自己、看待中国,并介绍了其他国家如何有效发挥美国国内相关少数族裔人群的资源和网络,提升对美国政治议程的影响力。

△美国马萨诸塞大学教授爱丽丝·张(Alice Cheung)到访上海师范大学,作题为“Pollen - Pistil Interaction the Long and Winding Road”的讲座。

△美国密歇根州立大学助理教授约翰·A. 麦奎尔(John A. McGuire)到访同济大学,作题为“Nonlinear Optics of Condensed Phases: From Equilibrium Structure to Non - equilibrium Dynamics”的学术报告。

7 日

△上海市北高新美国创新中心在美国硅谷挂牌。未来,这里会成为上海市静安区打造大数据产业高地的海外“营地”,联合斯坦福大学等国际科研力量,帮助中国企业在大数据、人工智能、精准医疗等领域与美国科研机构和企业开展技术创新、市场拓展、资本运作等合作。

8日

△上海国际问题研究院学术委员会主任杨洁勉会见到访的美国弗吉尼亚大学公共政策教授何汉理(Harry Harding)和政治学教授林夏如(Syaru Shirley Lin)。双方围绕中美关系深入交换了看法。之后,何汉理教授在该院作题为“1992年至今的中美关系:是否实现了稳定合作的目标?(US-China Relations Since 1992: Have The Attempts To Build A Stable And Cooperative Relationship Succeeded?)”的演讲,并同与会者进行了互动。

△美国密歇根州立大学传播艺术与科学学院院长普拉卜·大卫(Prabu David)到访上海师范大学人文与传播学院,与院长陈恒签署《国际学术合作与研究生联合培养协议》。两校将以此为契机,搭建国际学术合作新平台,拓宽学科领域,引领传播学以及相关学科走向国际学术研究前沿。

△美国哥伦比亚大学教授冯阳(Yang Feng)到访复旦大学,作题为“Community Detection with Covariates”的学术报告。

△美国新英格兰生物实验室高级研究员徐双勇(Shuangyong Xu)博士到访上海交通大学,作题为“5-8 Coli phage 9g with modified guanine (dG+), DNA susceptibility to Type II restriction enzymes, and isolation of host mutants resistant to phage infection”的学术报告。

△美国加州大学伯克利校区教授汤晨曦(Chenxi Tang)到访上海师范大学,作题为“法律与文学:法律的文学手段和文学的法理”的讲座。

8—9日

△“亚洲地区的边缘城市化大会:新议题与实践”在同济大学建筑与城市规划学院举行。该会议由同济大学、美国东西方中心主办。来自中国、美国、日本、韩国、澳大利亚等十余个国家和联合国开发署、亚洲基金会等国际机构的近100位专家、学者齐聚同济大学,共同探讨和审视亚洲地区的边缘城市化进程,并对边缘城市化地区的规划和管治能力的提高提出具体的方法。

9日

△上海美国商会在上海商城举办题为“How Going Digital for Printing Solves Your Localization Problem”的讲座讨论活动。主讲人为Gelato Globe公司的首席通信官拉尔斯·托尔斯滕松(Lars Torstensson)、微软大中华区首席技

术官徐明强(Mingqiang Xu)、美商会创新和技术委员会的经营合伙人拉希德(Humayun Rashid)。

△上海美国商会在四季酒店举办题为"Shanghai Lawyer - A Memoir"的月度会员简报会。主讲人为香港执业律师道格拉斯·克拉克(Douglas Clark)。

△上海美国中心邀请2016年度国际写作项目(IWP)毕业生周嘉宁分享她的跨文化交流经历。周嘉宁向60位文学界人士介绍了国际写作项目计划的历史,以及她在美国爱荷华大学参加国际写作项目的经历,并阐述跨文化交流对扩大人们视野和促进相互了解的重要性。

△美国波士顿大学教授罗伯特·德瓦尼(Robert L. Devaney)到访复旦大学,作题为"Cantor and Sierpinski, Julia and Fatou: Crazy Topology in Complex Dynamics"的学术报告。

△美国密歇根大学教授朱冀(Ji Zhu)到访复旦大学,作题为"Network Cross-Validation by Edge Sampling"的讲座。

△美国密歇根大学安娜堡分校教授王燕庄(Yanzhuang Wang)到访复旦大学,作题为"Golgi Biogenesis, Function, and Defects in Diseases"的学术报告。

△美国西南医学研究中心助理研究员罗敏(Min Luo)博士到访复旦大学,作题为"纳米疫苗在肿瘤免疫治疗中的探索"的学术报告。

△美国佛罗里达大学沃灵顿商学院教授谢劲红(Jinghong Xie)到访上海交通大学,作题为"Identify Important Research Problems and Develop Novel Ideas"的讲座。

△美国亚利桑那州立大学国际语言与文化系主任妮娜·柏曼(Nina Berman)教授、奚如谷教授、胡安·巴勃罗·吉尔·欧斯雷(Juan Pablo Gil-Osle)教授及凌筱峤教授一行到访华东师范大学。双方在教学模式、中文教育规模以及国际交流等方面交换了意见,达成了合作共识。

△美国佛罗里达大西洋大学理查德·舒斯特曼(Richard Shusterman)教授与肯尼斯·郝乐为(Kenneth Holloway)教授一行到访华东师范大学。双方以"美德的身体:亚洲视角下的伦理和身体美学"为主题,在研究方法、研究前景以及国际合作方面进行深入交流。双方已草拟合作协议,协议有望在近期签署。

9—19日

△美国哈佛大学社会研究中心助理教授亚当·桑德尔(Adam Sandel)到访

华东师范大学，携其新书*The Place of Prejudice*开展系列讲座。讲座共分5场，分别对应其新书的5个主要部分。

10日

△上海美国商会在上海商城举办题为"How do You Enhance Business Performance by Building a Balanced Team? "的早餐会员培训活动。主讲人为Belbin Associates的创始人奈杰尔·贝尔宾(Nigel Belbin)以及Belbin UK的经营合伙人乔·基勒(Jo Keeler)。

△上海美国商会教育委员会在上海商城举办题为"The Legal Environment for Foreign-Invested Education in China"的讲座活动。主讲人为DLF法律事务所的合伙人威廉·吴(William Wu)、霍金路伟律师事务所(Hogan Lovells)北京办公室的合伙人史蒂芬·罗宾逊(Steven N. Robinson)。

△美国托莱多大学副教授朱江龙(Jianglong Zhu)到访上海交通大学，作题为"New Methods for Stereoselective Construction of Challenging Glycosidic Linkages"的学术报告。

10—12日

△美国佛罗里达大学教授韦恩·万塔(Wayne Wanta)到访上海外国语大学，作题为"美国媒体发展前沿""美国的政治传播生态"以及"美国体育新闻报道"的系列讲座。

△美国明尼苏达大学教授李玲(Ling Li)到访复旦大学，在药学院进行为期3天的学术访问。其间，李玲教授作题为"HDL and Alzheimer's Disease: Good for the Heart, Good for the Brain"的学术报告，详细介绍了阿尔茨海默病(AD)发病机制研究概况及最新进展。

10—17日

△美国麻省理工学院及华盛顿大学教授穆东(Anne Vernez-Moudon)到访同济大学，作题为"理解建筑和城市设计理论与研究方法的不同方面(Understanding the Different Aspects of Theory and Research Methods in Architecture and Urban Design)"和"环境与行为：观察方法(Environment Versus Behavior: Methods of Observation)"的讲座。

10 日—6 月 1 日

△美国圣母大学教授郭黎(Li Guo)到访复旦大学,作题为“The Study of Islamic History in Western Academia: Themes, Trends, and Methods”、“Muslim History Writing, 710 - 1600: An Overview of Arabic and Persian Chronicles”和“Sacred Treasure of Paper Trash? : Documentary Sources of Medieval Socio - economic History of Egypt and Syria”的系列讲座。

11 日

△上海美国商会在上海商城举办题为“Transform Your Goals”的讲座活动。主讲人为富兰克林柯维公司(Franklin Covey)的国际事务负责人汤姆·沃森(Tom Watson)。

△美国德州大学达拉斯分校教授伍伟丽到访东华大学,作题为“社会计算(Introduction to Social Computing)”的讲座。

△美国宾夕法尼亚州立大学教授苏雷什(Suresh Canagarajah)到访上海外国语大学,作题为“English Only Policies and Multilingual Practices in Transnational Workplaces”的讲座。

12 日

△上海美国商会技术与创新委员会和健康委员会在上海商城联合举办题为“Imminent Transformations in Health”的讲座活动。主讲人为美国加州大学教授拉梅什·杰恩(Ramesh Jain)、上海和睦家医院首席医疗师刘浩(Hao Liu)、强生创新大中华和韩国区亚太创新中心的新事业主管洪欣(Xin Hong)。

△上海美国商会在上海商城举办题为“Healthy Parenting with Compassion”的午餐时间学习会。主讲人为澳洲执业临床咨询师芭芭拉·侨(Barbara Kiao)。

△美国德州大学达拉斯分校副教授张远(Yuan Zhang)到访复旦大学,作题为“Market Assessments of the Standard Setting Process of the New Revenue Recognition Standard ASU 2014 - 09”的讲座。

△美国密歇根大学化学系副主任布瑞恩·柯波拉(Brian Coppola)教授一行 5 人到访上海交通大学。两校代表就教学科研领域的深入合作交换意见,并达成合作意向。下午,在题为“Frontiers in Chemistry, Biology and Materials”的

双边学术交流研讨会上，密歇根大学陈展（Zhan Chen）、泰德·古德森（Ted Goodson）、查尔斯（Charles MacCrory）、埃坦·盖娃（Eitan Geva）依次作报告。

△美国哈佛大学助理研究员谷洛博士到访上海交通大学，作题为“运用四维生物材料探索生物医学”的学术报告。

△美国夏威夷大学约翰·伯恩斯医学院生物信息学系主任邓友平教授到访上海交通大学，作题为“Advancing Precision Medicine through Integrative Next Generation Sequencing Data Analysis”的讲座。

△美国奥本大学建筑学院院长理查德·贝特（Richard Burt）一行 4 人到访同济大学，围绕校园文化交流、工程项目管理知识经验分享等主题展开活动。同济大学建设管理与房地产系教师和外办负责人予以接待。双方代表探讨了校际合作的可行性，为两校教学和文化互通建立了沟通桥梁。

△美国加州大学尔湾校区教授陆志勤到访同济大学，作题为“On the Agmon Estimates of Bergman Kernels”的学术报告。

△美国哈佛大学教授乔恩·R. 斯塔尔（Jon R. Star）到访华东师范大学，作题为“改善代数的学习和教学（The importance of being flexible: Improving algebra learning and teaching）”的讲座。教授针对学生的代数学习、发展学生的灵活性、教师的代数教学等三方面，总结讲述了他数十年的研究成果。

△美国堪萨斯大学教授张彦兵（Yanbing Zhang）到访上海外国语大学，作题为“Communication and Intergroup/ Intercultural Relations: Integrating Theories, Operationalization, and Research Design”的讲座。

12—14 日

△美国顶尖室内乐团体林肯中心室内乐协会（CMS）在上海音乐厅举行“MINI 音乐节”，以“浪漫主义时期的室内乐作品”为主题，3 场音乐会、3 场讲座，让音乐爱好者全方位感受室内乐作品的魅力。

14 日

△美国德州大学奥斯汀分校教授埃里克·安斯林（Eric Anslyn）到访华东理工大学，作题为“现代物理有机化学系列讲座”的学术报告。

15日

△美国安博瑞德航空航天大学校长提姆·布莱迪(Tim Brady)率该校航空学院院长艾伦·施托尔策(Alan Stolzer)、商学院院长迈克尔·威廉姆斯(Michael Williams)、工学院副院长赵毅到访上海理工大学。会谈中,双方回顾了2011年两校签署校级合作备忘录以来合作项目的发展历程,并就在线教学及远程学位教育进行深入交流。会谈结束后,两校代表签署了新一轮校级合作备忘录。

△美国休斯敦大学教授孙力(Li Sun)到访上海理工大学。双方就实验室建设、科研团队组建以及在生物材料和组织工程方向的合作等相关问题交换了意见。

△美国纽约大学教授路易斯·卡布拉尔(Luis Cabral)到访复旦大学,作题为"Mixed Bundling in Retail DVD Sales: Facts and Theories"的讲座。

△美国密歇根大学生命科学研究所张岩博士到访复旦大学,作题为"New era in GPCR structural studies and more: emerging of cryo-EM"的学术报告。

△美国德雷塞尔大学教授胡小华(Xiaohua Hu)到访上海交通大学,作题为"Big Microbiome Data Analysis"的学术报告。

△美国南佛罗里达大学李小鹏(Xiaopeng Li)、蔡剑锋(Jianfeng Cai)和李海涛(Haitao Li)一行到访复旦大学,分别作题为"Self-Assembly of Giant Supramolecules with Increasing Complexity""AApeptides: From Structure to Function"和"Rational Design, Synthesis, and Chemical Biology Studies of Selective Inhibitors for Protein-Protein Interactions"的学术报告。

△美国路易斯安那大学拉斐特分校教授汪翔升(Xiangsheng Wang)到访同济大学,作题为"Traveling Waves in Epidemic Models: Diffusion and Mon-monotonicity"的学术报告。

△美国路易斯安那州立大学教授李春雁(Chunyan Li)到访华东师范大学,作题为"Estuarine plumes and fronts"的学术报告。

△美国佛罗里达州立大学教授胡燕燕(Yanyan Hu)到访华东理工大学,作题为"Fast Ion Conductors for All-Solid-State Batteries"的学术报告。

16日

△上海美国商会法律委员会在上海商城举办模拟仲裁活动。主讲人为美富律师事务所(Morrison & Foerster)的香港诉讼部负责人蒂莫西·布莱克利

(Timothy Blakely)、国际仲裁和亚洲争端实践负责人克雷格·塞尔尼克(Craig Celniker)、裁决执行调查和争端解决合伙人丹尼尔·利维森(Daniel Levison)以及新加坡亚洲国际仲裁中心的案件登记员凯文·纳什(Kevin Nash)。

△上海美国商会在上海商城举办题为"Pensions, Investments and Savings Planning"的讲座,主讲人为渣打证券投资学院(Chartered Institute for Securities and Investment)的成员韦恩·埃利斯(Wayne Ellis)。

△美国康涅狄克大学副校长拉登卡·马瑞克(Radenka Maric)教授、意大利都灵理工学院教授斯蒂芬娜·斯佩基亚(Stefania Specchia)、加拿大魁北克国家研究院教授孙书会(Shuhui Sun)等一行到访上海大学。马瑞克教授就双方科研合作交流和合作办学进行了交流。

△美国国家科学院院士、哈佛医学院教授爱德华·哈洛(Edward Harlow)到访复旦大学药学院,会见了药学院和国家新药筛选中心重大科研成果联合创新团队的全体成员,并进行了交流。

△美国田纳西大学教授克里斯蒂安·D. 巴蒂斯塔(Cristian D. Batista)到访上海交通大学,作题为"Chiral Liquid Phase Near a Quantum Critical Point"的学术报告。

△美国印第安纳大学教授查尔斯·J. 霍罗威茨(Charles J. Horowitz)到访上海交通大学,作题为"Neutron Rich Matter in the Laboratory and in the Heavens"的学术报告。

△美国俄亥俄州立大学终身教授管建均(Jianjun Guan)到访上海交通大学,作题为"Multifunctional Stem Cell Delivery Systems for Ischemic Limb Regeneration"的学术报告。

△美国工程院院士、加州大学伯克利校区教授丽莎·阿尔瓦雷斯·科恩(Lisa Alvarez - Cohen)到访同济大学,参与科恩教授同济大学国际科学家工作室揭牌仪式。该工作室的成立将进一步深化同济大学与加州大学伯克利校区在科学研究、学生培养等方面的合作。

△美国南佛罗里达大学副教授蔡剑锋(Jianfeng Cai),副教授、助理教授李小平(Xiaoping Li)和副教授施晓东(Xiaodong Shi)一行到访华东理工大学,作题为"Self - Assembly of Giant Supramolecules with Increasing Complexity""AApeptides: From Structure to Function"和"Rational Design, Synthesis, and Chemical Biology Studies of Selective Inhibitors for Protein - Protein

Interactions"的学术报告。

16—17 日

△中国商飞公司总经理贺东风在美国底特律访问伊顿公司,会见伊顿公司首席执行官骆德(Craig Arnold),参观伊顿增材制造卓越中心、管路生产线和管路测试中心,现场查看 C919 有关产品的生产及测试情况。其间,贺东风介绍公司发展建设和型号研制情况,感谢伊顿公司长期以来的坚定支持,希望进一步加强双方交流与合作。骆德对 C919 飞机首飞成功表示祝贺,希望进一步加强与中国商飞公司的合作。

17 日

△上海美国商会在上海商城举办题为"Better Manage Your Data - Excel Data Analysis Skill Training"的会员培训活动。培训主讲人为易迪思 Office 金牌讲师、清华大学 MBA 班特邀培训师薛正(Zheng Xue)。

△上海美国商会企业家委员会和法律委员会在上海商城联合举办题为"How to Protect Intellectual Property Rights for Start - up Companies in China"的讲座。主讲人为 Finnegan、Henderson、Farabow、Garrett & Dunner 上海代表办公室的经理合伙人王宁玲(Ningling Wang)、Global Law Office 的合伙人墨菲·贵(Meph Gui)、Junhe Law Firm 的合伙人杰西卡·徐(Jessica Xu)。

△美国华盛顿大学圣路易斯分校奥林商学院副教授修明·马丁(Xiumin Martin)到访复旦大学,作题为"Weak Creditor Rights and Insider Opportunism: Evidence from an Emerging Market"的讲座。

△美国斯坦福大学教授马丁·莱因哈德(Martin Reinhard)到访上海交通大学,作题为"Using Hydrogen Peroxide as an anti - Biofouling Agent in Membrane Treatment"的讲座。

△美国物理学会会士、亚利桑那州立大学教授陶农建到访上海交通大学,作题为"生物传感和成像技术:从天文学中获得灵感"的学术报告。

△美国伊利诺伊理工大学教授孙贤和到访同济大学,作题为"Memory Centric Optimization: Keep the Memory Hierarchy but Nothing Else"的学术报告。报告介绍了计算机系统面临的存储墙问题。

△美国波士顿大学教授刘平华到访华东理工大学,作题为"Novel

Transformations in Alkaloid Biosynthesis Catalyzed by Iron－Enzymes"的学术报告。

△美国波士顿学院教授肯特·格林菲尔德(Kent Greenfield)到访上海财经大学,作题为"公司公民责任的困境"的讲座,介绍美国公司法发展的历史、阐释关于公司责任的两大理论、讲述公司法发展的新趋势。

△美国密歇根大学迪尔本分校助理教授陈曦(Xi Chen)到访上海财经大学,作题为"Green Sourcing － The Role of Premium Sharing and Consulting Services"的学术报告。

18日

△上海美国商会在上海商城举办题为"Views from the IMF － Rebalancing China's Economic Growth"的讲座。主讲人为国际货币基金会的高级常驻代表阿尔佛雷德·席普克(Alfred Schipke)。

△美国凯特琳医疗集团首席执行官费雷德曼(Fred M. Manchur)、凯特琳医疗中心院长及集团执行副总裁贾罗德·B. 麦克诺顿(Jarrod B. McNaughton)和全科主任罗伯特·索耶(Robert Sawyer)以及夫人一行到访上海华山医院。华山医院国际医疗中心主任顾静文主持接待会谈,华山医院副院长马昕率多个职能部门的负责人与来访的美国客人进行面对面的交流。下午,美国嘉宾为华山医院国际医疗中心举办的"借鉴国际经验培养全科医学人才"学习班作精彩讲课。

△以"前沿、交流、合作"为主题的"上海普拉德－威利综合症国际精英论坛"在复旦大学附属儿科医院举办。论坛针对普拉德－威利综合症的基础与临床前沿热点问题,邀请国内外相关领域著名教授介绍了各自具有前瞻性的研究成果。美国科学院院士、贝勒医学院教授亚瑟·博德特(Arthur Beaudet)介绍了由其领衔的团队正在开展的新方法,揭示了遗传病早期检测的未来发展方向。美国加州大学国际 PWS 协会主席苏珊娜·B. 卡西迪(Suzanne B. Cassidy)教授介绍了 PWS 的病因、临床表现、GH 治疗以及各种并发症的管理。

△中国商飞公司总经理贺东风在美国会见斯坦福大学工程学院有关负责人,参观先进航空材料实验室,了解航空领域校企合作和未来民机技术的发展情况,并向对方介绍中国商飞公司项目研制进展,就双方共同关心的问题进行探讨。斯坦福大学对 C919 大型客机成功首飞表示祝贺,希望加强沟通交流,探讨

科技和人才领域的合作机会。

△静安区邀请了美国队的优秀教练员、运动员走进上海市静安区闸北实验小学校园指导青少年击剑运动员训练，让青少年学生近距离与国际顶尖选手互动。

△美国德州农工大学教育科技系系主任、国际著名 STEM 教育专家李业平(Yeping Li)教授到访上海师范大学，作题为“STEM Education: History, Perspectives, and Prospects”的讲座。李业平从 STEM(科学、技术、工程、数学)教育的内容、教学方法、评价 3 个方面简要描述了其不同于传统教育的特点。

△美国加州大学戴维斯校区教授科林·卡梅隆(Colin Cameron)到访复旦大学，作题为“Robust Inference for Dyadic Data”的讲座。

△美国明尼苏达大学教授罗马斯·卡斯劳斯卡斯(Romas Kazlauskas)到访上海交通大学，作题为“How Protein Structures Can Mislead Protein Engineers”的学术报告。

△美国斯坦福大学助理教授徐匡(Kuang Xu)到访上海财经大学，作题为“On the Power of (even a little) Resource Pooling and Flexibility”的学术报告。

△美国德州州立大学教授杨勇到访上海大学，作题为“线性群的商群与轨道结构的关系”的学术报告。

△美国波士顿学院教授肯特·格林菲尔德(Kent Greenfield)到访华东政法大学，作题为“在私人市场与公共空间中进退维谷的企业公民(The Dilemmas of Corporate Citizenship in the Private Marketplace and the Public Square)”的讲座。

18—19 日

△美国俄亥俄州立大学材料系主任彼得·安德森(Peter M. Anderson)教授和艾伦·罗(Alan Luo)教授一行到访上海交通大学。18 日，安德森作题为“Fundamentals and Applications of Ambient and High - Temperature Shape Memory Alloys”的学术报告。19 日，两位教授代表俄亥俄州立大学材料系与材料学院就双博士联合培养项目与上海交通大学相关负责人进行会谈，对全面合作表达了意愿和期待。

18—20 日

△中国商飞公司副总经理赵越让赴美国访问派克宇航公司、赛峰 E&D 公

司，与供应商高层开展 ARJ21 项目回顾，交流设计优化项目进展和质量态势，就 ARJ21 飞机后续设计优化中存在的难点进行深入讨论，以推进 ARJ21 飞机后续优化、生产和交付各项工作。随后，赵越让到中国商飞美国公司检查工作，就后续 ARJ21 飞机部分设计优化项目提出了要求。

18—22 日

△美国国家大气研究中心教授道格拉斯(Douglas Nychka)到访复旦大学，作题为“The Earth System: Finding the Curves and Surfaces”的 3 场系列讲座。

19 日

△中国商飞公司总经理贺东风到访美国加州理工学院，会见首席创新和企业合作官弗里德法瑞纳，听取加州理工学院整体情况和航空领域研究能力介绍，重点了解了校企合作和技术研发等情况。

△上海美国商会人权委员会在上海商城举办题为“Employee Engagement in China”的讲座。主讲人为 Brunswick 的合伙人克里斯托弗·汉尼根(Christopher Hannegan)、美国伊顿公司(Eaton)的亚太区电子部门人力资源部副主席杰西卡·张(Jessica Zhang)、葛兰素史克(GSK)副主席、区域人力资源主管王逸(Yi Wang)等。

△上海美国商会在上海商城举办题为“Business Success Formula: Lifelong Learning vs Constant Innovation”的讲座。主讲人为 UMass Amherst 的经营主管艾利克斯·菲利普斯(Alex Philips)和区域主管克里斯蒂·马(Christy Ma)、Kencast 公司的软件主管李阳(Yang Li)、MrS. ai 人工智能咨询和产品解决方案公司的创始人罗明科(Mingke Luo)。

△上海美国商会在上海商城举办题为“劳动合同解除中的协调谈判技巧(Mediation & Negotiation during Employment Termination)”的讲座。主讲人为中瀚石林(SBA Stone Forest)薪酬及人事咨询服务董事莉莉·丁(Lillie Ding)。

△美国斯坦福大学助理教授徐匡(Kuang Xu)到访复旦大学，作题为“On the Power of (even a little) Resource Pooling and Flexibility”的讲座。

△美国丹佛大学教授赵穗生(Suisheng Zhao)到访同济大学，作题为“中国、特朗普治下的美国与世界秩序建构”的讲座，指出作为世界第一经济体和唯一超

级大国的美国与作为正在崛起的世界第二大经济体的中国在诸多领域存在着合作与竞争并存的局面。

19—29日

△美国新奥尔良大学能源转换与保护中心主任王廷(Ting Wang)教授到访华东理工大学，开设题为“An Introduction of IGCC”的短期课程，并作题为“The Myths of Energy and Power”的学术报告。王廷表示将与华东理工大学在洁净煤技术领域开展更深入的合作。

20日

△“国际建筑/规划/景观教育高峰论坛”在同济大学建筑与城市规划学院举行。来自美国、德国、西班牙、意大利、澳大利亚等国际知名建筑规划类院校的院长和系主任与会。美国加州大学伯克利分校环境设计学院院长珍妮弗·沃尔琪(Jennifer Wolch)教授、美国麻省理工学院建筑系主任J. 米金·尹(J. Meejin Yoon)教授、美国当代艺术博物馆建筑与设计馆长马蒂诺·史泰利(Martino Stierli)教授、美国哥伦比亚大学城市规划系主任吴伟平(Weiping Wu)教授分别作主题演讲。

中旬

△上海市北高新技术服务业园区的中国大数据流通与交易技术国家工程实验室，与美国加州大学伯克利校区RISE实验室签订战略合作协议，决定在大数据及人工智能领域开展紧密合作，促进大数据流通的标准化与交易技术的创新。这是中国大数据流通与交易技术国家工程实验室走出国门对接海外知名科研机构的第一站。上海市经济和信息化委员会主任陈鸣波，上海市静安区区委常委、副区长邓小冬出席签约仪式。

△中国科学院上海硅酸盐研究所研究员施剑林、副研究员刘佳男和华东师范大学教授步文博，在美国化学会综述性学术期刊《化学评论》(*Chemical Reviews*)在线发表题为“Chemical Designand Synthesis of Functionalized Probes for Imagingand Treating Tumor Hypoxia”的文章。该文是国际上首篇系统阐述乏氧肿瘤精确诊断和高效治疗策略的综合性论文，全面总结了国内外最新研究成果，揭示了该研究领域的发展方向。

△上海理工大学副校长孙跃东率代表团出访美国纽约市立大学皇后学院，与该校校长 Félix V. Matos Rodríguez、副校长伊丽莎白·亨德里(Elizabeth Hendrey)和艺术与人文学院院长威廉·麦克卢尔(William McClure)等会面。双方签署了双学位项目合作协议，并就暑期师资培训及学分转换等事宜进行洽谈。

21日

△"第一届国际青年学者论坛"在同济大学土木工程学院建筑工程系举办。来自国内外的9位杰出青年学者围绕土木工程未来的发展方向作了学术交流。美国阿拉巴马大学亨茨维尔分校周虹宇(Hongyu Zhou)博士、美国理雅结构工程咨询有限公司(LERA)结构工程师董柏平(Boping Dong)博士、美国伊利诺伊大学厄巴纳－香槟分校陈旭(Xu Chen)博士和普渡大学赖志超(Zhichao Lai)博士分别作主题报告。

△美国路易斯维尔大学教授孙芝慧到访同济大学，作题为"Characterizing Conventional, Ultrahigh Performance, and Recycled Powder Concrete"的讲座。

22日

△上海市市长应勇会见美国芝加哥联邦储备银行主席查尔斯·埃文斯(Charles Evans)一行，对芝加哥联储、中国人民银行和全球中央对手方协会联合在沪举办国际性场外衍生品研讨会表示祝贺。应勇说，上海与芝加哥分别是中美两国的重要经济城市，结为友城已有30多年，各领域交流与合作取得丰硕成果。埃文斯祝贺上海取得的发展成就，希望通过在沪举办研讨会，促进相关金融机构互学互鉴，推动金融市场更好发展。

△上海美国商会在上海商城举办题为"Business Acumen for HRBPs"的会员培训活动。主讲人为 Leadership IQ 在亚洲的首席培训师黄常捷。

△上海国际问题研究院学术委员会主任杨洁勉与来访的哈佛大学肯尼迪政府学院(Harvard Kennedy School)代表团座谈交流。杨洁勉向代表团阐述了中国的外交政策，并就中国贫富差距、中国在全球治理中的角色、朝核问题等问题与代表团进行了互动。

△美国德州大学奥斯汀分校教授大卫·潘(David Pan)到访复旦大学，作题为"Machine Learning for Electronic Design Automation"的学术报告。

△著名儿童语言发展心理学家、美国哈佛大学教授杰西·斯内德克(Jesse Snedeker)到访上海交通大学,作题为“Fast, Smart and out of Control: the Development of Children’s Moment－to－Moment Language Comprehension”的讲座,概括成人语言实时加工的特点,重点阐释了儿童语言的在线理解、产出及儿童语言发展的规律。

△美国印第安纳大学伯明顿分校副教授刘晓钟(Xiaozhong Liu)到访华东师范大学,作题为“Scientific Information Understanding and Cyberlearning”的学术报告。

22—26 日

△美国德州农工大学梅斯商学院教授拉罗兹·蒂豪尼(Laszlo Tihanyi)到访上海财经大学,作了两场学术报告,并与该校国际工商管理学院正式签署意向合同书,成为学院企业管理系首位外方联席系主任。

22—31 日

△美国佛罗里达大学环境工程系主任吴章钰教授到访华东理工大学,开设题为“气溶胶技术与健康”的课程。该课程为环境科学与工程专业硕士研究生全英文授课课程之一。

23 日

△“2017 杨浦国家创新型城区发展战略高层咨询会”在中国工业设计研究院创新体验中心举行。该咨询会聚集了政府、高校、专家、学者、创业者、企业家、创业服务机构、投资人等创新创业领域精英,以“创·新杨浦·新生态”为主题讨论未来的创新城市和创新生态。美国旧金山湾区委员会代表以及部分在沪创业的外国企业家参会。

△由中国人民银行和美国芝加哥联邦储备银行主办、全球中央对手方协会承办的首届“场外衍生品研讨会”在上海举行。本次研讨会是一次高层次、专业化的闭门研讨会。来自中国人民银行、美国芝加哥联储、国际标准制定机构、同业组织、市场机构和学术界的逾百位代表与会,围绕金融机构和金融基础设施的韧性、恢复与处置、中央对手方流动性风险及对金融市场的影响以及中央对手方风险管理的国际标准等领域的监管政策和应用实务进行了深入交流。

△上海美国商会在上海商城举办题为“Shocking Secrets You Didn’t Know About WeChat”的讲座。主讲人为普华永道的营销主管埃里克·潇(Eric Xiao)、31 Ten 的经营合伙人约瑟夫·利威特(Joseph Leveque)、JINGdigital 的首席执行官和创始人艾伦·常(Aaron Chang)。

△《美国化学会志》副主编木村永一(Eiichi Nakamura)教授到访华东理工大学,作题为“化学:连接分子和真实世界的桥梁——原子级分辨率电子电镜在化学中的应用”的学术报告,介绍其课题组利用原子级别分辨率投射电镜研究有机分子构象分布、分子结晶、分子间反应等物理化学性质的最新研究结果。

△美国密歇根大学教授何旭铭(Xuming He)到访复旦大学,作题为“Subgroup Analysis for Managerial Decision Making”的讲座。

△美国纽约大学助理教授安德鲁·瑞(Andrew Wray)到访上海交通大学,作题为“Observation of a Defect - Derived Electron Gas in a Topological Insulator Dirac Cone”的学术报告。

△美国路易斯安那大学拉斐特分校教授邓铿(Keng Deng)到访同济大学,作题为“Asymptotic Behavior for a Reaction-Diffusion Population Model with Delay”的学术报告。

△美国加州大学伯克利校区教授卢克·李(Luke Lee)到访华东理工大学,作题为“Quantum Photonics, Bioelectronics, and Integrated Microfluidics for Personalized Precision Medicine”的学术报告。

23—25 日

△正泰电气在上海松江举办主题为“能源互联 携手点亮未来”的论坛活动。来自美国、英国、意大利、巴基斯坦、阿根廷、尼日利亚、蒙古、乌干达、埃塞俄比亚、赞比亚等 60 多个国家和地区的电力专家与会,共话全球电力技术的发展与未来。

23—27 日

△上海国际问题研究院同美国德州农工大学布什学院开展研究生人文交流活动,这是两院研究生的机制性交流项目。其间,两院研究生共同参加多场学术报告和参访活动。上海国际问题研究院学术委员会主任杨洁勉作题为“中国外交与中美关系”的专题讲座。上海社科院世界中国学研究所副所长梅俊杰作题

为“经济史视角下的中国经济发展”的专题讲座。学生团还赴上海外国语大学同该校学生进行交流,上海外国语大学国际关系与公共事务学院副院长刘宏松作题为“中国与二十国集团”的专题报告。中美学生共同学习、共同参访、充分交流,增进了对彼此的了解。

23日—6月2日

△美国加州大学伯克利分校高级心理咨询师维罗妮卡·奥罗斯科(Veronica Orozco)博士和毕玉博士一行到访华东理工大学,进行为期两周的访学交流,标志两校心理咨询交流项目正式启动。5月27日,两名咨询师作题为“Running a Marathon: Managing Stress in School”的讲座,针对研究生学段特点及常见压力源,引导大家科学认识压力及其对人身心健康的影响。

24日

△上海美国商会在四季酒店举办“未来的食物”大会(Future of Food Conference)。上海美国商会主席季瑞达(Kenneth Jarrett)在会上致辞。

△美国科罗拉多大学博尔德分校教授丁一夫(Yifu Ding)到访上海交通大学,作题为“Memorization, Reconfiguration and Instabilities of Polymer Surfaces and Particles”的学术报告。

△美国明尼苏达大学教授方强(Qiang Fang)到访上海师范大学,作题为“美国大学的历史教学和研究现状”的讲座。

△“2016—2017第十一届DI青少年创新思维大赛”全球总决赛在美国田纳西州立大学举行。来自上海静安区闸北第二中心小学DI团队的7名选手与世界各国近2万名青少年同场竞技,夺得挑战E(同心协力)项目第三名的成绩。

25日

△美国费城市商业局国际商务发展处处长萝拉·斯沃茨(Lauren Swartz)率领的费城市商务代表团一行访问上海虹口,与虹口区科委、区商务委、区投促办、区金融局、区科投公司等部门分管负责人座谈。双方希望未来在商务、人文、科技等领域进行更深入的交流与合作。

△上海美国商会在上海波特曼丽思卡尔顿酒店举办题为“The 100 - Day Trade Plan and the Future of U. S. - China Relations”的讲座。主讲人为上海

美国商会主席肯尼恩·贾勒特(Kenneth Jarrett)、中美商业理事会(USCBC)中国地区项目运营副主席雅各布·帕克(Jacob Parker)、复旦大学教授宋国友、化险咨询(Control Risks)大中华和北亚区高级合伙人肯特·克德尔(Kent Kedl)。

△"中美结构抗火研讨会"(China - US Workshop on Structural Fire Safety)在同济大学举办。美国国家标准与技术研究约翰·格罗斯(John L. Gross)博士和鲍弋海博士、德州大学奥斯汀分校米迦勒·恩格尔哈特(Michael D. Engelhardt)教授及同济大学李国强教授、强旭红博士、张超博士参加研讨。恩格尔哈特教授作题为"Modeling Fracture of Steel at Elevated Temperature"的报告,详细介绍了其近年来关于钢材高温断裂模型的研究成果。格罗斯博士作题为"A Safari Through Structural Collapse Investigations"的报告,介绍了NIST关于WTC 7的计算分析工作。鲍弋海博士作题为"Research Advances on Disproportionate Collapse of Reinforced Concrete Frame Structures"的报告,报告了结构连续性倒塌的最新进展。

△美国中佛罗里达大学光学中心教授M. J. 素伊罗(M. J. Soileau)到访上海理工大学,就科研合作等相关问题与上海理工大学交换意见并达成共识。

△美国加州大学戴维斯校区助理教授周瑜(Yu Zhou)到访复旦大学,作题为"Situated Intelligent Interactive Systems"的学术报告。

△上海交通大学法学院院长助理侯利阳教授接待到访的美国密歇根大学法学院副院长特利萨(Theresa Kaiser - Jarvisn),双方就各自法学院的发展历史和现状进行了交流并在合作前景上达成共识。

△美国健保服务中心精算部资深经济学家蔡立明到访上海交通大学,作题为"美国医改的过去与未来"的讲座,介绍美国医改的主要内容和最新动向、特朗普废奥巴马的医改的原因及其可能性、特朗普医改的核心内容等,以美国医改的成功和不足为中国医改提供借鉴。

△美国明尼苏达大学教授方强(Qiang Fang)到访华东政法大学,作题为"当代美国的中国法律史研究——人物·作品·方法"的讲座。

△美国费城交响乐团到访上海东方艺术中心,与上海爱乐乐团共同举行室内乐音乐会。此次室内乐由5名费城交响与4名上海爱乐乐手联袂合作。费城交响乐团常务副团长瑞福尔(Ryan Fleur)希望用音乐为中美两国人民搭建友谊的桥梁。

△由美国计算机协会主办的2017年国际大学生程序设计竞赛(ACM -

ICPC)全球总决赛落幕,复旦大学代表队荣获银牌。

25—26 日

△《美国陶瓷学会》杂志副主编、南卡罗来纳大学周晓东到访华东理工大学,作题为“新型先进功能陶瓷”和“电化学能源系统科学”的学术报告。讲座讲述从世界能源发展到固体氧化物燃料电池系统中陶瓷的应用。

25—28 日

△“第 8 届 IEEE EMBS 国际神经工程会议”在上海富豪环球东亚酒店举行。该会议由跨国电气电子工程师学会生物医学工程学会(IEEE－EMBS)主办,上海交通大学生物医学工程学院协办。会议聚焦神经工程和技术领域的最新进展和应用,吸引了全球近 400 名从事计算神经科学、神经生物学、神经电子学、神经康复、神经影像学等领域的国内外专家和学者参与。近 40 位国际知名学者作了 5 场大会特邀报告,召开了 6 场专题会议和 2 场会前研讨会。美国杜克大学教授米格尔·A. 尼可列利斯(Miguel A. Nicolelis)介绍脑机接口技术的突破性贡献;美国费恩斯坦医学研究所教授布顿(Chad Bouton)就瘫痪病人的运动功能恢复展开论述;美国哥伦比亚大学神经外科萨米尔·谢思(Sameer Sheth)博士阐述大脑前额叶在认知控制和资源分配中的作用。

26 日

△上海音乐学院与美国伯克利音乐学院正式签署合作备忘录,成立上音－伯克利现代音乐院(SHCM－BCM Contemporary Music Institute),打造具有中国风范的当代音乐创作孵化地。中国音乐家协会主席叶小钢、美国伯克利音乐学院副院长劳伦斯·辛普森(Lawrence Simpson)及上海音乐学院党政领导林在勇、刘艳、王瑞、廖昌永、唐立兔、张佳春等出席签约仪式。这标志着具有世界视野和学科前沿的现代音乐合作模式正式启动。

△“让中国交响更具力量——中国交响院团与费城交响乐团的中西对话”交响乐高峰论坛在上海东方艺术中心举行。美国费城交响乐团和国内逾 10 家乐团高管及国内有关方面的领导、专家和行业领军人物、资深媒体人士与会。这是 2016 年上海东方艺术中心与美国费城交响乐团签订战略合作协议之后的一大动作。

△美国费城交响乐团音乐总监雅尼克·涅杰-瑟贡携费城交响乐团到访上海东方艺术中心，带来了贝多芬《普罗米修斯的创造》序曲、斯特拉文斯基《彼得鲁什卡》和勃拉姆斯《第四交响曲》的精彩演绎。

△美国马里兰州法医局法医、马里兰大学教授李玲和马里兰法医局法医毒物鉴定人张翔到访华东政法大学，作题为“美国法医鉴定前沿与经典案例”的讲座。讲座通过一系列经典案例，详细介绍了美国医疗损害的法律制度、医疗安全管理制度以及对医生的保护措施等。

26—27日

△美国纽约“Les Ballet Eloelle”男子芭蕾舞团融合经典与幽默，以“全男班”阵容亮相美琪大戏院，为观众演绎《四大舞旦》《海盗》《天鹅湖》《天鹅之死》等芭蕾舞经典选段。

26日

△美国威拉米特大学法学院国际法项目主任、国际法协会美国分会副主席、世界体育法协会荣誉主席、美国国际法学会行政主任詹姆士·纳夫齐格(James Nafziger)教授到访上海政法学院，在该院作题为“体育赛场暴力法律规制”的讲座。讲座围绕体育赛场观众和支持者暴力言行现象产生的因素、体育规则的规制及纠纷解决等方面展开论述，并强调了体育法的特殊性。

△上海美国商会财政服务委员会和技术委员会在上海商城联合举办题为“Investing in Chinese Technology Firms - Practitioner Perspective”的讲座。主讲人为 Eight Roads 的合伙人侨·常(Joe Chang)、美国硅谷银行(Silicon Valley Bank)亚洲区主席大卫·琼斯(Dave Jones)、PurpleSky Capital 经营合伙人布雷特·克劳斯(Brett Krause)。

△上海美国商会在新天地 Nake Hub 举办题为“Protecting Wildlife in China”的互动讲座活动。主讲人为成都黑熊救助中心发展部经理惠特尼·杨(Whitney Yang)。

△上海美国商会在延安东路东海商业中心举办题为“Workplace Health and Wellness Strategy”的讲座。主讲人为 Pure Living China 的主席路易·程(Louie Cheng)、AWB Health 的联合创始人纪尧姆·德·拉·豪斯雷伊(Guillaume de La Hosseraye)、SPIRIT 的运营主管栝斯豪(Sihao Tian)。

△上海理工大学会见到访的美国科学院医学与生物工程院会士、美国俄克拉荷马大学教授郑斌(Bing Zheng)。双方希望加强两校在深化科学研究、人才培养等方面的合作。

△知合纽约负责人魏晨阳(Chenyang Wei)博士到访复旦大学,作题为“美国商业房地产市场:近期趋势和历史经验对海外投资者的启示”的学术报告。

△美国加州大学河滨校区助理教授朱琪(Qi Zhu)到访复旦大学,作题为“Design Automation for Time－Critical Cyber－Physical Systems”的学术报告。

△美国辛辛那提大学王博群(Boqun Wang)博士到访上海交通大学,作题为“The Construction and Commissioning of the Belle II iTOP Counter and the Measurement of Bs －＞Ds X Decay with Bs Semi－Leptonic Tagging”的学术报告。

△美国明尼苏达大学教授大卫·塞缪尔斯(David Sameuls)到访上海交通大学,作题为“Inequality and Democratic Survival”的讲座。

△美国耶鲁大学博士后研究员于蓬春(Pengchun Yu)到访同济大学,作题为“FGF－dependent Metabolic Control of Vascular Development”的学术报告。

△美国罗德岛大学教授何海波(Haibo He)到访东华大学,作题为“Integrated Learning and Control for Machine Intelligence”的学术报告。

△美国南加州大学教授周晓东到访华东理工大学,作题为“电化学能源系统的热力学稳定性(Thermodynamic Stability of the Electrochemical Energy Systems)”的学术报告。

△美国佛罗里达大学教授陈韵梅(Yunmei Chen)到访上海大学,作题为“核方法:从图像分析到深度学习”的学术报告。

△美国新墨西哥大学药学院刘克建(Kejian Liu)院长到访华东理工大学药学院洽谈在药理和毒理研究以及学生培养等方面的合作事宜。双方均认为在经济与环境和健康的协同、可持续发展的大环境下,国内在环境毒理与健康的研究方面亟待发展,具有建立合作的基础,并达成了初步的合作交流意向。

27 日

△在上海论坛“把脉大国关系”高端圆桌会议上,来自中国、美国和俄罗斯的专家就三国关系的新发展分享各自的看法。美国布鲁金斯学会东亚政策研究中心主任卜睿哲(Richard Bush)表示,在特朗普上任后的几个月内,美国的对华

政策已经过了重大的调整。包括中美领导人 4 月在美国海湖庄园的会谈释放出了正面的信号。中国现代国际关系研究院副院长袁鹏在发言中表示,中美元首会晤很成功,领导人建立了非常好的个人关系,也建立了高层对话机制,两国在经济、朝鲜问题等方面的合作也已取得了一定的进展。

△美国密歇根大学计算医学与生物信息系教授张阳(Yang Zhang)受聘成为上海交通大学客座教授。该校国际合作与交流处处长莫亮金代表国际合作与交流处作发言,着重提到了上海交通大学和密歇根大学的渊源以及两校在以往学术交流中的良好合作,期待张教授在两校的进一步合作中发挥重要作用。

△美国恩迪科特学院师生一行 15 人到访上海交通大学,该校外国语学院、国际合作与交流处及体育系师生在光明体育场欢迎来宾。来自美国、俄罗斯、西班牙、洪都拉斯等国的 13 名学生饶有兴趣地学习了包括扎马步在内的武术基本功和招式。

△美国罗切斯特大学助理教授段志耀(Zhiyao Duan)到访复旦大学,作题为"Multi－modal Music Scene Analysis"的学术报告。

△美国辛辛那提大学工商管理学院教授俞燕(Yan Yu)到访华东师范大学,作题为"On Corporate Bankruptcy Prediction"的报告。

△美国路易斯安那州立大学教授龙玲(Ling Long)到访华东师范大学,作题为"Supercongruences for Rigid Hypergeometric Calabi—Yau Threefolds"的学术报告。

△美国加州大学伯克利校区高级心理咨询师维罗妮卡·奥罗斯科(Veronica Orozco)到访华东理工大学,作题为"压力(抑郁焦虑)管理与效能提升"的学术报告。

28 日

△中国第一家中美合作、具有独立法人资格的研究型大学,也是浦东第一所真正意义上的国际化大学——上海纽约大学举办了首届本科生毕业典礼。来自 33 个国家的 264 名本科生身穿紫色学位袍,在老师、亲友的见证下,收获了纽约大学学位证书、上海纽约大学学位证书以及上海纽约大学毕业证书,走向了人生全新的起点。这是一场特殊的毕业典礼,先后奏响了中美两国国歌,三位中美高校的校长一起为学生颁发毕业证书,处处彰显出集成多元文化元素的国际范儿。

△美国布兰德斯大学教授加里·杰弗逊(Gary Jefferson)到访复旦大学,作

题为“Neoclassical Growth Theory: Moving Beyond Solow and Uzawa”的讲座。讲座围绕索洛模型在发展经济学的地位展开。

△上海论坛分论坛“世界经济新格局与中国创新式增长”在复旦大学举行。国内外在世界经济领域内颇有建树的十多位专家、学者出席,对当下世界经济格局以及中国未来创新增长的前景展开研讨。美国加州大学圣地亚哥校区教授巴里·诺顿(Barry Naughton)作题为“中国增长的新源泉:挑战和机遇”的演讲。乔治·华盛顿大学教授萨罗伯托·马涅戈(Roberto Samaniego)作题为“结构变化的历史格局对中国未来的启示”的演讲。

31 日

△上海美国商会在上海波特曼丽思卡尔顿酒店举办题为“Gateway to China, Pathway to the World”的讲座。主讲人为 GOIP Group 企业联络和投资者关系部副主席艾伦·乔亚尔(Alain Joyal)、JW & Associates 战略主管马克西姆·奥利瓦(Maxime Oliva)、IBM Cloud 技术销售经理江旭春(Xuchun Jiang)等人。

△美国德州大学奥斯汀分校助理教授舒亚·艾森曼恩(Joshua Eisenman)到访复旦大学,作题为“Sino - American Relations in the Xi - Trump Era: Prospects and Challenges”的讲座。

△美国旧金山联邦储备银行太平洋盆地研究中心主任刘峥(Zheng liu)到访复旦大学,作题为“Reserve Requirements and Optimal Chinese Stabilization Policy”的讲座。

△美国加州理工学院教授布瑞恩·斯托尔兹(Brian Stoltz)到访上海交通大学,作题为“Complex Natural Products as a Driving Force for Discovery in Organic Chemistry”的学术报告。

△美国佐治亚理工大学施勒商学院副教授刘东到访上海大学,作题为“事件系统理论原理及其在管理科研与实践中的应用分析”的学术报告。

△美国科罗拉多州立大学教授刘江国到访上海大学,作题为“PDE 的 Weak Galerkin 方法的新结果”的学术报告。

△上海理工大学光电学院院长庄松林教授接待到访的美国国际光学工程学会首席执行官尤金·G. 阿瑟(Eugene G. Arthurs),向阿瑟博士颁发光电学院顾问教授聘书。

△美国布朗大学教授、2016年诺贝尔物理学奖得主约翰·米迦勒·科斯特利兹(John Michael Kosterlitz)到访上海交通大学,作题为"Topological Order and Defects, and Phase Transitions in Two Dimensions"的学术报告。

6 月

1 日

△美国堪萨斯大学教授布莱恩 · B. 莱尔德(Brian B. Laird)到访上海交通大学，作题为“Molecular Modeling of Gas - Expanded Solvents for Usc as Catalytic Reaction Media”的学术报告。

△美国佐治亚理工学院教授邓渝林到访上海交通大学，作题为“Low Temperature Direct Biomass Fuel Cell and Bio - Hydrogen Production”的学术报告。

△美国佐治亚大学副教授孔凡宾到访华东理工大学，作题为“应用动态胃肠模型研究食品消化机制最新进展(RecentProgress in Food Digestion Research Using Dynamic Gastrointestinal Models)”的学术报告。

△美国密歇根州立大学助理教授彼得 · I. 德 · 科斯塔(Peter I. De Costa)到访上海外国语大学，作题为“Reflexivity, Emotions and Transnational Habitus: The Case of a ‘Poor’ Cosmopolitan Chinese International Student”的讲座。

1—13 日

△上海第九人民医院口腔颌面 - 头颈肿瘤科医生王磊与两名口腔科研究生一行 3 人受邀赴美国波士顿大学口腔学院进行访学交流。访问期间，代表团参观了波士顿大学口腔学院的模拟训练中心、口腔研究中心等机构，与该院教授、住院医师与学生进行深入交流。

2 日

△美国驻上海总领事馆领事处官员梅拉妮 · 史密斯(Melanie Smith)出席

上海交通大学“安泰 MBA 国际文化节·2017 美国文化月”开幕式。上海交通大学的多位领导及 200 多名学生和教职员工出席活动。史密斯从美国梦、文化熔炉、个人主义和商业创新理念等方面介绍了美国文化的精髓。交大学生献上了精彩的美国舞蹈和音乐表演。为期一个月的活动包括美国电影展映、研讨会和讲座等,旨在向学生和当地社区介绍美国生活的方方面面。

△上海美国商会在上海商城举办题为“Technical Writing Excellence”的会员培训活动。

△著名国际关系研究学者、美利坚大学特聘教授、国际研究协会(ISA)前主席阿米塔夫·阿查亚(Amitav Acharya)到访同济大学,作题为“美国世界秩序的挑战与中美关系”的讲座。阿查亚教授以其新书《美国世界秩序的终结》为引,解释了什么是美国世界秩序,对世界秩序的一般概念与美国主导的世界秩序做出了区分,强调他并非是认为自由世界秩序即将终结,而是“美国领导的自由主义霸权秩序”的终结。

△美国北卡罗莱纳州立大学校长威廉·伍德逊(William Woodson)一行到访东华大学。东华大学校长蒋昌俊会见了来宾,双方就加强两校合作的顶层框架设计、开展教师互访和学生交换等事宜进行了讨论。

△美国佛罗里达化学系教授郭忠武到访华东理工大学,作题为“Synthetic and Biological Studies of Complex Glycoconjugates”的学术报告。报告介绍了细胞表面 GPI 的合成方法和策略,并讲述了 GPI 分子在生物学中的诸多应用。

△2016 年诺贝尔物理学奖得主、美国布朗大学教授 J. M. 科斯特利茨(J. M. Kosterlitz)到访上海大学,作题为“拓扑相、拓扑缺陷及二维相变”的学术报告。

△美国奥克兰大学决策与信息科学系主任维贾扬·苏古马兰(Vijayan Sugumaran)教授到访上海大学,作题为“Design Science Research in Information Systems and Publishing in Top Journals”的学术报告。教授结合自己当前的主要研究以及交流期间与师生的沟通结果,对未来与上海大学合作研究表示期待,并提出了未来与上海大学合作研究潜在的合作方向。

△美国萨福克大学教授玛丽亚·丰田(Maria Toyoda)到访复旦大学,作题为“The Political Economy of ‘Thingness’ Implications for Infrastructure”的学术报告。报告主要介绍了基础设施的物体特性及对人类的影响,以及对其进行研究的目的和指导意义等。

△美国波士顿学院教授大卫·霍顿·史密斯(David Horton Smith)到访上海交通大学,作题为“Why People Do Good - S - Theory As A Theory Of Everyone's Prosocial Behavior & Volunteering”的讲座。

△美国德克萨斯大学奥斯汀分校教授乔纳森·L. 塞斯勒(Jonathan L. Sessler)到访华东理工大学,作题为“Expanded Porphyrins: A Personal Journey”的学术报告。

△美国弗吉尼亚理工大学教授张以恒到访华东理工大学,作题为“An in Vitro Synthetic Biology Platform for the Industrial Biomanufacturing of Myo - Inositol from Starch”的学术报告。

△美国佛罗里达大学教授郭忠武到访华东理工大学,作题为“Synthetic and Biological Studies of Complex Glycoconjugates”的学术报告。

△美国华盛顿大学圣路易斯分校助理教授蒋宝骏(Baojun Jiang)到访上海财经大学,作题为“Anticipated Regret and Optimal Product - Line Design”的讲座。

3日

△复旦大学经济学院2017年“经济创新与发展”高峰论坛在复旦大学美国研究中心举行。复旦大学原校长杨玉良教授、美国斯坦福大学黎子良教授等国内外专家学者与会。其间,美国布兰迪斯大学院长彼得·佩特里(Peter Petri)教授作题为“逆全球化时代的发展与贸易政策(Development and Trade Policy in the Anti - Globalization Era)”的演讲。

△由上海市人民政府外事办公室和上海市教育委员会联合主办的“上海暑期学校:领事官汉语培训班”举行结业典礼。典礼上举办了“领事官中文秀”比赛,来自澳大利亚、美国、俄罗斯、比利时、泰国等驻上海总领事馆的官员们用演讲、诗朗诵、中文歌曲等形式展现了自己的汉语学习成果。

5日

△美国两院院士、威斯康星大学麦迪逊分校教授塞缪尔·H. 格尔曼(Samuel H. Gellman)到访华东理工大学,作题为“Impact of Backbone Modifications on Informational Properties of Polypeptides”的学术报告。报告介绍了多肽折叠体的种类等。

△美国普渡大学教授程光(Guang Cheng)到访复旦大学,作题为"Big Data in Business Analytics: A Personalized Advertising Example"的讲座。

△美国科罗拉多大学助理教授卡卡·马(Kaka Ma)到访上海交通大学,作题为"Ultrafine Grained Precipitation Hardened Aluminum Alloys and Influence of Addition of Ceramic Reinforcement"的学术报告。

5—6日

△微软(中国)"Microsoft Build Tour" 2017年开发者大会在上海漕河泾新兴技术开发区举行。来自微软美国总部的高管、专家、软件开发商、创业者、大学生以及信息技术爱好者约400人出席了这场国际信息技术交流盛会。

6日

△上海美国商会在上海波特曼丽思卡尔顿酒店举办题为"2017 EY Fraud Investigation & Dispute Services Asia - Pacific Fraud Survey Launch"的主题活动。

△美国圣母大学教授安妮·S. 崔(Anne S. Tsui)到访复旦大学,作题为"Epistemological and Ethical Foundations of Credible Knowledge"的讲座。

△美国佛罗里达大学教授关永鹏(Yongpeng Guan)到访上海交通大学,参加"大数据与智能交通协同创新"研讨会,并作题为"Optimal location of PHEV charging stations"的讲座。

△美国华盛顿大学教授罗伯特·帕尔马蒂尔(Robert Palmatier)到访上海交通大学,作题为"Creating and Appropriating Alliance Value through Customer - Centric Structures"的讲座。

△美国康奈尔大学法学院教授於兴中到访上海交通大学,作题为"法理学前沿问题管窥"的讲座。同日,於兴中教授到访上海财经大学,作题为"网络时代个人的学习任务"的讲座。

△美国佐治亚理工学院教授张寒(Han Zhang)到访同济大学,作题为"'I' or 'You': The Role of Perspective Taking in Online Reviews"的讲座。

△美国佐治亚理工学院教授朱光旋到访东华大学,作题为"美国佐治亚州F. Wayne Hill污水处理厂介绍"的学术报告。报告主要围绕污水处理厂的污水处理及能源回收展开。

△美国马里兰大学材料科学与工程系与能源研究中心助理研究员付堃到访东华大学，作题为“Advanced Fiber and Textile Nanotechnology in Energy Storage”的学术报告。

△美国伊利诺伊州立大学教授李晓琴(Xiaoqin Li)到访上海师范大学，作题为“管理信息系统的实证研究方法”的讲座。

△上海市侨办主任徐力会见达拉斯美中商会主席顾天鹏。会见中，顾天鹏介绍了其事业及社团工作的近况，对进一步促进中美之间的交流充满期待，希望能够与上海市侨办加强联系，增进多方交流合作。

6月7日

△2017年“魅力上海”城市形象推广活动在洛杉矶地区安大略国际机场拉开帷幕。美国加州圣伯纳迪诺郡郡长科特·海格曼(Curt Hagman)、郡政委员何塞·冈萨雷斯(Josie Gonzales)以及中国驻洛杉矶总领事馆副总领事孙鲁山等各界嘉宾近百人出席开幕式，并参观在安大略机场举办的“上海，创新之城”摄影作品展。

△上海美国商会在上海商城举办题为“让本土团队在国际交流中取得成功：四个案例研究(EnableLocal Teams to Succeed in International Communications：4 Case Studies)”的讲座。

△上海美国商会“未来领袖委员会”(Future Leaders Committee)在上海商城举办导师交流圈(Mentor Circle)活动。

△美国创想项目桂冠学士团到访上海国际问题研究院。该院台港澳研究所所长助理张哲馨为代表团作题为“亚太民众眼中的中美两国形象对比”的专题讲座，并与学生进行了互动交流。

△美国圣母大学教授郭黎到访上海外国语大学，作题为“Muslim History Writing，710－1600：An Overview of Arabic and Persian Chronicles”的讲座。

△美国斯坦福大学胡佛档案馆东亚馆馆长林孝庭研究员到访上海师范大学，作题为“困守与反攻:冷战中的台湾选项”的讲座。

△美国华盛顿大学圣路易斯分校教授戴维·莱文(David Levine)到访上海交通大学，作题为“LobbyingVersus Cartelization：Why Markets Work Better than Politics”的讲座。

△美国旧金山政府指派刑辩律师办公室主辩律师简·梅尔·阿马比尔

(Jean Maire Amabile)到访华东政法大学，作关于美国宪法第一修正案的讲座。讲座介绍了什么是第一修正案，解释了为何言论自由对一个社会如此重要。

△美国中佛罗里达大学教授雍炯敏到访上海财经大学，作题为“时间不一致问题的数学描述及研究近况”的学术报告。

△《美国化学会志》以“Crystal Structural Effect of AuCu Alloy Nanoparticles on Catalytic CO Oxidation”为题在线报道了华东理工大学化学与分子工程学院詹望成副教授在纳米合金晶体结构对催化性能影响机制方面的突破性进展。

7—11 日

△华东师范大学副校长梅兵率团访问美国纽约华美协进社与纽约大学，举行了人才招聘会。代表团首先访问了华美协进社，与该社社长贺志明(James B. Heimowitz)、副总裁兼首席开发官安德列·加兰(Andrea Galan)、公共项目部主任迈克尔·比宁(Michael Buening)等人进行会谈，就汉语教师培训等事宜进行了讨论。之后，代表团访问纽约大学，会见了纽约大学副教务长乌尔里奇·贝尔(Ulrich Baer)、上海纽约大学文理学院院长玛丽亚·蒙托亚(Maria E Montoya)、纽约大学环境系继任主任柯林(Colin Jerolmack)等人，就两校的人事制度进行了讨论。

7—28 日

△美国加州大学圣巴巴拉校区教授王勉到访华东师范大学，作题为“How to Foster Your Research Interests”“How to Hone Your Research Skills”和“Thriving in Research Productivity: How to Publish Your Research in SSCI Journals”的系列讲座。

8 日

△上海美国商会在上海商城举办题为“如何成为一个现代、高效的领袖？(What Does it Take to be a Modern, Effective Leader?)”的讲座。

△上海美国商会的女性经理人联络委员会(Women's Executive Network Committee)、技术创新委员会(Technology and Innovation Committee)、人力资源和健康委员会(HR and Healthcare Committee)在上海商城联合举办题为“在

经营中做到最佳:用人工智能提升表现(Be the Best in Business: Building High Performance Teams with A. I.)"的讲座。

△上海美国商会在上海商城举办题为"有效的时间管理(Effective Time Management)"的会员培训活动。

△美国宾夕法尼亚大学教育研究生院教授陈欣银到访上海师范大学,作题为"How Shy Children and Youth Grow Up in Different Environment"的讲座。

△美国乔治亚州立大学副教授到访上海交通大学,作题为"欢迎城市:美国地方政府的移民政策(Welcoming Cities: Immigration Policy at the Local Government Level in the U. S.)"的讲座。

△美国华盛顿大学奥林商学院教授张富强(Fuqiang Zhang)到访同济大学,作题为"3D Printing vs. Traditional Flexible Technology: Implications for Manufacturing Strategy"的讲座。

△美国佛罗里达大学农业与生物工程系副教授高斌到访华东师范大学,作题为"Environmental Nanotechnology: Impacts and Applications"的讲座。

△美国密歇根州立大学副教授范蓓蕾到访华东师范大学,作题为"中国通信设备行业创新能力追赶及发展"的讲座。

△美国宾夕法尼亚大学教授陈欣银到访上海师范大学,作题为"How Shy Children and Youth Grow Up in Different Environments"的讲座。

9日

△美国宾夕法尼亚大学教授凯瑟琳·赫勒斯坦(Kathryn Hellerstein)到访上海外国语大学,作题为"Gender Poetics in Jewish American Poetry: A Closer Look at Some Key Poems"的讲座。

△美国俄勒冈州立大学教授方崇(Chong Fang)到访上海大学,作题为"基于超快拉曼光谱的光化学反应事件全景照像(Panoramic Portrait of Photochemical Events by Ultrafast Raman)"的学术报告。

10日

△"2017年复旦斯坦福金融科技与量化投资研讨峰会"在复旦大学经济学院举办。会议邀请了众多学术界和业界的知名人士参加,300多名听众与会。其间,美国斯坦福大学教授黎子良作题为"金融保险中的风险分析与管理"的学

术报告。

△美国纽约大学教授唐力行到访上海外国语大学，作题为“Humanizing Teaching：An HumanisticApproach to Teaching Foreign Languages”的讲座。

10—18日

△美国密歇根州立大学职业发展中心副主任艾瑞克·多尔(Eric Doerr)率该校职业服务代表团到访上海财经大学，进行了一系列的交流研讨、合作洽谈及走访调研等活动。多尔表示，密歇根州立大学职业发展中心和上海财经大学学生就业指导中心有着多年的合作基础，期待双方未来能在多个领域开展更多具体的合作。

上旬

△美国工程院院士、哥伦比亚大学卡姆·W.梁(Kam W. Leong)到访华东理工大学，作题为“Bioengineering of Direct Cellular Reprogramming”和“How to publish on Biomaterials”的学术报告。访问期间，梁教授与该校教育部医用生物材料工程研究中心的师生就部分研究成果进行交流。

△美国、英国、意大利、巴基斯坦、阿根廷、尼日利亚、蒙古、乌干达、埃塞俄比亚、赞比亚等60多个国家和地区的电力专家齐聚上海松江，参加“能源互联，携手点亮未来”论坛活动。该论坛由正泰电气主办。

11日

△美国“决心号”大洋钻探船靠泊上海南港码头，这是“决心号”首次停靠中国大陆港口。海关专为“决心号”工作人员入境开辟绿色通道，提供快速通关服务，为中美大洋钻探科考交流工作提供保障。

△美国驻上海总领事馆文化官卢乔书转达了美国国务卿雷克斯·蒂尔森(Rex Tillerson)对LGBTI人群的支持，并在上海骄傲电影节美国部分开幕式上向LGBTI社区的70名活动家和现场观众发表了支持言论。这一活动由美国驻上海总领事馆新闻文化处和骄周电影节联合举办。此次活动也是上海6月为LGBTI骄傲月份运行的一系列节目之一。

12 日

△美国战略与国际研究中心太平洋论坛执行主任布拉德·格罗斯曼(Brad Glosserman)到访上海国际问题研究院,同该院国际战略研究所所长吴莼思、亚太研究中心副主任龚克瑜、海洋和极地研究中心成员薛晨就中美关系与亚太地区局势进行交流。

△美国乔治敦大学学生代表团到访上海国际问题研究院,同该院战略研究所所长吴莼思及海洋和极地研究中心助理研究员杨立就中美关系等问题进行交流。

△美国高德纳(Gartner)咨询公司副总裁简·马丁(Jan Martin)到访上海交通大学,作题为"世界一流大学信息化发展战略"的学术报告。报告介绍了当下在教育领域所用到的信息技术的概况。

△美国密苏里大学教授顾潮到访复旦大学,作题为"The Effects of Monetary Policy and Other Announcement"的讲座。讲座阐明了货币政策对于央行公告的反应与关联。

△美国密苏里大学圣路易斯分校教授谢耀文(Yiuman Tse)到访复旦大学,作题为"Return Predictability and Contrarian Profits of International Index Futures"的讲座。

△美国加州大学伯克利校区助理教授李乐鑫(Lexin Li)到访复旦大学,作题为"Estimation and Inference for Brain Connectivity Analysis"的讲座。

△美国哥伦比亚大学教授卡姆·W. 梁(Kam W. Leong)到访华东理工大学,作题为"Bioengineering of Direct Cellular Reprogramming"的学术报告。

12—13 日

△美国乔治城大学副教授马修·克洛宁(Matthew Kroenig)到访复旦大学,作题为"特朗普的对朝政策及其对中国影响"和"中美战略博弈与亚太秩序的未来"的讲座。

12—17 日

△由同济大学和太平洋国际交流基金会共同主办、同济大学政治与国际关系学院承办的美国国会黑人议员联盟(CBCF)"未来领袖"美国大学生访华团抵达上海,在同济大学开展为期一周的访学和交流活动。此次访问旨在希望美国

学生通过交流学习，能够进一步了解中国的历史、经济、政治和对外政策等，增进同中国学生的友谊，从而进一步促进中美之间的互信与友好。

13日

△上海市浦东新区图书馆学会2017年会暨第八届浦东图书馆学术论坛在浦东图书馆举行。主题为“图书馆与社会发展：新环境新理念新服务”。浦东图书馆携手上海图书馆、美国旧金山市立图书馆、美国纽约皇后图书馆等中美图书馆业界同仁，一同探讨图书馆事业的转型发展之道。

△上海市人民政府侨务办公室主任徐力会见夏威夷中华总商会第六十八届水仙花皇后友好代表团一行。徐力对水仙花皇后友好代表团一行到来表示欢迎，对获得“水仙花皇后”“水仙花公主”殊荣的佳丽表示祝贺，对夏威夷中华总商会长期增进中美两国人民友好交往、弘扬中华文化、促进当地华人和谐相处发挥积极作用表示赞赏。

△上海美国商会的技术创新委员会（Technology and Innovation Committee）在上海商城举办题为“数据安全（Data Security）”的专题讲座。

△美国凯斯西储大学高分子科学学院教授石田中冢（Hatsuo Ishida）到访华东理工大学，作题为“Molecular Design Principles for Benzoxazine Resins towards Smart，Ultra－high Performance，and Easily Processable Materials：From the Nature to Aerospace”的学术报告，重点介绍自己在智能、超高性能和易加工苯并嗯嗪树脂分子设计原则方面的研究思路和成果。

△美国弗吉尼亚大学教授林宗利到访华东理工大学，作题为“Truncated Predictor Feedback for Systems with Input Delays：An Application of Low Gain Feedback”的学术报告。报告以时延系统预报反馈控制器的设计为切入点，介绍了高增益反馈、低增益反馈的构造机理。

△美国康奈尔大学法学院教授於兴中到访上海外国语大学，作题为“时空体与法律的局限性”的讲座。讲座从时空体角度阐释了“什么是法律”这一基础性法理问题。

△由上海大学上海电影学院、上海电影特效工程技术研究中心联合主办的“全球电影产业创新发展论坛”在上海浦东喜玛拉雅大酒店举办。上海大学上海电影学院院长、著名导演陈凯歌，南加州大学电影艺术学院院长伊丽莎白·蒙克·戴利（Elizabeth Monk Daley），博纳影业集团创始人及总裁于冬，《血战钢锯

岭》视效总监克里斯·高德福莱(Chris Godfrey),澳大利亚 Department of Post 运营部负责人、多项艾美奖获得者凯蒂·欣森(Katie Hinsen),好莱坞数字特效合成大师、SMPTE 科达教育奖获得者史蒂夫·莱特(Steve Wright)等嘉宾紧密围绕电影人才教育和电影技术的前沿话题发言并进行圆桌对话。

△美国伊利诺伊大学厄巴纳-香槟分校教授卡丽·安德森(Carrie Anderson)、凯瑟琳·亚当斯(Katherine Adams)和金伯利(Kimberly Otchere)一行 3 人到访上海交通大学,在医学院进行工作交流。交流会上,来访教师对医学院发展历史、学生工作情况、学生培养方式有了一定的了解。此次交流活动为增进双方学术交流、人才培养等多方面提供了新的契机与启发。

△美国西北大学教授德里克·邓恩(Derek Dunn)到访华东师范大学,作题为"Fig trees and fig wasps: the importance of being cooperative"的讲座。

△美国加州法学院法学博士、加州最高法院出庭律师戚博雄到访华东政法大学,作题为"我在美国做律师"的讲座。戚博雄结合自己在美国做律师的经历,认为律师除了需要具备扎实的专业知识之外,还要培养一些非常重要的技能,如写作能力、表达能力和交际能力等。

14 日

△上海美国商会的法律委员会(Legal Committee)在上海商城举办题为"特朗普时代的美国法规前景:对中国和别国的公司意味着什么(U.S. Regulatory Outlook in the Trump Era: What it Means for Companies in China and Elsewhere)"的讲座。

△美国罗德岛大学校长戴维·杜利(David Dooley)、政治系主任布瑞恩·克鲁格(Brian Kruger)、孔子学院外方院长何文潮一行到访华东师范大学,华东师范大学校长陈群会见来宾。双方就崇明岛生态建设项目、长短期交换生项目以及政治学科领域等相关合作进行了深入探讨,并商议尽快签署校际合作谅解备忘录。

△美国加州大学伯克利分校林世贤博士到访华东理工大学,作题为"用非天然和天然氨基酸的化学反应活性探索生物问题"的学术报告。

△美国普林斯顿大学教授范剑青到访复旦大学,作题为"Robust High Dimensional Volatility Matrix Estimation for High Frequency Model"的学术报告。

△美国北卡罗来纳大学医学院研究助理胡晋川到访上海交通大学，作题为“Nucleotide Excision Repair In Vivo：DNA Damage and Repair Maps of the Human Genome”的学术报告。

△美国明尼苏达大学教授高佳丽(Jiali Gao)到访上海交通大学，作题为“Functional protein dynamics on enzyme catalysis from QM/MM simulations”的学术报告。

△美国新墨西哥大学终身教授王卫到访上海交通大学，作题为“Organocatalytic Radical Methods for Aldehyde Synthesis”的学术报告。

△美国罗格斯大学教授陈朝纯(Chaochun Chen)到访上海交通大学，作题为“For the Sake of the Organization ：Double Edged Effects of Collectivism on Unethical Behaviors in the Workplace”的讲座。

△美国西维吉尼亚大学教授维克特·周(Victor Chow)到访上海交通大学，作题为“Mean－Swap Variance，Portfolio Theory and Prospect Asset Pricing”的讲座。

△美国德州理工大学助理教授马晓涵(Xiaohan Ma)到访上海交通大学，作题为“Uncertain Technology”的讲座。

△美国堪萨斯大学副教授涂学民(Xuemin Tu)到访东华大学，作题为“数据同化和应用的介绍”的讲座。

15日

△上海市市长应勇会见美国华特·迪士尼公司董事长兼首席执行官罗伯特·艾格(Bob Iger)一行。应勇说，上海迪士尼乐园自去年6月正式开园以来，在中美双方团队的共同努力下，取得了骄人的业绩。中国一直致力于推动经济全球化和贸易、投资自由化、便利化，上海愿与华特·迪士尼公司一道，继续将上海迪士尼乐园打造成中美合作的典范。开园刚满一年的上海迪士尼度假区已接待游客超过1100万人次。

△上海市商务委员会副主任杨朝会见美国通用电气中国研发中心董事长戴鹰一行。双方就通用电气继续增强研发投入、重心进一步向上海及中国市场倾斜以及上海持续扩大开放、鼓励外资研发中心发展等话题进行了交流。

△美国伊利诺伊大学厄巴纳－香槟分校三位教师金伯利(Kimberly Otchere)、凯瑟琳·亚当斯(Katherine Adams)和卡丽·安德森(Carrie

Anderson)到访上海交通大学,参加访问教师交流会。3 人就学生辅导工作、志愿者和校园餐饮服务等话题展开探讨交流。

△美国宾夕法尼亚大学当代中国研究中心主任金骏远(Avery Goldstein)教授到访复旦大学美国研究中心,作题为"中国大战略演进及其对美国的意蕴(China's Evolving Grand Strategy and Implications for the U. S.)"的讲座,从大战略的概念入手,对 1949 年以来中国大战略的特点及阶段进行了划分,并对中美战略互动的未来发展及如何避免战略误判提出了自己的观点和建议。

△奥斯卡最佳视觉效果奖得主克里斯・戈什弗雷(Chris Goshdfrey)及其夫人到访上海大学上海电影学院。上海电影学院执行院长何小青教授接待来宾,并代表上海大学向戈什弗雷先生颁发了上海大学名誉教授证书。戈什弗雷从事电影行业已有 20 多年之久,其作为视效总监制作的《血战钢锯岭》《指环王》《伟大的盖茨比》等商业大片的视觉效果深入人心。戈什弗雷结合自己的实际工作经验,就在国际电影工业高标准下如何培养高水平电影制作人才提出了独到见解。

△美国俄克拉荷马大学风暴分析与预报中心高级研究员兼气象系副教授胡小明博士到访上海交通大学,作题为"Model Development to Investigate Boundary Layer Processes and Air Quality"的学术报告。报告就大气环境质量模型的应用方法与应用环境进行了深入的探讨。

△美国科罗拉多大学教授杨荣贵(Ronggui Yang)到访上海交通大学,作题为"Scalable - Manufactured Micro/Nano - Structured Surfaces for Heat Transfer Applications"的学术报告。

△美国耶鲁大学皮尔斯研究所教授伊凡・E. 德・阿罗酒(Ivan E. de Araujo)到访华东师范大学,作题为"Circuit Mechanisms for Hunting"的学术报告。

16 日

△"浦江创新论坛——2017 科技创新智库国际研讨会"在上海举办。来自国务院发展研究中心、中国科技发展战略研究院、上海市科学研究所、美国布鲁金斯学会、德国弗劳恩霍夫协会等高端智库的专家集聚一堂,以"创新全球化与城市功能再造"为主题进行了讨论。中美专家指出,全球正处于第五次科技革命浪潮的转折期,面对信息通信技术(ICT)的扩散渗透,政府要有企业家精神,同

时妥善应对新技术对就业、教育等领域的影响。

△美国明尼苏达大学教授约瑟夫·A. 康斯坦(Joseph A. Konstan)到访复旦大学,作题为"Recommender Systems: Beyond Machine Learning"的讲座。

△美国斯坦福大学副教授马蒂亚斯(Matthias Ihme)到访上海交通大学,作题为"Advances in Multiphase Combustion Modeling for Gas-phase and Multiphase Combustion"的学术报告。

△美国弗吉尼亚理工大学助理教授刘洋(Yang Liu)到访上海交通大学,作题为"Recent Advances in Two-phase Flow Measurement Techniques"的学术报告。

△美国数学及其应用联合会(COMAP)主席所罗门·加芬克尔(Solomon Garfunkel)到访上海交通大学,为该校计算机系副教授高晓沨颁发终身成就与特别贡献奖。加芬克尔表示,上海交通大学代表团在2017年MCM/ICM比赛中取得的成绩是比赛历史上的最高纪录,高晓沨教授的教学经验对于MCM/ICM比赛日后的发展和全世界数学学科的教授有着重要的参考意义。

△美国俄勒冈州立大学副教授季秀磊(Xiulei Ji)到访上海交通大学,作题为"New Boundaries of Sustainable Batteries by Carbon-Based Materials"的学术报告。

△美国康奈尔大学教授克里斯·马奎斯(Chris Marquis)到访上海交通大学,作题为"Imprinting and Internationalization in China"的讲座。

△美国哈佛医学院助理研究员童夏静到访华东师范大学,作题为"Study of autism-linked genes in synaptic function"的学术报告。

△美国IBM托马斯·沃森研究中心博士后、研究员李琦到访东华大学,作题为"OpenAtom —— 第一性原理分子动力学计算软件"的讲座。

△复旦大学基础医学院病原生物学系吴健教授被增选为2017年美国肝病研究学会会士(Class of 2017 AASLD Fellow)。该称谓是美国肝病研究学会会员最高荣誉,授予在肝病基础和临床科学研究及临床治疗中做出杰出贡献、引领学科发展的医生和科研工作者。

17日

△由同济大学国际与公共事务研究院、同济大学极地与海洋国际问题研究中心、美国战略与国际研究中心联合主办,中国国家海洋局极地考察办公室支持

的“第三届中美北极社科研讨会”在同济大学举行。来自美国战略与国际研究中心、美国国务院北极研究委员会、阿拉斯加大学费尔班克斯分校、美国北爱荷华大学、阿拉斯加州政府的7位美国专家学者,以及中国国家海洋局极地考察办公室、中国极地研究中心、同济大学、上海国际问题研究院、上海交通大学、中国海洋大学、上海海洋大学等单位的30多位中国专家学者参会。会议分为北极治理的未来与芬兰主席国议程、塑造北极的地缘政治和安全因素、北极未来的经济和可持续发展趋势、理解国际航运议题《极地规则》的实施和新航线的建立4个主题。

△由上海师范大学、美国密歇根州立大学、复旦大学、上海交通大学、华东师范大学和同济大学联合主办的“2017上海－密歇根职业与工作心理学国际论坛”在上海师范大学举办。论坛以“全球化与全球本土化背景下的生涯发展与工作心理”为主题,旨在深化交流关于个体生涯发展不同阶段的心理与行为研究,促进职业生涯教育与个体职场行为研究之间的学术与实践对话。密歇根州立大学教授弗雷德里克·梁(Frederick Leong)、安·玛丽·瑞安(Ann Marie Ryan)和黛西·常(Daisy Chang)作了专题讲座。

△美国史蒂文斯理工学院助理教授王洪军(Hongjun Wang)到访东华大学,作题为“运用仿生纤维引导组织再生的机遇”的学术报告。

18日

△美国密歇根州立大学心理系教授弗雷德里克·梁(Frederick Leong)到访上海师范大学,作题为“A Diversified Portfolio Model of Adaptability”的讲座。

19日

△“2017国际会展业CEO上海峰会”在浦东嘉里大酒店开幕。来自国际展览业协会、美国独立组展商协会、国际展览与活动协会等国际展览组织和博闻亚洲集团、德国慕尼黑展览集团、英国英富曼展览集团、英国励展博览集团等全球知名会展企业的CEO、兄弟省市会展机构负责人等近200位代表出席。商务部服贸司副司长许涛、市商务委主任尚玉英致辞。

△美国电影金融公司携手中国人民财产保险股份有限公司在第二十届上海国际电影节上举行专场发布会,宣布达成保险合作协议,将联手推进中国影视完片及制作保险本土化。中国人保财险将为所有美国电影金融公司在中国提供的

完片服务进行全面保障，从国际市场引进的一系列影视保险产品也将全面推出。

△上海市人民政府侨务办公室主任徐力在华侨大厦会见美国(南加州)上海联谊会会长、美国鹰龙传媒有限公司董事长苏彦韬。徐力对苏彦韬的来访表示欢迎，并交流了美国上海籍华侨华人社团的有关情况，希望苏彦韬继续发挥在当地侨社建设中的积极作用，成为中美间友好交往的民间桥梁。

△上海市第一人民医院"直通梅奥远程会诊中心"的签约及揭牌仪式在第一人民医院虹口院区举行。来自美国梅奥医疗集团的客户关系管理行政官特里普·韦尔奇(Tripp Welch)、梅奥全球业务合作发展部高级总监卡尔森(Shayn Carlson)、梅奥在华合作与交流机构惠每极致医疗 CEO 屈伟，以及第一人民医院副院长夏术阶和郑军华等领导、专家出席。

△美国西弗吉尼亚大学教授孙庆云到访华东理工大学，作题为"Shale gas revolution in the United States and its impact on the world energy situation"的学术报告。报告介绍了美国页岩气革命的起因、发展以及其对世界能源格局的深远影响，阐述了中美双方开展页岩气的产学研合作的良好基础。

△由上海大学上海电影学院和美国夏威夷大学创意传媒学院联合举办的中美学生短片展在大光明电影院举行。现场展示了 11 部短片，其中既有中国或美国学生独立制作的短片，也有中美两国学生合作拍摄的影片，充分彰显了中美交流合作的积极成果。

△美国密歇根大学教授戴维·托曼克(David Tomanek)到访上海理工大学，作题为"2D electronics: From graphene to transition metal dichalcogenides to layered and tubular group V allotropes"的讲座，主要介绍二维电子学的相关技术知识。

△美国北卡罗来纳大学教堂山分校教授刘玉峰(Yufeng Liu)到访复旦大学，作题为"Sparse Regression for Block Missing Data Without Imputation"的讲座。

△美国罗彻斯特大学教授白岩(Yan Bai)到访上海交通大学，作题为"Do Financial Frictions Explain Chinese Firms' Saving and Misallocation"的讲座。

△美国约翰·霍普金斯大学保罗·尼采高级国际问题研究院教授沃特·安德森(Walter Andersen)到访同济大学，作题为"二战后国际格局、全球化与国际关系(International Structure, Globalization and International Relations after World War II)"的讲座。他从第二次世界大战在世界范围内所带来的影响出

发,讲述了二战后世界格局的总体变化,并重点介绍在欧洲和亚洲两大区域的形势和战后主要国际组织——联合国的发展。

△美国康涅狄格大学教授索尔・加芬克尔(Solomon Garfunkel)到访华东师范大学,作题为"经验与展望:美国的数学建模教育"的讲座。教授基于他在四十余年参与和推动数学教育的经验,探讨数学建模教育对学生核心素养、创新能力及提升女性在 STEM 领域的参与等方面起到的积极作用,同时也对数学教育的变革进行探讨。

△美国北德州大学教授黄研(Yan Huang)到访东华大学,作题为"Geotagging Social Media for Enhanced Location - based Search"的讲座。

△美国西弗吉尼亚大学教授孙庆云(Qingyun Sun)到访华东理工大学,作题为"Shale gas revolution in the United States and its impact on the world energy situation"的学术报告。

△美国康尼狄格大学教授孙陆逸(Luyi Sun)到访华东理工大学,作题为"基于双层结构的刺激相应材料的仿生设计(Bio - inspired Design of Stimuli Responsive Materials Based on a Bilayer Structure)"的学术报告。

△美国埃默里大学副教授薇薇安・玥(Vivian Yue)到访上海财经大学,作题为"The Two Pillar Policy for the RMB"的讲座。

19—22 日

△美国华裔教授专家协会考察团一行 11 人来沪访问交流。上海市人民政府侨务办公室主任徐力、副主任李群策会见考察团一行。徐力介绍了上海科创中心建设情况,勉励华侨华人教授专家发挥侨智,在科技、文化等各领域加强与上海的合作。在沪期间,考察团先后与同济大学、华东师范大学、上海纽约大学进行了学术交流。

20 日

△美国密歇根大学教授孙晓东(Xiaodong Sun)到访上海交通大学,作题为"Liquid - phase Velocity Measurements in Gas - liquid Two - Phase Flows"的学术报告。

第三十届混凝土轻舟全美总决赛在美国科罗拉多矿业大学落下帷幕,同济大学混凝土轻舟队在 4 个单项竞赛中豪取两项冠军,最终在 20 支总决赛参赛队伍中名列总成绩第四位。同济大学代表队是历史上首支在这一项赛事中进入前五名的北美以外的队伍。

中旬

△题为“让中国交响更具力量——中国交响乐团与费城交响乐团的中西对话”的交响乐高峰论坛在上海举行。论坛上，费城交响乐团总裁兼首席执行官埃里森·沃尔加莫介绍了该团在节目制定、售票方式、年轻观众营销、财政管理等方面的经验。

△在美国临床肿瘤学会（ASCO）年会上，由上海胸科医院韩宝惠副院长担任主要研究者的新型肺癌靶向药物“安罗替尼”临床三期研究发布初步成果，获得国际同行关注。韩宝惠指出，此项研究是国内甚至国际上首个针对三线及三线以上晚期非小细胞肺癌患者治疗的大规模、多中心临床研究，其研究结果预示着未来国内晚期非小细胞肺癌患者的三线治疗有可能有了一个全新且具有治疗标准的选择。

21日

△美国华盛顿大学教授陈晓平（Xiaoping Chen）到访复旦大学，作题为“Working - From - Home or Not? The Remote Workplace Paradox and Its Effects on Team Performance”的讲座。

△美国伊利诺伊大学厄巴纳-香槟分校教授瞿培勇到访复旦大学，作题为“Cluster Analysis of Longitudinal Profiles with Subgroups”的讲座。

△美国康涅狄格大学教授孙露一（Luyi Sun）到访上海交通大学，作题为“Bio - inspired Design of Stimuli Responsive Materials Based on a Bilayer Structure”的学术报告。

△美国中田纳西州立大学教授黄荣金到访华东师范大学，作题为“如何实施有效中小学数学课堂——中美数学课堂教学的案例分析”的学术报告。报告关注数学课堂的核心要素，用案件解读中美数学教学的差异，探索如何发展有中国特色的有效数学教学。23日，黄荣金教授到访上海师范大学，作同主题的报告。

△美国宾夕法尼亚大学副教授郭超（Chao Guo）到访上海外国语大学，作题为“The Social Entrepreneur's Dilemma: Contrasting Effects of Strategy on Social Value Creation and Economic Value Appropriation in Charter Schools”的讲座。

△上海交通大学研究人员与美国科学家合作在《科学》(*Science*)期刊在线发表了题为“Reconfiguration of DNA Molecular Arrays Driven by Information Relay”的论文。研究人员通过构建新型可变DNA纳米结构,在纳米尺度下实现类似“多米诺骨牌”可编程控制的长距离信息传递和调控。

22日

△上海市市长应勇分别会见美中贸易全国委员会会长傅强恩(John Frisbie)、美国江森自控有限公司董事长兼首席执行官穆安礼(Alex Molinaroli)。应勇表示,欢迎包括美国企业在内的各国优秀企业积极参与上海建设,实现共赢发展。傅强恩和穆安礼表示,上海是中国的经济中心城市,包括江森自控在内的众多美国企业都将区域总部设在上海。美国企业希望更好地对接上海城市发展愿景,为上海发展作出贡献;希望更多地分享自贸试验区建设的机遇,推动中美两国工商界建立更紧密的关系。

△上海美国商会在上海商城举办题为“经理人演示技能(MNC Executive Presentation Skills)”的会员培训活动。

△美国佐治亚大学前校长、现教育领导力项目主任查尔斯·纳普(Charles Knapp)教授、副主任莱斯利·戈登(Leslie Gordon)教授率团一行17人到访华东师范大学。代表团成员均为该校教育领导力项目学员,此次访问是为了解中国高等教育发展历程和教育国际化程度。华东师范大学校党委常务副书记任友群、上海纽约大学文理学院副院长赵中建先后作专题讲座。

△美国芝加哥大学教授何治国到访复旦大学,作题为“The Financing of Local Government Debt in China: Stimulus Loan Wanes and Shadow Banking Waxes”的讲座。

△美国俄亥俄大学副教授雪兰(Lan Xue)到访复旦大学,作题为“Semi - parametric method for non - ignorable missing in longitudinal data using refreshment samples”的讲座。

22—24日

△上海交通大学教授万德成应美国加州大学伯克利分校船舶水动力学研究中心主任罗纳德·杨(Ronald Yeung)教授邀请,访问美国加州大学伯克利校区,进行短期讲学并开展人才招聘宣讲活动。其间,万德成作题为“Development of

CFD Solvers for Ship and Ocean Engineering Flows"的学术报告。

△由中国工程院和美国工程院(National Academy of Engineering)共同主办的"2017 中美工程前沿论坛"在同济大学举行。中美两国各有 30 余位青年工程科技专家围绕"智能交通、储能、合成生物学和机器人"等工程科技前沿领域展开研讨与交流。会议旨在为中美两国优秀青年工程师和科研人员提供交叉学科互动平台,对工程前沿问题的研究工作进行交流,就工程技术的应用进行讨论,并为两国青年专家拓展国际交流与合作网络。

23 日

△上海美国商会在上海商城举办题为"商务英语中的细微差别:让我们对中式英语说再见(Nuances in Business English - Let's say goodbye to Chinglish)"的会员培训活动。

△上海美国商会在上海商城举办题为"想要更好的合作? 五项必备技能!(Want A Better Collaboration? 5 Essential Skills!)"的会员培训活动。

△美国波士顿大学副教授高建民(Jianmin Gao)到访复旦大学,作题为"Covalent Molecular Recognition: Targeting Biological Amines via Iminoboronate Chemistry"的学术报告。

△美国普渡大学教授张星航到访上海交通大学,作题为"Radiation response of nanoporous and nanotwinned metals"的学术报告。

△美国西北大学医学院教授邓汉湘到访上海交通大学,作题为"UBQLN2-mediated Protein Degradation in Amyotrophic Lateral Sclerosis (ALS) and TMEM230 - mediated Synaptic Vesicle Trafficking in Parkinson ' s Disease (PD)"的学术报告。

△美国阿拉巴马大学教育学院院长彼得(Peter Hlebowitsh)率该院两名教授乔伊·伯翰(Joy Burnham)和兰达尔·舒马克(Randall Schumacker)到访华东师范大学。彼得院长作题为"最佳实践所没能做到的:基于教育研究的偏见(What Best Practices Aren't: Aggregation Bias in Reading Educational Research)"的讲座。兰达尔·舒马克作题为"结构方程模型与应用(Structural Equation Modeling and Applications)"的讲座。乔伊·伯翰作题为"寻找意义:心理学与艺术的融通(Finding Meaning: The Synergy of Psychology and Art)"的讲座。

△美国弗吉尼亚大学教授王伟强到访华东师范大学，作题为“Spin nilHecke algebras of classical type”的学术报告。

23—25日

△由华东理工大学生物反应器工程国家重点实验室(SKLBE)与斯普林格-自然(Springer Nature)出版集团合作创办的英文学术期刊*Bioresources and Bioprocessing* 国际编委会在华东理工大学召开第一届编辑工作研讨会。中国、美国、日本、韩国等国家的十余位编辑出席，切磋交流期刊编辑工作的经验、体会及问题。日本九州工业大学教授清水和幸、美国俄亥俄大学教授顾停月和韩国庆熙大学教授李殷烈等副主编在改进期刊稿件评审、吸引高质量稿源和提高国际影响力等方面提出了许多宝贵、可行的建设性意见。

25日

△上海美国商会在上海世博洲际酒店举办 2017 年上海美国商会美国独立日“星条旗”纪念活动(2017 AmCham Shanghai Independence Day “Stars & Stripes” Celebration)。

△来自上海交通大学的 33 名同学在老师的带领下赴美，正式拉开了 2017 致远学院康奈尔大学暑期科研项目的帷幕。除了由康奈尔大学教授们带来的专业课程，校方还特意安排了极具特色的校园文化体验，使访问团体验当地的风土人情。

26日

△上海美国商会国家委员会(National Committee)在明天广场 JW 万豪酒店举办题为“双行道 2017：中美直接投资的展望(Two - Way Street 2017：A Discussion on the Future of U. S. - China FDI)”的主题讲座。

△美国罗格斯大学教授弗雷德·杰科(Frieder Jäkle)到访上海交通大学，作题为“Borane Lewis Acids：From Molecules to Materials”的学术报告。

△美国麻省理工学院建筑系主任 J. 米金·允(J. Meejin Yoon)教授到访同济大学，作题为“Going Public：Techniques，Technologies And Tectonics”的讲座。

△美国华盛顿州立大学副教授乔恩·M. 奥特利(Jon M. Oatley)到访华东

师范大学，作题为“Molecular Determinants of the Stem Cell State in the Mammalian Male Germline”的学术报告。

△美国佛罗里达州立大学教育学院研究副院长罗伯特·瑞泽（Robert Reiser）到访上海外国语大学，作题为“Ten Trends Affecting the Field of Instructional Design and Technology”和“Effective College Teaching”的讲座。

△美国哈佛大学附属麻省总医院神经内科副主任、哈佛医学院神经病学副教授阿尼许·辛格尔（Aneesh Singhal）到访华山医院进行学术交流，华山医院神经内科主任董强教授组织主持了本次交流活动。双方表示愿意在神经科住院医师、专科医师的培养、卒中的预防体系等方面开展进一步的交流与合作。

27日

△上海美国商会在浦东盛大天地源创谷会议中心举办题为“教育中的创新：技术如何改变公司学习（Innovation in Education：How Technology is Transforming Corporate Learning）”的主题讲座。

△美国波士顿大学副教授叶敏（Min Ye）到访复旦大学，作题为“Ambition and Ambiguity Unpacking State - Mobilized Globalization in Contemporary China”的讲座。

△美国犹他大学教授李菲菲（Feifei Li）到访东华大学，作题为“Interactive and Online Analytics of Large Spatio - temporal Data”的学术报告。

△美国查尔斯顿大学商学院金融系主任王维珅到访东华大学，作题为“美国高校学科结构的过分供应和对学生毕业后的财务影响（College’s Oversupply in Instructional Programs and their Financial Impact on Graduates in the US）”的讲座。

28日

△第二届华山医院“中美心律失常交流会”在华山北院综合楼举行。华山医院心内科李剑副教授主持了交流会。美国著名华裔电生理专家亨利·夏（Henry Hsia）教授详细介绍了室性心律失常射频消融的最新技术和进展并把自己在临床工作中积累的操作技巧和经验与参会人员做了分享。东方肝胆医院、华山医院的医生、护士及工程师40余人参加了交流会。

△上海理工大学机械工程学院院长李郝林教授及相关学院的负责人和教授

接待到访的美国密歇根大学郑宇博士。双方就上海理工大学开设机器人本科专业的可能性以及与密歇根大学机器人科研合作进行了探讨。

△美国博伊西州立大学教授熊辉(Hui Xiong)到访上海交通大学,作题为“Defect - driven Nanostructured Electrode Materials for Energy Storage Systems”的学术报告。

△参加同济大学和太平洋国际交流基金会共同主办、同济大学政治与国际关系学院承办的克拉克·亚特兰大“未来领袖”中美人文交流项目的美国大学生访华团,在上海开展为期 4 天的访学和交流活动。28 日晚,同济大学在白玉兰宾馆为到访的美国大学生访华团举行欢迎晚会。中美人文交流项目旨在促进中美两国大学生的相互了解和学习,从青年开始开展中美两国间的友好交往。

△美国北卡罗莱纳大学教授肖啸到访华东理工大学,作题为“基因治疗 30 年:摘桃子的季节到了”的学术报告。

29 日

△为庆祝美国独立 241 周年,美国驻上海总领事馆举行国庆招待会,上海市副市长许昆林及社会各界约 600 人出席。招待会的主题为“行动无界”,邀请了芝麻街、迪士尼和特奥会等单位分别介绍帮助残疾人生活、娱乐、运动、就业等所作的努力,呼吁全社会共同关心残疾人的身心健康。

△上海市市长应勇会见美国高通公司首席执行官史蒂夫·莫伦科夫(Steve Mollenkopf)一行。应勇说,经贸关系是中美关系的重要基石,上海作为中国的经济中心城市和改革开放的前沿,正努力在更大范围推动经济全球化。莫伦科夫说,良好的经贸合作有助于强化美中关系。高通公司高度重视中国及上海市场,并持续与本土企业合作打造产业生态系统。

△上海美国商会在上海商城举办题为“2025 年的中国制造:中国国际工业博览会展示中国的制造业政策(Made in China 2025 - CIIF presents China's Policy on Manufacturing)”的主题讲座。

△美国亚利桑那州立大学教授斯图尔特·福瑟林厄姆(Stewart Fotheringham)和美国东密歇根大学教授谢一春到访上海财经大学。上海财经大学副校长陈信元会见来宾。双方探讨了加强交流、深化合作的可能性。

△美国堪萨斯大学医学中心教授解亭到访复旦大学,作题为“Stem Cell

Regulation：Tales of Two Niches”的学术报告。

△美国德州大学大河谷分校管理学系主任吴思斌教授到访同济大学，作题为“Product complexity on drug approval：A regulatory agency perspective”的讲座。

△美国弗吉尼亚联邦大学教授文学军到访东华大学，作题为“Biomaterials for Biomedical Research and Biomedical Devices：What”的学术报告。

△美国辛辛那提大学教授时东陆（Donglu Shi）到访东华大学，作题为“Magnetic and Photothermal Hyperthermia of Fe_3O_4 Nanoparticles for Energy and Biomedical Applications”的学术报告。

30 日

△上海美国商会在上海波特曼丽思卡尔顿酒店举办题为“在全球快速变化时代应对中国的机遇与挑战（Discussion on Dealing with China’s Opportunities & Challenges at a Time of Exponential Change Across the Globe）”的讲座。

△上海美国商会在上海商城举办题为“领导力和说故事：如何通过说故事来影响员工（Leadership and Storytelling：How to Tell Stories to Influence Everyone at Work！）”的会员培训活动。

△上海美国商会在上海商城举办题为“上海市政府对于‘十三五’规划中健康目标的简报（Shanghai Government Briefing on the 13th Five Year Plan Healthcare Goals）”的主题活动。

△美国埃默里大学医学院副院长傅海安教授到访华东理工大学，作题为“CancerGenomics－Based Protein－Protein Interaction Target Discovery and Interrogation”的学术报告，为肿瘤的治疗提供了新思路。

△美国弗吉尼亚大学张森博士到访华东理工大学，作题为“Synthetic Tuning of Nanoparticles for Catalytic Applications”的学术报告，他在纳米合金材料的控制合成及在电化学应用方面的研究工作。

△美国肯塔基大学教授欧内斯特（Ernest J. Yanarella）到访上海大学，作题为“From Austerity Ecology to Eco－scientific Plenty：China’s Eco－city Program in the Era of Twenty－first Century and Technology”的讲座，重点介绍他对苏州和无锡生态城市的实地考察，总结中国生态城市建设的经验和不足。

△美国新奥尔良大学教授大卫·晖(David Hui)到访东华大学,作题为"How To do Scientific Research and Write Papers To Enhance Journal Acceptance?"的学术报告。

△美国德克萨斯大学教授徐步高(Bugao Xu)到访东华大学,作题为"用于纱线毛羽三维测量的双镜面成像系统"的讲座。

△美国埃默里大学助理教授崔若蒙(Ruomeng Cui)到访上海财经大学,作题为"Learning from Inventory Availability Information: Field Evidence from Amazon"和"Discrimination with Incomplete Information in the Sharing Economy: Field Evidence from Airbnb"的讲座。

下旬

△美国珍妮·罗梅-西弗森(Jeanne Romero-Severson)教授和莫顿树木园的博士来沪进行绿化技术交流。此次交流旨在推进上海市绿化管理指导站、上海辰山植物园和美国莫顿树木园的合作交流,学习和借鉴美国树木养护经验,提升上海市绿化养护技术。

7 月

1 日

△美国农业部长桑尼·珀杜(Sonny Perdue)在上海环贸商场城市超市宣布高品质美国牛肉返回中国市场。珀杜指出,美国养牛的农民们对于能再次为中国消费者提供高品质肉感到自豪。

2 日

△美国纽约爱乐乐团在上海交响乐团音乐厅为 2017 上海夏季音乐节揭幕。在乐团音乐总监艾伦·吉尔伯特的指挥下,纽约爱乐乐团演奏了德沃夏克《第九交响曲“自新大陆”》,并与钢琴名家叶菲姆·布朗夫曼合作演绎了勃拉姆斯《第二钢琴协奏曲》。这是该团继 2015 年成为 MISA 驻节乐团以来第三次担纲开幕演出。在本届音乐节中,纽约爱乐乐团共计带来 4 场音乐会。

2—7 日

△美国麻省理工学院和上海交通大学首次开设的联合课程“中美互联网政策”在上海交通大学举办。来自麻省理工学院的 4 位教授与上海交大的 4 位教授共同讲授课程,从计算机科学、法律和政策的不同角度深入探讨中美两国互联网立法的基础、分析案例。来自两校的 30 余名本科生和研究生同堂学习。

3 日

△2017 年美国印制大奖“Premier Print Awards”揭晓。上海艾登印刷有限公司选送的作品《ZHUCHONGYUN 境·像》组合套装再次荣膺班尼金奖(Benny Award)。班尼奖是由美国印刷工业联合会主办的美国印制大奖,是全球印刷业历史最悠久、最权威、最具影响力的产品质量评比赛事。

△2017 年“中国寻根之旅——相约上海”海外华裔青少年夏令营开营仪式在华东师大一附中举行。上海市政府侨办副主任姚卓匀，虹口区委常委、统战部长贺毅群，副区长张雷以及来自美国的 30 位华裔青少年和 3 位领队与华东师大一附中 30 余位学生出席活动。在为期 14 天的活动中，营员们学习雕版印刷、纸浆造纸、青花彩绘、纺织印染等课程，学习中华传统文化和体现古代科技水平的民族技艺。

△上海国际问题研究院院长陈东晓和学术委员会主任杨洁勉分别会见到访的美国国家安全局前局长、海军上将鲍比·因曼(Bobby Inman)。双方就美国对朝鲜半岛局势的看法、中美在“一带一路”上合作的可能性以及中美经贸关系等问题进行了交流。上海国际问题研究院国际战略研究所所长吴莼思、台港澳研究所所长邵育群和海洋极地研究中心杨立助理研究员参加座谈。

△美国纽约州电力公司信息技术部门高级主管杨泓到访上海师范大学，作题为“中国古老易经文化的当代回响——我的跨文化跨学科探索之路”的讲座。

3—7 日

△交大密西根学院首届国际暑期学校在上海交通大学举办。来自美国、英国、土耳其、印度、摩洛哥、印度尼西亚等 13 个国家的 18 名国际生和 20 名国内学生参与活动。其间，学院安排了丰富多彩的互动环节，为学员们提供深入体验学院研究生学习和生活的机会。

3—13 日

△“第八届中美生物统计暑期学校暨上海交通大学生物信息学与生物统计学暑期夏令营”在上海交通大学举办。夏令营的授课团队由美国范德堡大学知名统计学专家、上海交通大学访问讲席教授石瑜(Yu Shi)，其助手刘琪博士、王莉晴博士以及交大生命学院生物信息学与生物统计学系多位教师组成。夏令营活动促进了上海交通大学与美国范德堡大学在生物统计方向教学科研的深入合作与交流。

4 日

△上海美国商会在上海商城举办题为“销售技巧(Selling Skills)”的会员培训活动。主讲人为 ActionAd Communication Learning Center 的咨询主管莎

伦·邱(Sharon Chiou)。

△上海市儿童医院党委副书记黄敏会见到访的美国沃尔夫森儿童医院院长迈克尔·D.奥班(Michael D. Aubin)。复旦大学生命科学学院研究员凌晨陪同。上海市儿童医院院办、科教部、神经外科、药学部及临床、医技科室负责人参与。

△美国纽约长老会医院、摩根斯坦利儿童医院心内科专家埃里克·西尔弗(Eric Silver)、全球服务部中国区总监李舒一行与上海市儿童医院副书记黄敏和心内科、院办、医务科、护理部等部门负责人会谈,并参观心内科病房,观摩心律失常射频消融及先天性心脏病封堵术。双方围绕儿童心律失常及先天性心脏病内科介入治疗等心内科关键技术进行广泛交流。

△美国工程院院士、Facebook 人工智能研究院院长、纽约大学教授扬·勒丘恩(Yann LeCun)教授到访上海交通大学,在"人工智能高端论坛"上作题为"Deep Learning and AI: Past, Present and Future"的主题报告。论坛邀请了8位中国人工智能领域科技新锐,与勒丘恩教授进行主题为"人工智能前景与机会"的交流讨论。

△美国伍斯特理工大学管理学院教授约瑟夫·萨尔基斯(Joseph Sarkis)到访上海交通大学,作题为"Sustainability, Technology, and Supply Chains: Future Directions and Considerations"的学术报告。

△美国宾夕法尼亚州立大学副教授王东海(Donghai Wang)到访上海交通大学,作题为"Development of Functional Composite Materials for Energy Storage Applications"的学术报告。

△美国西北太平洋国家实验室高级研究员余小英(Xiaoying Yu)到访华东理工大学,作题为"In Situ Molecular Imaging of the Air - Liquid Interface and the Solid - Liquid Interface Using Microfluidics"的学术报告。

5日

△图灵奖得主、美国科学院与工程院院士、康奈尔大学计算机系教授约翰·霍普克罗夫特(John Hopcroft)受聘上海交通大学访问讲席教授。上海交通大学校长林忠钦为霍普克罗夫特教授授聘书并佩戴校徽,表示期待在教授的带领下,以他名字命名的计算机科学中心能发展成为享誉世界的计算机研究中心。

△美国佐治亚理工学院教授余兴星(Xingxing Yu)到访上海交通大学,作题

为“On Judicious Partitions of Graphs”的学术报告。

6 日

△美国西北大学教授黄永刚到访上海大学，作题为“柔性电子器件力学(Mechanics of Stretchable Electronics)”的学术报告。

6—7 日

△美国爱荷华大学教授韩为民(Weimin Han)到访同济大学和上海交通大学，先后在两校作题为“Numerical Analysis of Elliptic Hemivariational Inequalities”的学术报告。

7 日

△上海体育学院与美国运动医学学会(American College of Sports Medicine，ACSM)联合开展的中国健身趋势在线调查正式上线运行，上海体育学院也成为全球首家与 ACSM 合作开展国家层面健身趋势调查的高等院校。为了更大范围地纳入中国地区的调查对象，提高其全球健身趋势的代表性，ACSM 与上海体育学院于 2017 年 3 月 31 日签署了双方合作意向书，决定联合开展中国健身趋势调查，并将这一调查纳为 ACSM 全球健身趋势调查的一部分。

△美国西北大学教授刘刚(Gang Liu)到访复旦大学，作题为“On Yau's Uniformization Conjecture”的学术报告。

△美国克莱姆森大学教授肖海到访上海大学，作题为“微波光子学中的光纤传感器”的学术报告。

7—9 日

△由海外华人交通协会(COTA)和同济大学联合举办的“第十七届 COTA 国际交通科技年会(CICTP2017)”在同济大学举办，主题为“综合交通变革与创新——平等、包容、共享、创新”。学术界、工业界和政府机构的近千位国内外交通专家与学者参会。中国交通运输部总工程师周伟、美国国家工程院院士迈克尔·沃尔顿(Michael Walton)、同济大学教授陈小鸿、中国香港科技大学教授杨海、希腊克里特大学教授马克思·帕帕耶奥尔尤(Markos Papageorgiou)、美国

南佛罗里达大学教授罗伯特·贝尔蒂尼(Robert Bertini)等专家学者分别作有关中国交通运输转型与发展、城市转型发展的路径选择、未来交通运输技术与运营、城市公共交通拥挤管理、美国未来交通运输发展与路径的主题演讲。

8日

△应霍特国际商学院轮换中心(Hult Business School's Shanghai Rotating Center)邀请,上海美国教育咨询中心(Education USA)顾问谢翩翩在上海外国语大学与20位学生进行座谈。谢翩翩介绍了美国教育咨询中心、一些帮助学生申请到美国研究生院的资源、美国和中国高等教育系统的差异以及美国的校园生活等情况。会后,学生们积极提问如何找到最适合自己的学校和如何找到OPT(职业实践培训)机会。

△由上海交通大学海派文化研究所主办的"翰墨春秋"——旅美画家张桃英个展在上海交通大学开明画院展出。年逾八旬的张桃英自幼酷爱书画,1991年移居美国纽约,先后担任美中农工商总会会长、美国上海总商会外交主任等职。

9日

△美国俄克拉荷马大学教授乔治·林·克罗斯(George Lynn Cross)到访华东理工大学,作题为"Microbial Ecology in Genomics Area: Current Status, Challenges and Future Perspectives"的学术报告。

△美国路易斯安那州立大学教授吴少雄(Shaoxiong Wu)到访上海大学,作题为"关于有限群的扭曲量子对"的学术报告。

10日

△上海美国商会在上海商城举办题为"经理预约:高端女性经理人的职场战略(Executive Appointments - Career Strategies for Top Woman Executives)"的主题讲座。主讲人为Cornerstone International Group Worldwide的总经理西蒙·万(Simon Wan)以及Cornerstone的经理人教练朱莉·周(Julie Zhou)。

△美国俄克拉荷马大学教授、橡树岭国家实验室环境基因组学研究中心主任周冀中(Jizhong Zhou)到访华东理工大学和华东师范大学,在两校作题为"Microbial Ecology in Genomics Area: Current Status, Challenges and Future Perspectives"的学术报告,阐述国内外环境微生物学、组学分析的发展现状,分

析研究基因组学时常规的高通量测序技术的一些不足,并通过案例介绍了基因芯片技术在生态学和环境变化中的应用和巨大优势。

△美国宾夕法尼亚大学助理教授弗朗西斯科·德·安娜(Francesco De Anna)到访复旦大学,作题为“Nematic Liquid Crystals in the whole space”的学术报告。

△美国北卡大学教堂山分校教授顾臻(Zhen Gu)到访上海交通大学,作题为“Bio-responsive Materials for Smart Drug Delivery”的学术报告。

△美国新泽西州罗文大学教授王晴佳(Qingjia Wang)到访华东师范大学,作题为“探究‘性格史学’:顾颉刚疑古史学新解”的讲座。

上旬

△“杨浦-MIT城市基础设施建设与经济和环境的可持续发展”专题演讲在经纬设计院举行。会上,美国麻省理工学院(MIT)全球产业联盟中国区总监郭常捷博士介绍MIT研究特点;MIT地产创业实验室主任、副教授郑思齐,地产创业实验室副主任谭征桢分别发表主题演讲。杨浦区科委、杨浦科创集团、杨浦滨江集团、经纬设计院、市建筑学会等单位约150人与会。

△美国犹他大学教授凯文·J.惠迪(Kevin J. Whitty)到访华东理工大学,作题为“气化技术和能源科学”的短期课程。其间,惠迪教授与华东理工大学洁净煤技术研究所草拟了合作框架协议,为双方在能源清洁高效利用技术领域的深入合作奠定了基础。

11日

△国际EAP协会(Employee Assistance Professionals Association)执行委员、培训论证委员会主席简·普莱斯(Jan Price)一行到访华山医院。普莱斯主席介绍了EAP的发展史和美国医院EAP开展的经验,同行的中国EAP行业大师朱晓平博士和丁卫红老师则介绍了澳洲医院EAP的做法。来自中国医院EAP联盟的沪上多家医院的同道参与交流。

△美国佐治亚理工学院教授余兴星(Xingxing Yu)到访同济大学,作题为“Judicious Partitions of Graphs”的学术报告。

△美国加州州立理工大学教授顾才兴(Caixing Gu)到访同济大学,作题为“Common Reducing Subspaces of Several Weighted Shifts with Operator

Weights”的学术报告。

△美国南德州大学副教授陈学敏(Xuemin Chen)到访东华大学，作题为“Design of a New Mobile - Optimized Remote Laboratory Application Architecture for M - Learning”的学术报告。

△美国南德州大学教授李伟(Wei Li)到访东华大学，作题为“Several Challenging Problems in Wireless Networks Research”的学术报告。

△2017 微软全球合作伙伴大会(Microsoft Inspire)在美国华盛顿召开。云赛智联旗下企业上海南洋万邦软件技术有限公司受邀参加大会并获大奖。

11—14 日

△由中央军委后勤保障部主办、中国人民解放军海军军医大学(原名为第二军医大学)承办的“中美军医针灸交流”培训班在沪举行。培训班邀请国内军医针灸领域的专家教授 40 余人，以及美军太平洋总部、安德鲁空军基地等单位的专家和美国驻华使馆武馆处代表 9 人参加。中美双方代表围绕针灸对军事训练伤的防治、战创伤应激治疗以及部队常见病、多发病的诊治等主题开展了 30 余场讨论。该活动为中美两军针灸专家提供了学术交流平台，也有利于加强中美两军的互信和军事交往。

12 日

△上海美国商会在普华永道创新中心举行《2017 年中国商业报告》(*2017 China Business Report*)发布会。该报告是美商会根据对 426 家会员单位调查反馈进行统计之后作出的总结，其中包括公司在华业绩、投资意向、面临挑战以及对中国政府贸易政策和监管环境等意见和建议。上海市人民政府外事办公室副主任金雷应邀出席。发布会上，普华永道、固特异轮胎、史丹利百德等美资企业代表与听众进行互动交流；普华永道经营咨询领袖高博瑞(Mark Gilbraith)、固特异轮胎橡胶公司(Goodyear Tire & Rubber Company)的亚太区主席克里斯・德莱尼(Chris Delaney)、Stanley Black and Decker Asia 的主席克里斯汀・闫(Christine Yan)还分别作了演讲。

△美国宾夕法尼亚大学沃顿商学院教授蔡天文(Tianwen Cai)到访复旦大学，作题为“CHIME: Clustering of High - Dimensional Gaussian Mixtures with EM Algorithm and Its Optimality”的讲座。

△美国德州大学圣安东尼奥分校机械工程系系主任韩海潮教授到访上海交通大学，作题为“Mechanical Properties of Human Heart Trabeculae Carneae and its Effects on Diastolic Cardiac Function”的学术报告。

△美国德州大学奥斯汀分校教授谢尔盖·B. 福梅尔(Sergey B. Fomel)到访同济大学，作题为“GeneralizedApproximations for Seismic Anisotropy”的学术报告。

13 日

△美国科学院院士、科罗拉多大学博尔德分校教授玛格利特·默南(Margaret Murnane)和亨利·卡普坦(Henry Kapteyn)到访同济大学，分别作题为“Science at the timescale of the electron: coherent X－ray beams from tabletop femtosecond lasers”和“Coherent Imaging using Tabletop Coherent X-ray Beams”的学术报告。

△美国北卡罗来那州立大学副教授方铁刚(Tiegang Fang)到访上海交通大学，作题为“Clean Spray Combustion under High Temperature and High Pressure Environments”的学术报告。

△美国加州大学圣地亚哥校区教授聂家旺(Jiawang Nie)到访上海大学，作题为“对称张量的核范数”的学术报告。

14 日

△上海市人民政府侨务办公室副巡视员陶国丰会见美国旧金山东华社会长唐劲辉，希望美国旧金山东华社能与上海市侨办保持联系和交流，共同关心服务好海外华侨华人。唐劲辉介绍了美国旧金山东华社近期的主要活动，表示旧金山东华社作为传统老侨团将继续服务好全体社员，推进和谐侨社建设，并为祖国的和平统一事业作贡献。

△上海市人民政府侨务办公室副主任姚卓匀会见英国侨报社长何家金、全美中文学校协会副会长胡国荣，向客人们详细介绍了上海市侨办近年来开展华文教育及侨务外宣工作的情况。全美中文学校协会 33 位师生在上海刚参加完为期 14 天的“中国寻根之旅”海外华裔青少年夏令营。胡国荣副会长代表协会向上海侨办表示感谢，感谢组织方周到细致的安排，使海外华裔青少年进一步增进了对中华文化的认识。

△美国伊利诺理工学院教授张伟(Wei Zhang)到访上海交通大学,作题为"Mechanisms underlying Salmonella attachment and survival on fresh fruits and nuts"的学术报告。

15日

△同济大学经济金融系郝凤霞和会计系唐伟两位老师带领7名学生参加在美国举办的同济大学-伊利诺伊大学香槟分校暑期项目。在为期3周的学习期间,学生们共修了由艾萨克·迪兰尼(Isaac Dilanni)教授主讲的货币银行学和发展经济学两门课程。

16日

△为期两周的美国密苏里大学孔子学院夏令营圆满结束。在中国汉办和孔子学院总部、密苏里大学、上海师范大学的支持下,19名来自美国密苏里州哥伦比亚市部分高中的老师和学生参加了夏令营活动,增进了对汉语和中国文化的理解。

△美国加州大学尔湾校区教授尹亚东(Yadong Yi)到访华东理工大学,作题为"Unconventional Routes to Colloidal Nanostructures"的学术报告。

△美国德州大学阿林顿分校教授洪毅(Yi Hong)到访华东理工大学,作题为"Elastomeric biomaterial development in soft tissue repair and regeneration"的学术报告。

17日

△美国杜兰大学公共卫生学院学生访问团在上海嘉定的安亭镇社区卫生服务中心中医馆亲身体验了艾灸、推拿等中医技术。2013年,嘉定区与美国杜兰大学正式签署合作交流备忘录,作为合作备忘录签署后的第一个实施项目,安亭镇社区卫生服务中心成为杜兰大学实习基地,已接待7批25名美国杜兰大学学生在中心开展暑期实践活动。

△参加同济大学和太平洋国际交流基金会共同主办、同济大学政治与国际关系学院承办的"撼动中国"中美人文交流项目的美国大学生访华团在同济大学和上海开展为期4天的访学和交流活动。这也是2017年第三批美国大学生来访同济大学和上海。此次课程包括中国历史文化、中国文学传统、中国经济、中

国对外投资、网络技术与中美网络安全合作、上海城市的历史与变迁、中国外交与中美关系等。

△美国德州农工大学教授史蒂夫·苏(Steve Suh)到访上海交通大学，作题为“Applications of Nonlinear Time-Frequency Theory”的学术报告。

17—18日

△美国纽约州立大学布法罗分校副教授布莱恩·普法伊费尔(Blaine Pfeifer)到访上海交通大学和华东理工大学，在两校分别作题为“Discovery, Engineering, and Therapeutic Applications of Small Molecules and Macromolecules from Microbes”和“Engineered Biosynthesis of the Complex Natural Products Erythromycin and Yersiniabactin for Health and Environmental Opportunities”的学术报告。

18日

△美国纽约城市大学教授罗斯玛丽·巴伯雷(Rosemary Barberet)到访华东政法大学，作题为“性别、犯罪与刑事司法”的讲座。

19日

△美国佐治亚南方大学教授王华(Hua Wang)到访上海交通大学，作题为“Graph invariants in trees: an informal introduction”的学术报告。

△美国罗彻斯特大学副教授林强(Qiang Lin)到访上海交通大学，作题为“Lithium Niobate Micro/Nanophotonics and Applications”的学术报告。

△美国伊利诺斯大学厄巴纳-香槟分校教授陆艺到访上海交通大学，作题为“Functional DNA Nanotechnology and Its Applications as Theranostic Agents for Sensing, Imaging and Targeted Drug Delivery”的学术报告。

19—28日

△上海交通大学校长林忠钦率团分别访问日本、加拿大和美国。访美期间，代表团访问了美国西北大学、普渡大学和密歇根大学，深入推进国际教育合作。

20日

△美国查普曼大学道奇电影与艺术传媒学院副院长迈克尔教授、上海开圣影视文化传媒股份有限公司首席运营官江传荣等一行到访上海体育学院武术学院，参观、交流并洽谈合作办学事宜。双方在人才培养、专业建设、课程设置、师资共享、学生互换等方面达成初步合作意向。

△复旦大学药学院院长王明伟研究员和临床药学与药事管理教研室副主任相小强等接待到访的美国北卡大学教堂山分校药学院全球化事务副主任、临床药学副教授阿曼达·H. 科比特(Amanda H. Corbett)博士和该院临床药学专业博士生瑞奇·孔(Ricky Kong)、玛利亚·董(Maria Dong)。

△美国密歇根大学安娜堡分校教授段存明到访同济大学，作题为“Novel Modulators of The IGF/insulin – PI3K – Akt – Tor Pathway：New Lessons From a Small Fish”的学术报告。

中旬

△中国科学院上海有机化学研究有机氟化学重点实验室董佳家与诺贝尔化学奖获得者、美国斯克利普斯研究所夏普莱斯和吴鹏合作，在六价硫氟交换反应(SuFEx)研究方面获得新突破。他们发现了一类更加高效的催化剂，用来合成聚硫酸酯或聚磺酸酯类高分子材料。相关研究成果发表于《自然-化学》杂志。

△美国职业橄榄球大联盟(NFL)著名球星拉塞尔·威尔逊(Russell Wilson)来到上海，携妻子席亚拉(Ciara)一同现身阿里体育总部多功能赛播馆，带领青少年体验橄榄球培训，畅谈他对橄榄球运动的独特见解。

△“科创青年行——优秀华裔大学生微电影参访团”一行到访上海杨浦侨梦苑长阳创谷。来自美国、英国、加拿大、澳大利亚、新西兰、奥地利、瑞典、西班牙等8个国家和中国台湾、上海的约80名优秀华裔青年，一起在创谷社区聆听上海杨浦侨梦苑的情况简介。

△同济大学土木工程学院院长赵宪忠一行赴美，与美国国际集团和克莱姆森大学共同签署了《国际谅解备忘录》，三方将在风险工程和系统分析领域开展学术研究、人才培养等合作与交流工作。之后，又与弗吉尼亚理工学院暨州立大学签署了《联合培养土木工程专业硕士研究生项目协议书》，双方将合作开展“4 + 1 + 1. 5”的培养模式计划。

21 日

△上海市市长应勇会见美国艾奥瓦州州长金姆·雷诺兹(Kim Reynolds)一行。双方就推动两地在上海自贸试验区建设、农业、可再生能源等领域的合作进行了交流。访沪期间,雷诺兹州长还率团赴益海嘉里集团、松江水产技术推广站等地参观座谈,希望艾州与上海在大豆进口和加工、上下游产业链创新科技发展等方面深化合作。

△美国迈阿密大学教授阮士贵(Shigui Ruan)到访上海交通大学,作题为"Seasonal Transmission Dynamics of Measles in China"的学术报告。

△美国国家标准技术研究所物理学家周至文(Zhiwen Zhou)到访华东师范大学,作题为"Coherent control and precision measurement of a single molecular ion"的学术报告。

△上海国际问题研究院和上海市人民对外友好协会共同举办"民间外交与中美关系"研讨会。来自上海纽约大学、碧云社区、安博集团的代表,上海社科院、复旦大学、上海市美国问题研究所、华东政法大学和上海国际问题研究院的专家学者共同围绕"中美民间外交:包容、合作与创新""民间外交与中美关系"等主题交流了观点。

23 日

△上海国际问题研究院学术委员会主任杨洁勉研究员在北京会见了比尔及梅琳达·盖茨基金会联席主席梅琳达·盖茨,双方就中美双方在非洲开展健康、扶贫等领域的合作进行了讨论。

△在美国明尼苏达州布莱恩市举办的第三十三届"美国杯(USA CUP)"国际青少年足球邀请赛决赛中,兴塔小学组成的上海金山女足 U10 精英队以 1:0 击败美国"HOFFMAN UNITED SC CYCLONES"队,勇夺女子 U10 组冠军。这是该赛事 33 年来首次由中国球队夺冠,改写了"美国杯"的历史。

24 日

△美国加州大学圣地亚哥校区教授王迎晓(Yingxiao Wang)到访上海交通大学,作题为"Molecular Engineering for Imaging and Reprogramming in Live Cells"的学术报告。

△美国佛蒙特大学文理学院副院长罗利·沃特曼(Rory Waterman)教授到

访华东师范大学，作题为“To Insert or not to Insert：Divergent Routes toElement - Carbon Bonds”的学术报告。

25日

△上海美国商会在上海商城举办题为“做个心中有‘数’的 HR——人力资源数据化管理最佳实践课程（Mastering Your Data Management — Best Human Resources Practice Course）”的会员培训活动。主讲人为微软 Office 最有价值专家（MVP）、微软认证技术专家（MCP）、微软（中国）内训计划专职讲师裴胜韬(Pasta Pei)。

△由国际能源问题研究中心主办，上海交大能源研究院、上海交大校友会能源科技分会、上海市能源研究会和 *Frontiersin Energy* 编辑部协办的“2017国际能源论坛暨国际能源问题研究中心成立五周年纪念活动”在上海交通大学举行。国际能源问题研究中心战略顾问委员会主任杜祥琬、副主任翁史烈，上海交通大学副校长黄震，中国华信党委书记蒋春余和副总裁陈强，美国兰德公司荣誉总裁詹姆斯·汤姆森(James Thomson)，中国人民大学国际关系学院副院长金灿荣以及来自香港能源咨询机构、国内能源企业和上海市科委、上海市节能减排中心等部门的代表近百人齐聚一堂，共同畅谈国内能源形势和地缘政治。

△美国佐治亚理工学院教授杰弗里·李(Geoffrey Li)到访上海大学，作题为“蜂窝网络中的设备直连通信”的学术报告。

26日

△上海美国商会在上海商城举办题为“美国投资者如何在中国用有效资产配置构建良好的投资组合？（How should U. S. Investors Build a Sound Investment Portfolio with an Effective Asset Allocation Strategy in China？）”的主题讲座。主讲人为 Good Hope Investment 的投资和研究主管托尼·朱(Tony Zhu)和宜信公司(Creditease)的高级投资顾问格蕾丝·余(Grace Yu)。

27日

△上海美国商会在上海商城举办题为“中国高科技创新的动力（China's High - Tech Innovation Drive）”的主题讲座。主讲人为美国国际战略研究中心

费和中国研究项目(Freeman Chair in China Studies at Center for Strategic and International Studies /CSIS)副主管甘思德(Scott Kennedy)。

△上海美国商会在上海商城举办董事体验(Board Experience)圆桌会议。演讲人为 Blossom Innovation 的经营主管莎拉・伊丽莎白・考科林(Sarah Elizabeth Kochling)。

△上海美国商会在上海商城举办"探索内在的自己 (Search Inside Yourself)"的主题活动。活动讲师是国际教练协会 ICF 认证 PCC 专业教练、牛津大学正念中心正念认知疗法 MBCT 种子教师时华(Sabrina Shi)。

27—30 日

△上海交大硅谷校友大团聚暨"交大创业帮"硅谷站系列活动在美国旧金山湾区成功举办。上海交通大学副校长张安胜,创业创投联合会理事长、红杉资本全球执行合伙人沈南鹏,执行会长、风和资本创始合伙人吴炯,联合会理事、上海联新投资管理有限公司董事长曲列峰,联合会理事、美国 Stellar Services 公司总裁陈亮洁,上海交大美洲基金会总裁何能以及特邀嘉宾携程旅行网首席执行官孙洁等从世界各地赶来参会。上海交大硅谷校友会会长徐越、副会长唐橙等新一届硅谷校友会骨干团队及交大在硅谷地区的青年校友 300 余人参加活动。

28 日

△中国东方航空集团公司携手美国达美航空公司及法荷航空集团三方共同宣布,东航集团和达美航空分别出资约 3.75 亿欧元对法荷航进行战略投资入股,各持有法荷航增发后约 10%的股权,并分别向法荷航委派 1 名董事。三方将在原有天合联盟合作基础上完善中、美、欧间的航线网络。

29 日

△由美国顶尖铜管乐手组成的罗德尼・马萨利斯费城大铜管乐队在上海大宁剧院登台演出。罗德尼・马萨利斯费城大铜管乐队被公认是当今世界一流的铜管乐队。据大宁剧院相关负责人介绍,罗德尼・马萨利斯费城大铜管乐队成员构成多样化也是美国多元文化的一个缩影。

△美国底特律交响乐团"2017 亚洲巡演"首次到访上海,在东方艺术中心举

行了“红楼梦随想——美国底特律交响乐团夏季逍遥音乐会”的演出。乐团总监莱昂纳德·斯拉特金(Leonard Slatkin)带领乐团演奏了中美两国的音乐作品，其中，大提琴演奏家李垂谊与乐团共同演绎了《红楼梦随想曲》。

31 日

△美国克里斯托弗·纽波特大学副校长罗伯特·科尔文(Robert Colvin)教授、校长特别助理田庆艳(Qingyan Tian)教授到访上海政法学院。两校就中美人文交流项目、法学专业学生赴美攻读硕士学位、经济管理专业学生赴美进行短期实训项目以及英语专业学生赴美攻读 MAT(教育学文学硕士)项目等议题进行了沟通，表示将互相配合，促进合作交流工作顺利开展。

△美国国家癌症研究所肿瘤纳米技术联盟主任彼得·格雷津斯基(Piotr Grodzinski)博士到访复旦大学，作题为“Current status and future directions in nanotechnologies for cancer”的学术报告。在交流互动环节，博士与在座的老师和研究生就美国国家卫生研究院基金申请、纳米抗癌药物临床转化潜力和新型纳米免疫治疗等问题进行了讨论。

下旬

△由中国教育部、中华全国归国华侨联合会、上海市人民政府主办，上海市教育委员会、上海市体育局、上海市归国华侨联合会、上海市华侨事业发展基金会、中国中学生体育协会承办的 2017 中国(上海)国际青少年足球邀请赛在沪举办。来自 10 个国家和地区的 16 支青少年校园足球队参赛，其中杨浦赛区有美国伐木者队、英国 VL 足球学院队、澳门粤华中学队和上海同济一附中队 4 支球队。

△上海海关发布上半年上海海关关区进出口情况。2017 年上半年，上海海关关区对主要贸易伙伴进出口均实现增长，其中对美国进出口总值 5086.7 亿元，比上年增长 17.7%，占同期关区进出口总值的 17.9%。

8 月

1 日

△美国佩拉尔塔学院的 21 名师生到访上海政法学院，开启为期 3 天的文化之旅。访问团在国际交流学院老师们的陪同下参观校园，参加文化体验活动，并聆听了该校国际交流学院的全英文讲座。

1—3 日

△美国佐治亚理工大学教授张卓敏（Zhuomin Zhang）到访上海交通大学，作题为“Nano/ Microscale Heat Transfer”的系列讲座。

1—31 日

△上海财经大学公共经济与管理学院投资系系主任陈杰教授受国家留学基金委博导短期交流项目资助，赴美国佛罗里达国际大学进行学术交流访问，与佛罗里达国际大学房地产系主任威廉·哈丁（William Hardin）教授讨论双方在教师互访、学生互派、共同举办暑期课程等方面的合作可能性。

2 日

△新一任美国驻上海总领事馆总领事谭森（Sean Stein）到任。谭森总领事抵沪不久，便与政府官员、商界领袖和社区成员见面，在作自我介绍的同时，就美中关系的一些重要议题了解他们的看法，并表示期待今后与华东地区的朋友们一起工作，进一步推动两国关系全方位的发展。

△上海美国商会在上海商城举办题为“Communicating with Confidence”的会员培训活动。培训主讲人为美国商会资深职业培训师利亚姆·卡拉翰（Liam Callaghan）。

△上海美国商会在四季酒店举办主题为“Future Leaders of the Year Awards”的月度会员简报活动，宣布了本年度未来领袖奖和最佳企业家奖。活动期间，Withinlink 的创始人和首席执行官贝茜·李（Bessie Lee）作了主题演讲。

△美国艺术与科学院院士、斯坦福大学教授塔尼娅·玛丽·鲁尔曼（Tanya Marie Luhrmann）到访同济大学，作题为“文化与精神病：心理人类学视角”的讲座。讲座通过对美国精神分裂症患者的街头调查和不同国家精神分裂症患者“幻听”症状的跨文化研究，来阐述精神疾病发生过程中的人类文化机制。

3日

△美国俄勒冈大学教授何为勇（Weiyong He）到访上海交通大学，作题为“Constant Scalar Metrics on Kahler Manifolds”的学术报告。

△美国纽约华美协进社孔子学院举办以中国传统木版年画为主题的“汉语角（meetup）”活动。华美协进社副社长戴瑞娜（Dorinda Elliot）和当地 50 多名中国文化爱好者前来观展。戴瑞娜对孔院的年画专题活动表示赞赏。华东师范大学民俗学研究所教授李明洁担任特邀主持人。他指出，华东师范大学与华美协进社于 2006 年合作创办孔子学院，为华美协进社和华美孔院提供了丰富而有力的支持。

4日

△美国耶鲁大学医学院助理教授秦言（Yan Qin）到访同济大学，作题为“Targeting KDM5 histone demethylases in cancer: from biology to drug development”的学术报告。

4—7日

△华东理工大学商学院阎海峰院长带队赴美国亚特兰大参加了由第七十七届美国管理学会（Academy of Management）组织的招聘活动。美国管理学会年会是招聘全球管理学科人才尤其是工商管理类人才的主要场所。招聘会后，华东理工大学商学院与有意向的应聘者保持联系，争取吸引更多的海外优秀人才加盟学院。

5 日

△美国德克萨斯州大休斯敦地区梨城代表团在梨城市政官克莱·培生的带领下访问上海市奉贤区,先后参观了东海观音寺、东方美谷核心区,还就加强产业、社会文化等合作进行交流。奉贤区副区长梅广清、顾佾陪同。

△美国加州大学圣克鲁兹校区教授董崇英到访同济大学,作题为“16 - fold Way Conjecture and Vertex Operator Superalgebras”的学术报告。

6 日

△美国德克萨斯州大休斯敦地区梨城代表团在梨城市政官克莱·培生的带领下访问上海市长宁区,考察了虹桥临空经济园区、长宁民俗文化中心等地,并在座谈交流中希望加强两地的合作发展。

7 日

△上海中医药大学派出到奥古斯塔大学孔子学院工作的赵海磊、朱爱秀、高健等教师参加了学校组织的新进教师培训。共有来自该校十多所学院、附属医院的三十多位新教师参加培训。

7—10 日

△为期 4 天的“国际地理教育前沿研究研讨会(Seminar on International Geography Education and Frontier Research)”在华东师范大学举行。美国地理学会主席、乔治华盛顿大学教授玛丽·D. 普莱斯(Marie D. Price),美国地理学会顾问、哥伦比亚大学教授罗伯特·S. 陈(Robert S. Chen),美国地理学家协会(Association of American Geographers)前主席、俄勒冈大学教授亚历山大·墨菲(Alexander Murphy),美国环境与社会经济信息科学家、哥伦比亚大学研究员邢晓史(Xiaoshi Xing),以及美国 AP 人文地理课程考试委员会共同主席莉莉安娜·蒙克(Liliana Monk)等 160 位海外学者受邀参会。

8 日

△上海市商务委员会副主任杨朝会见上海美国商界会长季瑞达(Kenneth Jarrett)一行。双方就美商界最新发布的《2017 年中国商业报告》进行了深入的交流讨论。

△上海市人民政府外事办公室主任张小松会见美国新任驻上海总领事馆总领事谭森(Sean Stein)。张小松表示,上海承担了建立国家创新型城市和自由贸易试验区两大重要任务,需要学习美国在贸易便利化、科技创新等方面的先进经验,吸引更多包括美国企业在内的国际团队参与创新中心的建设,与美国有很多合作领域,总领事在沪工作期间一定大有可为。谭森表示,中美双方经贸交流对促进两国关系稳定发展起到了积极作用,领馆也将继续在促进投资、贸易、人员往来方面做出积极贡献。

△美国瑞吉斯大学校长约翰·P. 费茨基布斯(John P. Fitzgibbons)、高级副总裁兼首席财务官塞维斯·D. 萨尔瓦多教授(Salvador D. Aceves)、教务长珍妮特·豪斯(Janet Houser)一行到访华山医院。华山医院院长助理向来宾介绍华山医院的基本情况。豪斯介绍了美国的老年护理模式。双方就中美老年护理的发展、老年护理的模式及护士教育培训进行探讨,以期双方进一步的合作交流。

△美国俄勒冈大学副教授苏晓波(Xiaobo Su)到访华东师范大学,作题为"阅读波兰尼:从社会嵌入到双向运动"的讲座。

9日

△上海国际问题研究院学术委员会主任杨洁勉会见到访的美中公共事务协会执行总裁滕绍骏(Fred. S. Teng)。双方就中美关系等交换了看法。

△美国堪萨斯州立大学助理教授林栋(Dong Ling)到访上海交通大学,作题为"Improving fatigue performance of additive manufactured metal structures by ultra - stable microstructures"和"3D freeze assembling printing of graphene aerogel"的学术报告。

△美国德州大学大河谷分校教授乔志军(Zhijun Qiao)到访上海交通大学,作题为"Integrable Systems Generated from Negative Order Hierarchy"的学术报告。

10日

△上海财经大学师生访问团赴美,开启为期三周的"美国社会组织与公共管理专项调研项目"。该项目秉持实践育人理念,旨在通过暑期实地调研的方式培养学生的创新意识和组织沟通能力,开拓国际化视野,为学生未来出国深造、就

业打下坚实基础,为学校国际化工作、国际组织人才培养工作提供经验积累。

△美国哥伦比亚大学 Lamont - Doherty 地球观测中心副教授颜备战到访华东师范大学,作题为"Linking environmental and health sciences source analysis of pollutants"的学术报告。

10—11 日

△美国德州大学大河谷分校教授乔志军到访华东师范大学,作题为"Inverse Problem of Maxwell Equations and Turntable Radar Imaging"和"Integrable Peakon Systems Generated from Negative Order Hierarchy"的学术报告。

10—12 日

△由上海市医师协会、上海市医师协会肾脏内科医师分会主办,复旦大学附属华山医院、美国范德堡大学、国际肾脏病学会协办的肾脏病理与临床学习班暨第十三届复旦大学肾脏病研究所国际论坛在上海举行。美国范德堡大学肾脏病理中心主任艾格尼丝·福古(Agnes Fogo)教授为与会者讲解包括肾病综合征、肾炎综合征、SLE、RPGN、AKI、副蛋白相关病的肾脏病理内容,并与华山医院刘少军医生一起浏览病理切片,与大家共同阅片并进行深入的讨论。

上旬

△上海财经大学附属中学安排来自美国加州的 11 位高中生和上海财经大学附属中学的 11 个中国家庭结成对子,开展为期两周的中美高中生交流活动。活动以"弘扬中国文化,学习工匠精神"为主题,来自美国的高中生和他们的接待家庭共同体验了中外文化的撞击。

11 日

△上海国际问题研究院院长陈东晓会见到访的美国驻上海总领事馆总领事谭森(Sean Stein)。双方就中美关系、朝核问题、城市外交等进行了交流。

14 日

△美国驻上海总领事馆新任总领事谭森(Sean Stein)在沪举行圆桌新闻发

布会，共有10家媒体的14名记者出席。总领事谭森进行了自我介绍，并分享了他在上海任职期间优先关注的要点，还回答了之前在中国工作的经历、美中贸易之间的新闻以及在美留学的华人学生现状等记者提问。

15日

△《上海与美国地方交流年度大事记（2016）》新书发布会在沪举行。该丛书由上海市美国问题研究所主编，内容涵盖上海与美国各类交流活动，包括文艺、教育、科技、医药卫生、商业等领域，反映了上海与美国地方交流的丰硕成果，是国内首部以地方交流视角考察中美关系的书籍。

△美国北卡罗莱纳大学教授爱德温·费希尔（Edwin Fisher）到访上海阳光精神心理康复服务社，就同伴教育的理论、方法、形式更好地运用在社区精神康复工作当中进行专题座谈。杨浦精卫防治科、阳光心园学员以及阳光社工作人员等30人与会。

△上海美国商会在上海商城举办题为"Critical Thinking to Solve Problems and Make the Right Decision"的会员培训活动。主讲人为REV首席教练、Sticky Steps的创始人杰夫·谭（Jeff Tan）。

△美国迈阿密米勒医学院医学副教授、Gordon医学教育研究中心发展部主任、米勒医学院医学教育专家学会创始理事罗斯·J. 斯卡尔斯（Ross J. Scalese）到访长海医院，与参加临床模拟教学的学员分享在模拟教学过程中的独特见解与经验。长海医院临床教学中心主任马丽萍主持会议。长海医院、上海健康医学院、第五人民医院、中山医院、浦东新区人民医院、奉贤区中心医院、松江区卫生人才培训中心等单位的53名教学及临床医务人员与会。在长达4小时的讲座中，罗斯教授介绍了迈阿密大学戈登医学模拟培训经验和项目，并深入浅出地讲述了如何将基于模拟的临床技能培训和考核整合进课程。

15—20日

△美国工程院院士、美国西北大学机械工程系教授黄永刚（Yonggang Huang）到访华东理工大学，参加了智能器件与健康诊断学术研讨报告会，并作题为"Mechanics of Stretchable Electronic"的学术报告，阐述可延展电子器件的发展历程、解决的科学问题和现今国内外最新科研成果。

16 日

△由上海市外国专家局组织，上海国际人才交流协会驻英国伦敦联络处承办的“2017 英国、美国名校中国留学人员上海职业见面会”在上海华亭宾馆举行。

△上海美国商会在上海波特曼丽思卡尔顿酒店举办题为“Haier's Overseas M&A：Chinese Companies Go Global”的主题活动。活动主讲嘉宾是青岛海尔集团的首席信息主管和首席开发主管霍华德・尹(Howard Yin)、顾问张翠梅(Cuimei Zhang)以及普华永道的合伙人加布里埃尔・王(Gabriel Wong)。

△同济大学“CAUP 国际设计夏令营”终期汇报暨闭幕式在同济大学举行，同济大学建筑与城市规划学院教授、美国 SWA 设计集团(上海)负责人、上海市宝山区规划和土地管理局有关负责人应邀参加并担任评委。

16—17 日

△美国西北大学教授刘刚(Gang Liu)到访上海交通大学，作题为“On Yau's uniformization conjecture”和“On the compactification of certain Kahler manifolds with nonnegative Ricci curvature”的学术报告。

17 日

△美国加州大学戴维斯校区教授鲍里斯・耶雷米奇(Boris Jeremic)到访同济大学，作题为“A Short Course on Earthquake Soil Structure Interaction Modeling and Simulations”的讲座。

△上海美国商会在上海商城举办题为“Business Advocacy and Policy Research for Results”的政府事务培训活动。培训主讲人为 Message Coach 的首席执行官林高(Gao Lin)以及 Yuan Associates 的高级主管布伦特・袁(Brent Yuan)。

18 日

△上海国际问题研究院学术委员会主任杨洁勉会见美国马里兰州民主党联邦众议员拉斯金(Jamie Raskin)办公室主任泰格恩(Julie Sal Tagen)率领的美亚学会第 111 批美国国会助手团。双方就朝核问题、中印关系、中美经贸关系等议题交换了看法。上海国际问题研究院世界经济研究所所长张海冰参加了交流

活动。

△美国哈佛大学教授 Michael Herzfeld 到访上海外国语大学，作题为“Summer Writing Workshop on Social, Cultural and Linguistic Studies”的讲座。

△上海美国商会在上海商城举办题为“Government Affairs Essentials for Non－GA Specialists”的政府事务培训活动。培训主讲人为 Message Coach 的首席执行官林高（Gao Lin）以及 Yuan Associates 的高级主管布伦特·袁（Brent Yuan）。

中旬

△美国景观设计事务所 TLS 创始人 Tom Leader 率团访问上海市园林科学规划研究院，洽谈合作事宜。

22日

△上海美国商会在上海商城举办题为“Regulation briefing and the development of Technical Protective clothing in China”的主题活动。主讲人为杰夫·韦恩（Geoff Wynn）和凯文·孙（Kevin Sun）。

23日

△美国南加州大学颅面分子生物学研究中心主任、南加州大学 Ostrow 口腔医学院科研副院长柴洋教授到访上海市第九人民医院，作题为“颅颌面间充质干细胞与组织稳态、疾病”的讲座。

△上海美国商会在上海商城举办题为“Digital Transformation of Supply Management”的主题活动。主讲嘉宾为 SCMC Ltd. ISM China 的首席执行官和主席托尼·瓦伊（Tony Wai）、IBM 亚太区客户服务采购主管周楼（Lou Zhou）、Shanghai GOMRO Co. Ltd. 创始人杰基·江（Jackie Jiang）、SRM 售前咨询师和客户经理瑞奇·瞿（Ricky Qu）。

24日

△上海国际问题研究院院长陈东晓会见到访的美国国家情报委员会主席艾米·麦考利夫（Amy McAuliffe）一行。双方就中美关系交换了看法。上海国际

问题研究院院长助理叶青和台港澳研究所所长邵育群、所长助理张哲馨参加座谈。

△美国德州大学奥斯汀分校教授成渝(Yu Cheng)到访上海交通大学,作题为“Compressible Navier－Stokes equations with degenerate viscosities”的学术报告。

△美国佐治亚大学助理教授杨黎(Li Yang)到访华东师范大学,作题为“Regulation of the growth－defense balance in plants: lessons learned from virulence effectors”的学术报告。报告的主题是激活植物的抗病反应通常会抑制其快速生长。

25日

△上海美国商会在上海商城举办题为“Strategy Landing Implementation”的会员培训活动。培训主讲人为高级咨询师露西·陈(Lucy Chen)和路易斯·佘(Louis Seah)。

△美国北卡大学教堂山分校药学院分管全球合作事务的副院长史蒂芬·F. 埃克尔(Stephen F. Eckel)副教授到访复旦大学药学院,与该院副院长张雪梅等人进行会谈。双方讨论了如何利用两院的资源、经验、品牌和优势共同推动 Pharm. D. 培养试点项目实施的具体举措。

25—27日

△由国家自然科学基金委医学部、同济大学主办,同济大学附属同济医院、中华血液学会青年委员会承办的第四届“国际造血干细胞与白血病干细胞”论坛暨国家级继续医学教育项目“急性淋巴细胞白血病的诊治进展”学习班顺利举办,来自国内外的300余名血液学专家济济一堂,就血液学领域最新进展进行深入广泛的交流与研讨。论坛上,美国著名的梅奥医学中心(Mayo Clinic)的血液学专家杨志章(Zhi Zhang Yang)教授作题为“Expression and Function of a Novel Immune Checkpoint Molecular TIGIT in Follicular Lymphoma”的报告;美国马萨诸塞州立大学著名学者李少光教授作题为“Leukemia Stem Cells and Targeted Therapy ”的报告;美国辛辛那提大学教授大卫·普拉斯(David Plas)针对肿瘤代谢通路的靶向治疗作题为“The Role of Metabolic Rewiring in Leukemia”的报告。

28 日

△上海市政协副主席张恩迪在市政协会见美国伊利诺伊州众议院议员瑞吉·菲利浦斯(Reginald Phillips)一行，向来宾介绍近年来上海经济社会发展等情况。

29 日

△上海市市长应勇会见美国霍尼韦尔公司董事长高德威一行。应勇说，欢迎包括霍尼韦尔在内的中外优秀企业在上海的建设发展中发挥更大作用。我们愿更多地倾听来自企业的意见建议，努力为中外企业在沪发展营造更好的营商环境、市场环境、法治环境和生态环境。高德威表示将积极支持上海航空产业发展，并愿更多地参与上海智慧城市的建设。

30 日

△美国普林斯顿大学研究员潘铭到访华东师范大学，作题为“SWOT 水面高程测量卫星在陆地水文研究中的应用前景”的学术报告。报告围绕当前陆地水文研究中所面临的问题与挑战、全球陆面水体与淡水资源的时空变化以及数据需求 3 个方面进行深入的探讨。

30—31 日

△上海美国商会在上海商城举办题为“Powerful Presentation Skills for Managers”的会员培训活动。培训主讲人为美国商会资深职业培训师利亚姆·卡拉翰(Liam Callaghan)。

31 日

△上海美国商会人力资源委员会(Human Resources Committee)在上海商城举办题为“Social Media Recruiting Revolution”的主题活动。活动主讲嘉宾是 AJINGA 的共同创始人朗牧晨(Beecher Ashley－Brown)、英孚教育执行副主席克里斯多夫·狄迪恩(Christophe Didion)、Henkel 公司的安妮·玛丽·麦考汉(Anne－Marie McCaughan)和 Coach Shanghai Limited 的高级主管亚娜莉莎·吴(Annaliza Woo)。

△美国科学院和美国艺术和科学院院士、美国斯坦福大学教授 B. M. 特罗

斯特(B. M. Trost)到访华东理工大学,作题为“Cycloadditions via TMM－Pd Intermediates: New Strategies for Asymmetric Induction and Total Synthesis”的学术报告。

下旬

△上海海关发布统计数据:2017 年前 7 个月,上海海关关区对美国进出口总值 6015.5 亿元,比上年增长 17%,占同期关区外贸进出口总值的17.9%。其中,对美出口 4482.6 亿元,比上年增长 13.9%;自美进口1532.9 亿元,比上年增长 27.1%;美国继续保持关区最大出口市场和第二大贸易伙伴地位。

9 月

1 日

△美国国家科学院院士、斯坦福大学化学系人文学和自然科学教授巴里·特罗斯特(Barry Trost)到访华东理工大学,作题为"Cycloadditions via TMM-PdIntermediates—New Strategies for Asymmetric Induction and Total Synthesis"的学术报告。

4 日

△上海美国商会运动与娱乐委员会(Sports and Entertainment Committee)在四季酒店举办题为"中国蓬勃发展的运动市场:领头运动员的机遇和挑战(China's Booming Sports Market: Opportunities and Challenges for Leading Players)"的主题活动。出席活动的演讲嘉宾有 UFC 亚太地区副总裁凯文·常(Kevin Chang)、Oceans Sports & Entertainment 公司总裁马克·费舍尔(Mark Fischer)、NFL 中国市场主管斯蒂芬妮·萧(Stephanie Hsiao)、The Gemba Group 首席执行官罗布·米尔斯(Rob Mills)、前 NBA 全明星球员保罗·皮尔斯(Paul Pierce)、NBA 中国首席运营官柯林斯·钱(Collins Qian)。

△上海理工大学校党委书记吴松、光电学院院长庄松林院士及科技处、光电学院相关教授与到访的美国麻省理工学院 CEO 协会董事主席魏可成、人工智能光学团队沈亦晨博士一行座谈。双方就国际联合实验室建设、人才引进、科技成果产业化等问题进行了深入的沟通和交流。

△美国特拉华大学教授巴巴通德· 奥伽那科 (Babatunde Ogunnaike)到访华东理工大学,作题为"Biological Control Systems: Systems Biology of Diseases and the Design of Effective Treatments"的学术报告。

5日

△美国俄勒冈大学教授焦磊(Lei Jiao)到访复旦大学,作题为"Competitive Online Resource Allocation in Edge Computing"的学术报告。

△上海出入境检验检疫部门披露,中国首批海运冰鲜美国牛肉已从外高桥口岸顺利入境。该批货物重15.1吨,金额30余万美元。此前,冰鲜美国牛肉都是通过空运入境。由此,未来入境的美国牛肉量将大大增加,运输成本也大大降低。

△上海美国商会在上海商城举行题为"为何市场营销需要结合本土化(Why Marketing and Localization Need to Join Forces)"的主题活动。主持活动的演讲嘉宾是Moravia公司电子营销和媒体服务主管哈蒂根(Ed Hartigan)。

△上海美国商会在四季酒店举行新任美国驻上海总领事谭森(Sean Stein)的欢迎会。谭森总领事作为嘉宾发表演讲。

6日

△2017年上海市"白玉兰纪念奖"颁授仪式在沪举行,来自18个国家的50位杰出外籍人士获此殊荣。上海市人民政府外事办公室主任张小松向获奖的外籍友人颁发了奖章和证书。获奖名单中有9位外籍人士来自美国,他们分别是上海蔚来汽车有限公司副总裁黄晨东(Chendong Huang)、如新(中国)日用保健品有限公司大中华区资深副总裁李凯恩(Keynes C. Li)、上海市质子重离子医院常务副院长陆嘉德(Jiade Jay Lu)、英威达中间体业务亚太区副总裁李凯恩(Kyle Wesley Redinger)、上海中学国际部高中段课程校长助理马克·习列(Mark Elliot Seeley)、上海科技大学iHuman研究所所长、教授雷蒙德·史蒂文斯(Raymond Charles Stevens)、ARM全球执行副总裁兼大中国区总裁吴雄昂(Allen Xionang Wu)、博世(中国)投资有限公司执行副总裁徐大全(Daquan Xu)、上海交响乐团大提琴副首席朱琳(Lin Zhu)。

7日

△上海市商务委员会副主任杨朝会见麦当劳(中国)有限公司事务部副总裁赵崔华(Cuihua Zhao)一行。双方就麦当劳(中国)引进战略投资及未来发展等话题进行交流。

△上海市商务委员会主任尚玉英会见新任美国驻上海总领事谭森(Sean

Stein)一行。双方就进一步加强上海与美国之间的投资贸易往来进行了交流。

△上海美国商会在上海商城举行题为“怎样构建你的家庭激励(How to Build Your Family Motivation)”的午餐学习会。出席活动的主讲人为FMI家庭激励国际研究中心中国区首席执行官金玲(Melinda Jin)。

△2010年诺贝尔化学奖得主、美国普渡大学教授根岸英一行到访复旦大学,作题为“d区过渡金属魔力在不对称催化碳-碳键形成中的应用(Magical Power of d-Block Transition Metals as Demonstrated by Catalytic Asymmetric C-C Bond Formation)”的学术报告。复旦大学化学系主任贺鹤勇教授向根岸英教授颁发了复旦大学“吴征恺化学奖”。

△美国佐治亚大学药学院副教授郑御君(Yujun Zheng)到访同济大学,作题为“蛋白质赖氨酸乙酰化的化学生物学(Chemical Biology of Protein Lysine Acetylation)”的学术报告。

8日

△上海美国商会在上海商城举办题为“创新思考:改变你对工作的理解(Innovative Thinking — Change Your Perception on Working)”的会员培训活动。主讲人为BMGI公司大中华区执行副总裁朱邦壬(Bangren Zhu)。

△上海美国商会在上海商城举办题为“供应链管理的要义:领导、创新和驱动事业成功(The Essence of Supply Chain Management - Lead, Innovate and Drive Business Successes)”的会员培训活动。主讲人为资深商业讲师埃里克·汉尼克(Erich Heneke)。

8—10日

△上海美国商会在上海展览中心举办第十届上海旅居人士展会(The Expat Show Shanghai)。多家美国公司参展,为大众提供信息产品及服务的国际化生活方式平台。

上旬

△据上海海关统计,前8个月,上海海关区自美国进口汽车6.3万辆,比上年增加27.9%,占同期关区汽车进口总量的23.4%。

△美国秋海棠协会(The American Begonia Society)主编的《秋海棠》(*The*

Begonian)中刊载了上海辰山植物园成功登录的2个秋海棠新品种：繁星(Begonia grandis ‘FanXing’)和宁明银(Begonia ningmingensis ‘Ningming Silver’)。这是中国自主培育的秋海棠品种首次实现国际登录。

11日

△由上海市美国问题研究所主编的《在上海的美国人(第三卷)》新书分享会在建投书局举行。中国创业投资有限公司董事长白德能(Robert Theleen)、上海美国商会会长季瑞达(Kenneth Jarrett)、麦肯锡公司全球资深董事合伙人华强森(Jonathan Woetzel)、上海众环商务咨询有限公司创始人史文生(Paul Swenson)与会，畅谈他们眼中的上海变迁，并代表在沪美国人群体表达了希望中美加强友好合作、共筑共赢未来的呼声和愿景。

△美国内华达大学拉斯维加斯分校教授约翰·莱顿(John Lighton)到访复旦大学，作题为“Advanced Methods in Metabolic Phenotyping: Long Life and Reliability (Future Proofing) for Your Research”的学术报告。

△上海市总工会主席莫负春会见以拉斯蒂·希克斯总书记为团长的美国洛杉矶县劳工联合会第六次访华代表团一行6人。莫负春向来宾介绍了上海的基本情况和上海工会在网上建设、源头参与、职工培训等方面所做的工作。拉斯蒂介绍了洛杉矶县劳工联合会的主要工作，并为与上海市总工会结成伙伴关系10年来所取得的成果而感到自豪。双方还就目前工会面临的机遇和挑战进行了探讨。在沪期间，代表团拜访了市教育工会和上海水产集团有限公司工会；在上海电影(集团)有限公司工会的安排下，参观了上影集团影视基地。

12日

△美国斯坦福大学宋阳博士到访复旦大学，作题为“The Mismatchbetween Mutual Fund Scale and Skill”的学术报告。

△上海美国商会未来领袖委员会(Future Leader Committee)在上海商城举办题为“未来职场将是怎样的？(What will the Marketing Job of the Future Look Like?)”的主题活动。演讲嘉宾为OMD公司中国首席战略官林保罗(Paul Lin)。

13日

△中远海运集团副总经理王宇航在集团总部会见到访的美国船级社托尼纳

斯夫副总裁兼首席运营官一行。双方就航运市场现状以及未来应对策略展开了探讨，并就网络安全、大数据的应用及智能船舶有关问题交换意见。

△上海美国商会在上海商城举办题为“化学和集成电路工业中高级材料在衢州经济技术开发区的应用(Advanced Materials Applied in the Chemical and Integrated Circuit Industries in the Quzhou Economic and Technical Development Zone)”的主题活动。演讲嘉宾为衢州市商务局局长方法、衢州绿色产业集聚区党工委委员黄建霖、晓星集团中国区副总经理文哲中(Moon Cheol Jung)。

△美国化学会期刊*ACS Catalysis*以“Preparation of Structurally Diverse Chiral Alcohols by Engineering Ketoreductase CgKR1”为题，在线报道了华东理工大学生物反应器工程国家重点实验室在高活性羰基还原酶的理性改造与合成应用方面的最新研究成果。

13—21日

△美国新任驻华大使特里·布兰斯塔德(Terry Branstad)访沪。上海市委书记韩正会见了布兰斯塔德一行。双方均表示希望加强沪美地方交流合作。布兰斯塔德此行还在《上海公报》签署地锦江饭店会见了一批熟谙上海历史的“上海通”，了解这座城市的过去。在沪期间，布兰斯塔德还参观了上海犹太难民纪念馆、美国前财政部长迈克尔·布鲁门特尔(Michael Blumenthal)的童年居所等处。

14日

△上海市政协副主席张恩迪会见美国伊利诺伊州州长布鲁斯·劳纳(Bruce Rauner)一行。双方就加强上海与美国伊利诺伊州开展合作交流进行了有益探讨。

△德国莱茵TüV集团、美国UL公司、中国质量认证中心、上海市计量测试技术研究院共同签署《中国(上海)自由贸易试验区服务“一带一路”桥头堡建设检测认证机构质量合作协议》，共建国际化检验检测与认证服务平台，为推进“一带一路”建设、打造国际互联互通监管合作新模式助力。

14—22日

△复旦大学法学院院长王志强教授在美国芝加哥大学参加学术会议，还访问了美国耶鲁大学、哥伦比亚大学、纽约大学、福特汉姆大学、西北大学和圣路易

斯华盛顿大学的法学院,洽谈校际交流合作的事宜,并会见了相关学者和校友。

15日

△美国加州大学戴维斯分校教授张瑞红(Ruihong Zhang)分别到访复旦大学和华东理工大学,作题为“美国新型生物质转换和利用技术的研发和产业化”的学术报告,主要介绍其实验室在废弃物资源化处理、生物能源开发和利用等领域的突出成绩和领先性的成果,展示了如何将科研成果回报给社会实现产业化发展。

△上海美国商会、美中商业理事会(The US－China Business Council)和大西洋理事会(The Atlantic Council)在浦东香格里拉酒店举行题为“中国境外投资(China Outbound, Bound?)”的主题早餐会。演讲嘉宾有科文顿·柏灵律师事务所经营合伙人蒂姆·斯特拉福德(Tim Stratford)、大西洋理事会拉丁美洲经济增长动议主管杰森·马尔恰克(Jason Marczak)、汇丰银行拉丁美洲区全球银行业主管卡蒂亚·博阿扎(Katia Bouazza)、中国创业投资有限公司董事长白德能(Robert Theleen)、毕马威合伙人和交易咨询师马克·哈利逊(Mark Harrison)和大西洋理事会中国与拉丁美洲动议副主管肖恩·迈纳(Sean Miner)。

△美国维吉尼亚州北美洲大学计算机系教授张开昌(Kaichang Zhang)到访上海大学,作题为“信息时代美国的政策创新与实践”的学术报告。

16日

△上海市委书记韩正分别会见来沪参加第二十九次上海市市长国际企业家咨询会议的咨询会议前主席、美国史带公司董事长兼首席执行官莫里斯·格林伯格,咨询会议前主席、贝恩公司董事会主席奥里特·加迪耶什,咨询会议前主席、WPP首席执行官苏铭天,咨询会议现任主席、安永会计师事务所全球主席兼首席执行官马克·温伯格。韩正感谢咨询会议所有成员多年来为上海经济社会发展、为上海市市长国际企业家咨询会议成功举办作出的积极贡献。莫里斯·格林伯格、奥里特·加迪耶什、苏铭天、马克·温伯格表示,中国经济发展是世界经济最为积极的力量,伴随着中国的改革开放进程,上海市市长国际企业家咨询会议已举办29年,取得了巨大成功。会议每年聚焦不同主题、分享观点看法,不仅为上海城市发展贡献智慧,也让世界其他地方得以借鉴上海城市发展进程中

所形成的经验。

17—22日

△第三十三届IEEE软件维护与演化国际会议及相关系列会议在复旦大学国际学术文化交流中心召开，吸引了来自国内以及全球各地的200余名计算机软件领域的专家学者参会。会议围绕云计算和大数据时代的软件维护与演化开展学术交流和讨论，内容包括大会特邀报告、博士生论坛、论文分组报告、工业论坛、海报展示、工具演示等。美国加州大学戴维斯分校教授苏振东（Zhendong Su）受邀作大会特邀报告。

18日

△上海市市长应勇分别会见出席第二十九次上海市市长国际企业家咨询会议的美国史带公司董事长兼首席执行官莫里斯·格林伯格、罗氏集团首席执行官施万、诺华公司董事长林浩德。应勇感谢国际企业家为上海经济社会发展以及市长咨询会议所作的贡献，希望外资企业及外资研发中心在上海科创中心建设中发挥更大作用。莫里斯·格林伯格、施万、林浩德表示，上海一直走在改革创新的前沿，将继续加大在沪投资。

19日

△上海美国商会营销和媒体委员会（Marketing & Media Committee）在上海商城举办题为“何谓关键意见领袖（KOL）？（What's This Whole KOL Buzz Really About?）”的主题活动。出席活动的主讲人为ParkLU联合创始人基姆·雷特泽斯（Kim Leitzes）。

△美国俄亥俄州立大学东亚语言文学系中文教授、俄亥俄州立大学中文旗舰项目主任吴伟克（Galal Walker）到访上海外国语大学，作题为“二十一世纪视野下的中文教学”的讲座，阐释了文化在汉语教学中的重要意义，并就汉语教师、汉语学习者、美国的汉语教学和学习环境等方面的问题展开交流。

△上海理工大学庄松林院士、科技处及光电学院相关领导和教授与到访的美国激光学会主席、内布拉斯加大学教授陆永枫（Yongfeng Lu）座谈。双方就光学领域的科学研究及人才交流等问题进行了深入的沟通和交流。

20 日

△上海市商务委员会主任尚玉英会见美国高通公司全球高级副总裁赵斌一行。双方就高通公司在沪发展等话题进行了交流。

△美国宾夕法尼亚州立大学教授杨健(Jian Yang)到访华东理工大学,作题为“Citrate Biomaterials and Applications”的学术报告。

△美国华盛顿大学教授、多元文化教育研究中心主任詹姆斯·艾·班克斯到访华东师范大学,作题为“多元文化社会中的教育探索与改革:失效公民与变革性公民教育”的讲座。班克斯教授具体介绍了学校教育的作用,特别是减少失效公民和帮助边缘化群体成为多元文化民族国家的有效参与型公民的相应教育举措。

△美国《国家地理》前高级制图编辑、美国制图工作室 Mappable 首席制图师马丁·加马什(Martin Gamache)到访华东师范大学,作题为“Five Principles: The Art of the Mappable at National Geographic Magazine”的讲座。

△美国威拉米特大学法学院前院长西米恩·西蒙尼德斯(Symeon Symeonides)教授到访华东政法大学,作题为“国际私法是什么?(Private international law: What's in a name?)”的讲座。

△美国芝加哥大学教授赵本(Ben Zhao)到访复旦大学,作题为“The Darker Side of AI: Challenges and Misuse in Practical Applications of Deep Learning”的学术报告。

20—22 日

△华东政法大学副校长顾功耘率团赴美访问合作院校。其间,加州大学戴维斯分校副教务长法迪·法萨拉(Fadi Fathallah)在国际交流中心接待了代表团一行并从校级合作交流角度全面展示了戴维斯分校的合作架构和基础性安排,希望与华东政法大学建立全面的合作;旧金山大学法学院院长约翰·特拉斯维那(John Trasvina)教授携该学院行政管理团队与代表团一行会谈;代表团一行会见旧金山知名律师事务所 Davis Wright Tremaine LLP 律师朱迪·邓(Judy Deng)、詹姆斯·托平卡(James Topinka)等数位资本市场业务合伙人。双方就共同关心的法律实践问题展开讨论,并就华东政法大学与该所建立海外实习基地等问题达成共识。

20—25日

△美国加州大学戴维斯校区纺织与服装系、生物与农业环境系教授潘宁(Ning Pan)到访东华大学，作题为“关于可穿戴技术(On Wearable Technologies)”和“材料的结构层次和功能的协同作用(Material Structural Hierarchy and Functional Synergies)”的学术报告。

中旬

△受美国莫顿树木园的邀请，上海辰山植物园园长胡永红博士赴美进行为期21天的学术访问。美国莫顿树木园园长杰拉德(Gerard Donnelly)与胡永红会面，表示愿意和上海共建城市树木研究联合实验室，并对实验室的组织架构、管理方式、研究方向等开展进一步的协商与确定。访问期间，胡永红在莫顿树木园科研和保育中心副园长妮可(Nicole Cavender)博士的陪同下前往芝加哥WBEZ电台接受访问，向美国民众介绍了城市树木研究联合实验室的基本情况和发展目标。上海辰山植物园希望通过与莫顿树木园的合作，达到人才共育、成果共享、合作共赢的目的。

21日

△“2017年度普陀区PATHS项目”研讨会在普陀区教育学院召开。社会情绪学习促进可选择性思维策略(PATHS)课程旨在帮助孩子管理自己的行为、理解自己的情绪以及和他人合作。该课程作者、美国宾夕法尼亚州立大学教授马克·格林博格(Mark Greenberg)博士携夫人——儿童临床心理学家、教育工作者觉察和适应能力(CARE)项目联合创始人克里斯塔·图克斯玛(Christa Turksma)与会。

△由上海出品的首部3D全景声京剧电影《霸王别姬》特别献映活动在纽约克罗斯比街79号电影院拉开帷幕。献映活动持续3天，对美国观众了解中国京剧艺术起到了积极的作用。

△上海美国商会人事委员会(HR Committee)在上海商城举办题为“包容性职场的优点(Inclusive Workplaces are Better Workplaces)”的主题活动。出席活动的主讲人为艾培管理咨询有限公司咨询主管珍妮特·宓(Janet Mi)、安永大中华区人力资源主管艾丽丝·王(Alice Wong)、诺华公司战略和商业发展主管朱莉·吴(Julie Wu)等企业主管。

△“第二届儿童精准医学国际论坛暨上海市儿童医院80周年院庆学术论坛”在沪开幕。由上海市儿童医院、中国研究型医院学会儿科专业委员会、上海市儿童健康基金会主办，美国波士顿儿童医院、美国西雅图儿童医院、美国圣地亚哥儿童医院、美国匹兹堡儿童医院、澳大利亚悉尼儿童医院、英国CIRCLE医疗集团等单位联合举办。近400名儿科医疗工作者、相关学科的研究人员、行业人士从国内外各地赴会。

22日

△上海美国商会女性执行网络委员会(Women's Executive Network Committee)在音昱听堂(Tasting Room by Octave)举办题为“改变自我——学会奉献(A Day to Make A Difference - Discovering What You Have to Give)”的主题活动。主讲嘉宾为太仓中德善美实业有限公司(Taicang Inclusion Factory)总经理纳达夫·本·西蒙(Nadav Ben Simon)、睿治商务咨询公司(RaiZ)创始人兼总裁 乔安妮·贝斯勒(JoAnne Bessler)。

△上海美国商会在上海商城举办题为“苹果与橙子:商务经济入门(Apples & Oranges - Business Finance for Everyone)”的会员培训活动。培训主讲人为Celemi公司高级咨询师理查德·伍德(Richard Wood)。

△诺贝尔物理学奖获得者、美国麻省理工学院教授弗朗克·维尔切克(Frank Wilczek)到访上海交通大学，作题为“质量的起源(Origins of Mass)”的学术报告，从历史发展的角度介绍了在物理学中人们对质量概念的逐渐改变。

△上海大学副校长段勇、上海大学博物馆(筹)馆长刘绍学、校友办副主任曹俊会见到访的美国华文出版协会会长刘冰(Bing Liu)。刘绍学从筹建过程、建馆立意、基础条件以及陈展思路4个方面向客人介绍了海派文化博物馆的筹建情况。刘冰收藏了一批近代著名海派画家的美术作品和相关文献史料，有意捐赠给海派文化博物馆。

△美国德州大学西南医学中心助理教授邓觅到访华东师范大学，作题为“Inhibitory Receptor: From Stem Cell to Cancer Immunotherapy”的学术报告。

△美国特拉华大学社会学与刑事司法学系教授克伦·帕克(Karen Parker)到访华东政法大学，作题为“美国的经济因素与种族暴力”的讲座。

△美国爱荷华大学副教授姚彤到访复旦大学，作题为“企业养老基金是否应该投资于风险资产?(Should Corporate Pension Funds Invest in Risky

Assets?)”的讲座。讲座围绕公司养老基金的投资结构、原因及其影响等话题展开讨论。

22—24日

△美国马里兰大学创伤医学中心教授胡富民(Peter Hu)在沪参加中华医学会灾难医学分会2017年学术年会暨国际城市安全与一带一路灾难医学救援高峰论坛，并在会上作题为“Maryland Air Transport and Trauma & EMS System”的演讲。

24—30日

△美国哈佛大学学生代表团一行到访上海外国语大学。其间，代表团与上外卓越学院学生共同参加了题为“当今中国为什么仍然需要儒家思想(Why We Still Need Confucianism in China)”的讲座；前往张江高科技园区，参观上海同步辐射光源、张江蚂蚁创客空间以及上海国际医学中心；参访五里桥街道、扬州等地。代表团根据访问期间的所见所闻完成了3份调研报告，主题分别为“中国文化”“中美关系”“上外哈佛两校学生会的比较”，并在9月29日晚上举行了调研成果汇报会。

25日

△上海美国商会环境、不动产与建筑委员会(Environmental and Real Estate & Construction Committees)在上海商城举办题为“中国建筑绿化进程(Buildings Going Green in China)”的主题活动。主讲嘉宾为美国建筑师协会(AIA)上海分会主席克里斯托弗·陈(Christopher Chan)、DWP建筑公司经营和设计主管史蒂芬·亚斯(Stephen Yas)、PureLiving创始人路易·程(Louie Cheng)。

△由上海大学、美国肯塔基大学联合主办，上海大学上海美术学院、上海公共艺术协同创新中心、肯塔基大学孔子学院承办的上海大学中国当代非遗展“竹绣之舞”在美国肯塔基大学的艺术视觉学院Art and Visual Studies展厅和孔子学院大楼展厅展出。肯塔基大学孔子学院全球示范孔院揭牌暨“上海大学－肯塔基大学教育周”同时举行。上海大学党委书记、校长金东寒，上海大学上海美术学院执行院长汪大伟，上海公共艺术协同创新中心执行主任章莉莉，上海大学

外事处、国际交流学院等相关代表出席展览开幕式。

△美国佛罗里达州立大学教授斯里瓦斯塔瓦(Anuj Srivastava)到访上海大学,作题为"目标配准与形状分析的整体框架"的学术报告。

△美国加州理工湾区生命科学代表团项目对接交流会在复旦大学举行。此次对接活动是杨浦国家创新型城区高层战略咨询会的重要系列活动之一,由杨浦区人民政府与美国湾区委员会共同主办,美国湾区委员会上海办事处、杨浦区科委、杨浦区卫计委与复旦大学生命科学学院生物技术中心承办。美方嘉宾除了向出席嘉宾展示他们在湾区硅谷的公司与技术,还与中方共同探讨国内外生命科学领域的发展趋势以及生命科学在此背景下的机遇与应对。

25—26日

△第五届国际交通安全学术研讨会在同济大学召开。会议主题为"交通行为、心理与安全"。会议邀请了国内外智能网联汽车、交通安全管理、交通心理与行为、公共卫生与安全、道路安全设计等研究方向的知名学者分享最新研究成果。研讨会共同主席美国中佛罗里达大学教授穆罕默德·阿卜杜勒-艾蒂(Mohamed Abdel-Aty)在致辞中回顾了同济大学中美交通安全合作的历史,并指出国际交通安全学术研讨会已经成为国际交通安全领域非常好的多学科交流、探讨的平台。

26日

△上海市市长应勇会见美国德勤有限公司全球主席柯睿尚一行。应勇指出,上海是跨国公司地区总部和外资研发中心最为集中的城市,包括德勤在内的众多外资企业为上海经济社会发展作出了重要贡献。希望德勤等中外优秀企业抓住机遇,在上海建设中发挥更大作用,实现更好发展。柯睿尚表示德勤愿积极发挥专业服务优势,充分运用全球资源和经验,在上海科创中心建设、国资国企改革、"一带一路"建设和企业"走出去"等方面发挥更大作用,为上海建设卓越的全球城市贡献更多力量。

△上海美国商会在上海商城举办题为"商务协议的签订与礼仪(Business Protocol and Etiquette)"的会员培训活动。培训主讲人为 At East 高级咨询师安·玛丽·萨巴丝(Ann Marie Sabath)。

△美国 Scripps 研究所余金权教授和美国科学院院士菲尔·巴兰(Phil S.

Baran)教授到访华东师范大学,作题为"Translational Chemistry"的学术报告。报告围绕药物和天然产物的简化合成策略及具体方法展开,重点介绍了课题组利用自由基脱羧偶联反应来构建碳碳键和碳杂原子键方面的最新进展及其应用。

△美国伊利诺伊大学芝加哥分校化学系副教授任钟(Zhong Ren)到访上海交通大学,作题为"Structural Events during Photoactivation of Orange Carotenoid Protein"的学术报告。

27日

△上海市委书记韩正会见美国密苏里州州长埃里克·格雷滕斯(Eric Greitens)一行。韩正表示期待格雷滕斯通过此次访问,全面加深对中国、对上海的了解,进一步促进上海和密苏里州在经贸等方面的合作交流。上海愿同密苏里州一道努力,为推动中美两国地方层面的友好往来作出更大贡献。格雷滕斯说,此次率密苏里州贸易代表团访问中国,旨在进一步拓展与中国各地之间的经贸合作,加强产业对接。上海取得的发展成就令人赞叹,希望同上海加强各个领域的合作往来,特别是扩大双方教育文化交流,增强贸易和投资合作,也欢迎更多上海企业到密苏里州发展。

△美国伊利诺伊大学芝加哥分校教授罗伯特·F.克利(Robert F. Klie)到访华东师范大学,作题为"Atomic - Resolution In - Situ Characterization of Low - Dimensional Materials"的学术报告。

△美国加州大学洛杉矶校区教授唐毅(Yi Tang)到访上海交通大学,作题为"Complexity Generation in Fungal Natural Product Biosynthesis"的学术报告。

△华东师范大学副校长孙真荣率团访问美国中阿肯色大学孔子学院,并与该校校长休斯敦·戴维斯(Houston Davis)、教务长米迦勒·哈吉斯(Michael Hargis)、外事副校长菲利浦·贝利(Phillip Bailey)进行会谈。会谈后,双方为该校孔子学院主办的"中国印象"展会剪彩并参观展览。

28日

△中国华能集团公司董事长、党组书记曹培玺在集团公司总部会见戴尔科技集团董事长兼首席执行官迈克尔·戴尔(Michael Dell)一行。双方就信息化发展趋势、加强沟通合作、实现互利共赢等议题进行了交流。

△上海国际问题研究院副院长严安林会见美国DDP全球公关咨询公司总裁马特·德克尔(Matt Decker)。随后,上海国际问题研究院台港澳研究所所长邵育群、副研究员童立群与德克尔就美国近期形势、中美关系等议题进行了深入交流。

△美国能源部国家能源前沿研究中心先进太阳能光物理中心主任维克托·克里莫夫(Victor Klimov)到访上海交通大学,作题为"Luminescent Solar Concentrators Based on Engineered Quantum Dots"的学术报告。

△美国行星科学研究所罗伯特·尼尔森(Robert Nelson)博士到访华东师范大学,作题为"Can Humans Survive the Climate Crisis Without Geo-engineering?"的学术报告。

△美国加州大学圣塔芭芭拉分校名誉退休教授奥兰·杨(Oran Young)到访复旦大学,作题为"The Paris Agreement: Destined to Succeed or Doomed to Fail ? "的讲座。

29日

△美国驻上海总领事谭森(Sean Stein)、纽约上海外滩投资集团高级管理人员和上海政府官员出席外滩·中央暨林肯爵士乐上海中心揭幕剪彩仪式。仪式之后,在场观众欣赏了精彩的爵士乐表演。

△中远海运集团董事长许立荣、总经理万敏在集团大楼会见到访的美国长滩港委员会主席白莉安一行。双方就航运业形势的未来发展情况和相关业务的合作情况,展开了深入讨论与交流。

△美国斯坦福大学兼职教授史维学(Vishal Sikka)到访华东师范大学,作题为"AI and Our Times Ahead—What is Missing, and What Must Be Done"的学术报告。

30日

△2017年上海市"白玉兰荣誉奖"颁授仪式在沪举行,来自8个国家的11位杰出外籍人士获此殊荣。获奖者中有两位来自美国,他们是看东方(上海)传媒有限公司外语频道新闻部高级专家白伦(Leonard Melvin Pratt JR)和通用汽车全球执行副总裁、通用汽车中国公司总裁钱惠康(Matthew Tsien)。

△美国加州大学圣地亚哥校区教授王玮(Wei Wang)到访上海交通大学,作

题为“Epigenomics and Precision Medicine”的学术报告。

△美国普渡大学物理天文系博士后严杨千(Yangqian Yan)到访上海大学,作题为“通过周期驱动光晶格势的幅度和周期实现的可调控性 Floquet - Bloch 能带(Tunable Floquet - Bloch Bands in Optical Lattices with Amplitude Modulation and Periodic Shaking)”和“相互作用玻色系统中的杨单极和连续多重简并(Yang Monopoles and Emergent Continuous Degenerate Manifolds in Interacting Bosons)”的学术报告。

下旬

△“同济大学—美国 DIGILENT 国际化产学合作协同育人示范基地计算机系统能力培养示范及培训中心”揭牌仪式在同济大学举行。美迪芝伦(DIGILENT)科技全球 CEO 史蒂夫·约翰逊(Steve Johnson)、大中国区总经理李甫成等人与会。双方表示将深度合作育人,拉近产学距离,提升教师育人质量,并扩大同济大学计算机与信息技术国家级实验教学示范中心在区域内的示范影响力与辐射效应。

△“海外侨胞上海行——走进静安”活动在沪举行。中国侨联副主席、上海市侨联主席沈敏,静安区委常委、统战部长凌惠康和上海市侨联海外及港澳顾问、名誉委员、委员以及中国侨联推荐的其他重要侨领等约 100 人出席。考察团成员徐德清是美国旅美科协康州分会顾问、耶鲁大学客座教授,他建议上海加强创业扶持力度,吸引更多海外高端人才来沪创业。

△“智汇嘉定”国际大学创新联盟北美理事单位交流合作座谈会在嘉定新城召开。乔治城大学副校长助理肖水根(Shuigen Xiao)一行 8 位国际大学创新联盟北美理事单位代表出席会议。美国公立大学协会副会长詹姆士·伍德尔(James Woodell)和美国大学协会副会长杰西卡·西比奥克(Jessica Sebeok)与会,作题为“美国大学与地区经济发展”的演讲。

△2004 年诺贝尔物理学奖获得者、美国理论物理学家弗兰克·维尔切克(Frank Wilczek)被上海交通大学李政道研究所聘为首任所长。他透露,李政道研究所将设立维尔切克量子研究中心,研发“深得量子力学精髓”的量子计算机并力争开发出新一代人工智能系统。

10 月

4 日

△美国德州农工大学教授夏尔马(Virender Sharma)到访复旦大学，作题为“Ferrate Treatment Technology：Oxidation and Coagulation of Pollutants and Inactivation of Microorganisms”的学术报告。

5 日

△由美国佐治亚西南州立大学“中国别现代研究中心”与上海师范大学美学与美育研究所联合主办的“艺术：前现代、现代、后现代与别现代国际学术会议”在美国阿梅里克斯市召开。中国、美国和欧洲的约 50 名学者出席。美国佐治亚州西南州立大学副校长琳达·李(Lynda Lee)博士主持会议。校长尼尔·韦弗(Neal Weaver)博士致辞，同时高度赞扬了这次会议的国际学术研究和文化交流的意义以及大学之间合作的重要性。会议期间，上海师范大学与会代表受到美国第三十九届总统、佐治亚西南州立大学校友吉米·卡特(Jimmy Carter)和其夫人洛瑟琳·卡特(Rosalynn Carter)的接见。刚过完 93 岁生日的卡特表示，他曾访问过中国上海，上海是个美丽的城市，希望有机会再访问上海。

8—13 日

△第二十三届国际离子束分析会议(IBA2017)在复旦大学召开。该会议由复旦大学现代物理研究所主办、国际原子能机构(IAEA)协办。会议是 IBA 继 1973 年在美国召开以来首次在中国举办。会上，国际著名离子束分析和半导体物理专家、美国罗格斯新泽西州立大学教授莱奥纳多·费尔德曼(Leonard C. Feldman)作题为“离子束分析的历史、作用和将来”的学术报告。

9日

△上海市委书记韩正会见美国旧金山市市长李孟贤(Edwin Lee)一行。韩正指出,上海和旧金山缔结友好城市30多年来,双方在经贸、文化、体育等各领域合作都取得了丰硕成果。期待市长一行通过对上海的访问,进一步推动上海和旧金山两座城市在文化、体育等各领域的深入合作,特别是加深两地青年人之间的交流,共同为促进中美两国友好关系发展作出更大贡献。李孟贤对上海近年来取得的发展成就表示祝贺,希望不断增进彼此交流,特别是在文化、体育、环保等领域加强合作。

△上海交通大学航空航天学院副院长战兴群等人会见到访的美国华盛顿大学工学院院长迈克尔·布拉格(Michael Bragg)教授。双方相互介绍了两校在航空航天领域的发展概况,就举办国际暑期学校和国际学术论坛等达成初步合作意向。

△美国伊利诺伊大学香槟分校景观学系主任、博士生导师威廉·苏利文(William Sullivan)教授到访同济大学建筑与城市规划学院,和同济大学景观学系主任韩锋教授就双方合作的可能性进行交流,并于当日作题为"美国景观学科发展趋势解读:从景观与健康研究动向说起"的讲座。

△美国南加州大学助理教授萨利·李(Sali Li)到访上海财经大学,作题为"The CAGE around Cyberspace? How Demand Side Bricolage Strategies Accelerate the Internationalization Speed of Digital Start-ups"的学术报告。

10日

△上海市政协主席吴志明在市政协议事中心会见新任美国驻沪总领事谭森(Sean Stein)。吴志明表示,上海市政协将发挥自身优势,推动双方加深相互了解、拓展合作领域。谭森表示,愿意发挥桥梁纽带作用,推动上海与美国各地加强投资贸易往来,实现互利共赢、共同发展。

△上海美国商会在四季酒店举办上海美国商会10月会员简报会。简报会主题为"DC Doorknock Debrief"。

△东海救助局和国际海上人命救助联盟亚太交流合作中心在沪联合举办首届上海邮轮应急保障研讨会,旨在交流借鉴国外大型邮轮应急保障方面的经验和做法,加强搜救中心、救助单位和船方大规模救援方面的协作,更好地服务"一

带一路”倡议、上海邮轮经济发展和上海国际航运中心建设。上海市交通委员会副主任张林、东海救助局局长肖跃华、上海海事局副局长谢群威、国际海上人命救助联盟主席福克斯(Udo Fox)发表主旨发言。来自中国、美国、新西兰、英国的近70名专家和代表为上海邮轮应急保障建言献策。

△谷歌全球副总裁、大中华区总裁石博盟(Scott Beaumont)到访上海交通大学,作题为“AlphaGo & AI For Everyone”的讲座,以AlphaGo的创新和最新进展为例,讲述了谷歌在人工智能和深度学习领域的研究探索。

△美国佐治亚大学教授希尔盖·明科(Sergiy Minko)到访东华大学,作题为“纳米纤维素在纺织涂层的应用(Nanocellulose Technology for Textile Coatings)”的学术报告。

上旬

△上海交通大学物理与天文学院和李政道研究所双聘教授刘文胜当选美国物理学会会士,以表彰其在阐明玻色爱因斯坦凝聚中集体激发的朗道阻尼现象等方面的重要贡献。

11日

△上海美国商会市场媒体委员会(Marketing & Media Committee)在上海商城举办题为“Know Who's the Boss & Other Cheats”的CEO系列活动。主讲嘉宾为Kiip的共同创始人布莱恩·王(Brian Wong)。

△美国蒙大拿州立大学教授蒂莫西·K.明顿(Timothy K. Minton)到访华东理工大学,作题为“Hyperthermal Atomic-Oxygen Reactions on Materials in Low Earth Orbit”的学术报告,介绍高能原子和分子束技术对气相中原子或分子间的碰撞等。

12日

△美国东卡罗纳州立大学全球事务执行主席乔恩保罗·雷塞克(Jon-Paul Rezek)一行4人到访上海海洋大学。双方就两校在相关学科和领域的合作与交流从内容和形式进行了充分沟通,在生物学、工程学与经济管理学等领域的人才培养和研究方面达成了合作意向。访问期间,东卡罗纳州立大学朱勇(Yong Zhu)教授和杰弗里·麦金农(Jeffery McKinnon)教授分别作题为“鱼类卵细胞

成熟及排卵的调控——多种类固醇孕酮激素受体敲除的研究”和“三棘鱼喉咙色素的差异与减轻的性异型关系”的学术报告。

△美国蒙大拿州立大学教授蒂莫西·明顿(Timothy Minton)到访复旦大学,作题为“Signatures of the gas - liquid Interface in Scattering Dynamics & Dynamics of o - atom Collisions on Hot Carbon Surfaces”的学术报告。

12—13日

△上海美国商会在上海商城分别举办题为“Better Manage Your Data - Excel Data Analysis Skill Training”和“Perfect Visual Communication - PPT Design Advanced”的会员培训活动。培训主讲嘉宾为易迪思 Office 金牌讲师、清华大学 MBA 班特邀培训师薛峥。

13日

△美国宾夕法尼亚州立大学副教授迟光磬(GuangQing Chi)到访复旦大学,作题为“Environmental Migration: The Implications of Climate Change, Demographic Dynamics, Globalization, and Geopolitics”的学术报告。

△上海美国商会在上海商城举办题为“The Future of Green Workplace”的主题活动。活动主讲嘉宾为 Education First 的雇员健康主管安娜·卡琳·多伦(Anna Karin Toren)、创邑(CREATER)品牌主管徐安(An Xu)。

13—14日

△由上海交通大学医学院及其附属瑞金医院、美国斯坦福大学医学院共同主办,以“下一代医疗科技”为主题的第十届21世纪中美医学论坛在上海国际会议中心举行。全国人大常委会副委员长、中国科学院院士陈竺,上海市人大常委会副主任钟燕群,上海市副市长翁铁慧,上海市政协副主席张恩迪,上海交通大学党委书记姜斯宪,全国政协教科文卫体委员会副主任马德秀,上海交通大学校长、中国工程院院士林忠钦等出席。来自国内外70余家兄弟医院、友好合作单位的同道以及包括美国科学院院士、医学院院士在内的美国、加拿大、捷克、瑞士和韩国等国的数十名专家学者,聚焦全球医学热点,关注医疗创新科技,开展健康学术交流,共商医改发展的挑战和机遇。

15 日

△美国俄亥俄州立大学教授郭培宣(Peixuan Guo)到访华东理工大学,作题为"Discovery of a Third Type of Biomotor Using Revolution Mechanism and Application in the Development of Potent Antiviral Drug"的学术报告,主要介绍了 phi29 组装马达及 RNA 纳米技术两个方面的工作。

16 日

△上海国际问题研究院与美国卡特中心共同举办中美非和平与安全对话。上海国际问题研究院学术委员会主任杨洁勉,原中国政府非洲事务特别代表、上海国际问题研究院客座研究员钟建华,联合国秘书长西非事务特别代表兼联合国西非和萨赫勒办事处负责人穆罕默德·伊本·钱巴斯(Mohamed Ibn Chambas)大使作主旨发言。来自美国、非洲多国及国内的近 30 名政界、学界、企业界代表围绕非洲和平与安全挑战、非洲促和经验、中美非三边合作等议题展开了讨论。

△美国德克萨斯大学达拉斯分校教授堵丁柱(Dingzhu Du)到访华东理工大学,作题为"Minimization of Multi-factor Influence"的学术报告。报告介绍了多因素影响下的社交网络最优化问题,提出了对这一问题求解的一些思路以及对该问题的一些应用。

△美国创意设计学院副校长、教务长、学术委员会副主管崔秀慎(Sooshin Choi)教授到访上海理工大学。此行旨在推动两校海外学习项目的进程。崔秀慎回顾了上次来访后两校教师关于这个项目所做的工作和努力,表达了热切的合作愿望,并就目前存在的问题进行了探讨。

△美国北卡罗莱纳州立大学教授大卫·C. 麦迪曼(David C. Muddiman)到访华东师范大学,作题为"Innovative Mass Spectrometry Chemistries and Technologies to Read the Complex Language of Biology"的讲座。

17 日

△2009 年诺贝尔化学奖得主、美国耶鲁大学教授托马斯·A. 施泰茨(Thomas A. Steitz)受聘为复旦大学名誉教授。复旦大学副校长金力出席颁证仪式,并为施泰茨教授颁发证书。之后,施泰茨在复旦大学作题为"核糖体与多种蛋白因子和抗生素复合物的结构与功能"的学术报告。

△美国辛辛那提大学副教授李若烨(Joo－Youp Lee)到访上海交通大学,作题为"Mercury Emissions Control from Coal－Fired Power Plants and Drug Delivery for Combination Cancer Chemotherapy"的学术报告。

17—20日

△由华东理工大学和国际化学生物学学会(ICBS)主办的第六届国际化学生物学会年会在华东理工大学举行。包括诺贝尔化学奖获得者卡尔·巴里·夏普莱斯(Karl Barry Sharpless)教授等9位国内外院士在内的近500位中外专家学者围绕"化学创新、点亮生命"的主题进行了讨论。在为期4天的年会中,共作邀请报告89场、展示墙报100个。据悉,ICBS年会是生物学和化学交叉学科领域一年一度的盛会,先后举办五届,此次是首次在中国召开,标志中国科学家在国际化学生物学领域的地位和影响力不断增大。

18日

△上海国际问题研究院院长陈东晓会见到访的美亚学会会长肯特·卢肯(Kent Lucken)。双方就中美关系及加强双方机构间合作等议题交换了看法。上海国际问题研究院台港澳研究所所长邵育群与会。

△上海市副市长许昆林会见土耳其、美国、以色列、古巴、德国和挪威六国新任驻沪总领事,表示期待总领事们在任期内进一步推动各国与上海的交流合作。美国驻上海总领事馆总领事谭森表示,上海是一个非同一般的城市,驻沪总领事也是个非比寻常的重要职务。他的任务就是推动美国与领区内各省市的经济交流,并希望能同上海市政府保持密切合作,推动共同实现这一目标。

△上海美国商会在上海万达瑞华酒店举办2017上海美国商会中小企业大会(SME Conference)。上海美国商会主席季瑞达(Kenneth Jarrett)、美国驻上海总领事馆副领事周雷(Frank Joseph)、沃尔玛中国超市商业副主席布鲁斯·吉利斯皮(Bruce Gillispie)、US Green Solutions Michael主席迈克尔·罗森塔尔(Michael Rosenthal)等人出席。

△上海美国商会在上海商城举办题为"Leadership & Coaching Skills"的会员培训活动。主讲嘉宾为开疆企业管理咨询(上海)有限公司的咨询顾问、高管

教练和讲师沈伟杰。

△上海美国商会税务会员会(Tax Committee)在上海商城举办主题为"The Status of U. S. Tax Reform"的活动。主讲嘉宾为International Tax and M&A at Deloitte的合伙人大卫·奥尔盖耶(David Allgaier)和普华永道(中国)的税务合伙人艾伯特·周(Albert Chou)。

△美国蒙莫斯大学副校长乔·斯达夫教授、商学院院长唐纳德·莫利弗教授等一行五人到访东华大学,副校长刘春红等会见来宾。双方就签署校际合作框架协议和交换生项目等合作形式交换了意见。

△美国密西西比州立大学教授詹姆士·纽曼(James Newman)到访上海交通大学,作题为"The CTOA Fracture Criterion and Residual Strength Prediction of Cracked Structures from Laboratory Test Specimens"的学术报告。

19日

△上海美国商会在金茂君悦酒店举办主题为"Reform Contradictions Facing the New Party Congress"的活动。主讲嘉宾为卡耐基国际和平基金会亚洲项目高级研究员黄育川(Yukon Huang)。

△上海外国语大学校长李岩松接待了到访的美国维思大学校长迈克尔·S.罗斯(Michael S. Roth)及发展部同事安德鲁·斯图泽(Andrew Stuerzel)。罗斯向中方介绍了维思大学的建校历史和学科特色,表示希望通过两校间的频繁互访共同开创更为广泛的合作空间。下午,罗斯作题为"博雅教育的价值(The Value of Liberal Education)"的讲座。

△美国伊利诺伊大学厄巴纳-香槟分校教授安妮·瞿(Annie Qu)到访复旦大学,作题为"Individualized Multilayer Learning with An Application in Breast Cancer Imaging"的讲座。

△在第十九届"二十一世纪的计算"学术研讨会上,复旦大学博士研究生刘鹏飞入选2017年度微软学者奖学金评选,与其他9位获奖者一同接受了微软全球资深副总裁彼得·李(Peter Lee)博士、洪小文博士的颁奖,并与1986年度图灵奖获得者约翰·霍普克洛夫特(John Hopcroft)教授座谈。

△美国麻省理工学院副教授方绚莱(Nicholas Xuanlai Fang)到访上海交通大学,作题为"Architectured Metamaterials: from Tunable Thermal Expansion to Microvascular Tissue Scaffolding”的学术报告。

△美国佐治亚大学教授约瑟夫·杰·托宾（Joseph Jay Tobin）到访华东师范大学，作题为“三种文化中幼儿园教师“专家特性”的发展：一项对中国、美国和日本的比较”的讲座。

20日

△上海首家三级规模综合型外资医院——上海嘉会国际医院正式开诊。上海市副市长翁铁慧出席启动仪式。嘉会国际医院与美国最大教学医院哈佛大学医学院附属麻省总医院（Massachusetts General Hospital）达成长期战略合作，并联合挂牌。医院还通过与美国麻省总医院的合作，已累计输送600人次医护人员赴美接受国际标准专业医疗技术和管理培训。

△上海美国商会法务委员会（Legal Committee）在上海商城举办主题为“Cyber Threats, Active Defense, and the Business and Legal Impacts”的活动。主讲嘉宾为微软公司法务总经理凯文·罗（Kevin Luo）、Paul Hastings的合伙人罗伯特·西尔弗斯（Robert Silvers）和唐海燕（Haiyan Tang）、中伦律师事务所合伙人周章（Zhang Zhou）。

△2001年诺贝尔化学奖得主、美国科学院院士、斯克利普斯研究所研究员卡尔·巴里·夏普莱斯（Karl Barry Sharpless）受聘担任华东理工大学名誉教授。华东理工大学副校长刘昌胜出席并颁发聘书。之后，夏普莱斯教授在华东理工大学举办的第六届国际化学生物学会（ICBS）年会上作题为“SuFEX点击化学的生物应用”的学术报告。

△美国密歇根大学教授何旭铭到访复旦大学，作题为“Post - selection Inference on Regression - based Treatment Effects”的讲座。

△美国明尼苏达大学教授乔治斯·杨纳基斯（Georgios Giannakis）到访同济大学，作题为“Inference and Learning over Large - Scale Social Networks”的学术报告，介绍社交媒体网络的研究现状与研究挑战等。

△美国纽约大学医学院教授甘文彪（Wenbiao Gan）到访华东师范大学，作题为“Learning and Sleep - dependent Dendritic Spine Plasticity and Maintenance”的讲座。

中旬

△美国工程院院士、美国艺术与科学院院士、德州农工大学材料科学与工程系教授艾伦·尼德尔曼(Alan Needleman)到访华东理工大学,作题为“Modeling Plastic Deformation at the Mesoscale”的学术报告,介绍细观尺度下的塑性变形建模方法,包括离散位错动力学及剪切转变区理论。

22 日

△第五届东方美谷国际医学论坛暨国际肿瘤微创大会在上海举行。来自国内外妇科肿瘤研究领域的 500 多位著名专家学者及妇产科同道,以“肿瘤研究及微创技术以驱动医学产业发展及远景展望”为主题,进行了深入探讨。会上,美国路易斯维尔大学与上海市奉贤区中心医院正式签约结盟,共创世界妇科腔镜协会微创外科培训基地。之后,美国路易斯维尔大学医学院教授雷萨德·佩西、复旦大学附属妇产科医院院长徐丛剑教授、美国德克萨斯－休斯敦贝勒医学院教授罗伯特·祖拉万、同济大学附属第一妇婴保健院院长万小平教授等作专题报告。

△“费林加诺贝尔奖科学家联合研究中心”在华东理工大学正式揭牌。2016 年诺贝尔化学奖得主伯纳德·L. 费林加教授和与费林加教授共同分享 2016 年诺贝尔化学奖的法国斯特拉斯堡大学让－皮埃尔·索瓦日教授、美国西北大学弗雷泽·斯托达特爵士与华东理工大学师生进行学术交流。

22—26 日

△上海高校心理健康与咨询示范中心(华东理工大学)与上海市精神卫生中心、美国加州大学圣地亚哥分校、上海市心理卫生学会、中国心理卫生协会 CBT 专业委员会联合开展的“中美辩证行为治疗(DBT)”专题培训在沪举办。上海市 16 所高校的 30 名上海高校心理咨询师、来自全国各地的 100 余名临床心理医生与社会机构咨询师等参加了培训。美国加州大学圣地亚哥分校 DBT 治疗师兼培训师莱斯利·卡瓦斯基·安德森(Leslie Karwoski Anderson)博士和朱莉·特里姆(Julie Trim)博士结合临床案例和理论知识为学员授课。

△第 103 届美国外科医师学院临床大会在美国圣地亚哥召开。上海交通大学医学院附属瑞金医院普外科主任医师、瑞金北院常务副院长赵任在会上被颁授为“美国外科学院院士”(FACS),以表彰他在外科医学中取得的成就和贡献。

23日

△上海市杨浦区外事办和杨浦区友协拜访了帕罗奥多(Palo Alto)——杨浦友城委员会及美国旧金山湾区委员会负责人，探讨杨浦与美国帕罗奥多市友好合作方向。

△上海美国商会在上海商城举办主题为“From Offices of Today to Workplaces of Tomorrow”的活动。主讲嘉宾为WorkWonders的营销主管纳塔莉亚(Natalia Pokorska)和Voxflor Carpets的商业发展经理伊万·伊万诺夫(Ivan Ivanov)。

△美国科罗拉多大学助理教授王虹(Hong Wang)到访复旦大学，作题为“Novel Regulatory Roles of Lipoprotein Metabolism in the Mechanisms of Obesity, Diabetes, Cardiovascular Diseases and Dementia”的学术报告。

△美国佛罗里达大学副教授斯维特拉娜·斯蒂芬科瓦(Svetlana Stepchenkova)到访华东师范大学，作题为“Marketing to Tourists from Unfriendly Countries: Should We even Try ?”的讲座。

△美国宾夕法尼亚州立大学教授白轲(Larry Backer)到访华东政法大学，作题为“公司与美国宪法：权利的起源及其近来的趋势(Corporations and the U. S. Constitution: Origin of Rights and Recent Trends)”的讲座。

24日

△美国密苏里大学生物与食品学部教授谭京鲁到访华东理工大学，就开展食品专业“3+2”“2+2”本科生交流项目进行对接。双方就对食品专业学生的培养方案等达成共识。

△美国休斯敦大学教授杰拉德·洛博(Gerald Lobo)到访复旦大学，作题为“Do Lenders Price Tax Risk in the Debt Contract?”的讲座。

△美国伊利诺伊州州立博物馆研究员钱宏(Hong Qian)到访华东师范大学，作题为“Beta Diversity Along Latitudinal Gradients”的讲座。

△美国帕森斯设计学院时装学院院长西蒙·柯林斯(Simon Collins)到访东华大学，作题为“触动我们身边每个角落的时尚·文化·设计”(Fashion Culture &Design Touch Everything Humans Do)的讲座。

25 日

△来自美国、澳大利亚、法国、加拿大的海外教师代表团分别访问上海市普陀区江宁学校和甘泉外国语学校，听取两所学校的基本情况介绍，观摩、了解学校的特色课程。双方就校园管理、素质教育课堂教学等话题开展互动座谈。

△美国阿肯色大学教授阿肖克·萨克塞纳(Ashok Saxena)到访华东理工大学，作题为"Fracture Control and Structural Integrity (FraCSI)"的学术报告。

△美国纽约大学教授唐力行(Lixing Tang)到访上海师范大学，作题为"Humanizing Teaching: An Humanistic Approach to Teaching Foreign Languages"的学术报告。

26 日

△上海美国商会在上海商城举办题为"Think - on - Your - Feet Skills for the Workplace - How to Organize and Present Your Thoughts FAST! "的会员培训活动。主讲嘉宾为 REV 的资深培训师杰夫·谭(Jeff Tan)。

△上海美国商会在上海商城举办主题为"Leveraging Analytics to Build a Robust Data Compliance Program"的活动。主讲嘉宾为安永(中国)公司的诈骗调查和争端服务合伙人陈驰(Chi Chen)。

△美国科罗拉多州立大学教务长兼执行副校长瑞克·米兰达(Rick Miranda)及陪同的外事副教务长詹姆士·库尼(James Cooney)、教学创新副教务长麦克·帕姆奎斯特(Mike Palmquist)、自然科学学院院长贾妮思·内格(Janice Nerger)、经费预算部主任安吉·尼尔森(Angie Nielsen)、自然科学学院发展与运行部执行主任西蒙妮·克拉森(Simone Clasen)、CSU 在线项目主管英格·约翰逊(Inger Johnson)到访华东师范大学。双方回顾过去 10 年两校在学生交流和科研合作，特别是"2 + 2"本科双学位项目和中美新能源与环境联合研究院取得的成绩，以期进一步拓展交流与合作。

△美国德克萨斯大学经济地质局高级研究员曾洪流(Hongliu Ceng)教授到访同济大学，作题为"用地震沉积学解剖河流沉积体系——以渤海湾沙垒田凸起新近系为例"的学术报告。

△美国匹兹堡大学助理教授林航(Hang Ling)到访上海理工大学，作题为"生物仿生材料在外科领域的应用(Application of Biologically Inspired Materials in Orthopaedics)"的学术报告。

27日

△上海美国商会在新天地朗庭酒店举办主题为“十九大成果(19th Party Congress Outcomes)”的活动。主讲嘉宾为安可顾问有限公司大中华区董事长麦健陆(James McGregor)、Brunswick 的合伙人陆建忠(Jianzhong Lu)、Trivium 的共同创始人安德鲁·波尔克(Andrew Polk)以及复旦大学国际问题研究院教授沈丁立。

△上海美国商会在上海商城举办题为“Adversity Leadership”的会员培训活动。主讲嘉宾为 Achieve Wise Management 咨询公司的高级咨询师董妮娜(Nina Dong)。

△美国夏威夷大学名誉退休教授格雷汉姆·帕克斯(Graham Parkes)到访复旦大学,作题为“尼采与庄子:权力意志与道德之场(Returning to Nietzsche and Zhuangzi: Will to Power and the Field of De and Dao)”的讲座。

△美国国立卫生研究院生物医学影像及医学工程所终身资深研究员陈小元教授到访复旦大学,作题为“Cancer Theranostics”的学术报告。

29日

△“以问题为导向的教与学”2017 年科学教育国际论坛在同济大学第二附属中学举行。论坛由上海市教育学会和普陀区教育局共同主办,安生教育集团和同济二附中承办。普陀区区长周敏浩、上海市社联专职副主席任小文、普陀区副区长王珏、上海市教育学会会长尹后庆和同济大学相关人士出席。全市中小学校长、教师代表,普陀区骨干教师团队、教研员以及浙江嘉兴、江西上饶市的部分校长 400 余人参加。来自英国剑桥大学工程学院、美国斯坦福大学、美国托马斯杰斐逊科技高中等单位的相关专家与会并作主题报告。

△美国科学院院士、基因编辑技术的先驱乔治·丘奇(George Church)在复旦大学受聘为名誉教授并联合复旦大学金力院士正式启动中国个人基因组计划。复旦大学与乔治·丘奇具有良好的前期沟通和合作基础,双方已达成初步的合作共识,丘奇教授将与复旦大学生命科学学院及附属医院开展广泛的合作,开展突破性的研究,培养中国精准医学研究的高科技人才。

29日—11月2日

△美国代谢与减重外科协会与国际肥胖与代谢外科联盟联合主办的 2017

肥胖外科周(Obesity Week)在美国华盛顿盛大开幕。上海第九人民医院普外科顾岩教授团队论文“Effects of Bariatric Surgery on Change of Brown Adipocyte Tissue and Energy Metabolism in Obese Mice”被选为此次会议的最佳十篇论文之一,并最终获得2017国际优秀论文奖。顾岩教授团队还受邀出席本次大会并作学术演讲。

30日

△美国工程院院士、美国亚利桑那州立大学环境生物技术中心主任布鲁斯·E. 里特曼(Bruce E. Rittmann)教授到访上海师范大学,作题为“Ironies in Microbial Electrochemistry”的学术报告。报告以环境科学与工程中水处理领域可持续发展为重点,阐述了利用微生物进行污水处理时获取电能的原理和过程。

△美国芝加哥大学教授姜俊臣(Junchen Jiang)到访复旦大学,作题为“Unleashing the Potential of Data-Driven Networking”的学术报告。

△美国亚利桑那大学助理教授拉维尚卡尔·帕拉尼凡鲁(Ravishankar Palanivelu)到访复旦大学,作题为“Closing the Deal: Arabidopsis LORELEI is Required for Pollen Tube Reception by the Female Gametophyte”的学术报告。

△同济大学经济与管理学院党委副书记陈松、副院长陈守明等会见到访的美国密歇根州立大学商学院院长桑贾伊·古普塔(Sanjay Gupta)教授一行3人。双方介绍各自大学及学院的发展历史、现状和学科特色,分享校友服务方面的经验,并深入探讨了师资交流和联合科研、博士研究生联合指导及硕士双学位等国际合作的可能性。

△美国威斯康星大学麦迪逊分校教授弗朗索瓦弗朗索瓦·维克多·涂尚(Francois Victor Tochon)到访上海外国语大学,作题为“Language Education Policy in America: Past and Present”的讲座。

30—31日

△由上海国际问题研究院、国家发展改革委国际合作中心、(美国)战略与国际问题研究中心联合举办的“中美全球经济秩序对话”在北京召开。来自中美两国政、商、学界的近30位代表出席,围绕中美在基础设施、金融、投资及贸易领域面临的机遇与挑战进行交流。会议还特别邀请了中国工商银行原行长杨凯生,

国家开发银行原副行长高坚，国家开发银行原副行长、中国开发性金融促进会执行副会长李吉平，国家发展和改革委员会原副主任张晓强，商务部原副部长魏建国等，全面地向美方介绍及解读中国当前在基础设施、金融、投资及贸易领域的发展、面临的挑战、采取的政策措施以及未来中美合作的空间等。

31日

△上海市人大常委会主任殷一璀会见美国新任驻沪总领事谭森(Sean Stein)，对其来沪任职表示欢迎。殷一璀表示，中美双边交往不断深化，合作领域不断拓展，上海市人大也愿意为加强双边交往、推动互相交流作出更多积极贡献。谭森表示，他的职责更多在于加强两地经贸投资领域的往来，尤其是高科技、创新研究方面的合作。他相信这一目标与上海市政府是高度一致的，他尤其关注十九大报告中提到的探索建设自由贸易港的建议，希望与上海成为双向投资、互利共赢的合作伙伴。

△美国纽黑文大学校长史提芬·H. 卡普兰(Steven H. Kaplan)、终身教授李昌钰、鉴识科学研究及教育公司首席科学官迈克尔·弗雷德里克·里德尔(Michael Fredric Rieders)等一行 6 人以及江苏省如皋市委常委刘向阳访问上海政法学院。上海政法学院校长刘晓红、副校长潘牧天在综合研究中心与到访的来宾进行会谈。上海政法学院同纽黑文大学签订合作备忘录。

△上海师范大学举行美国塞基诺大学交换生欢迎仪式，这标志着与塞基诺大学交换教育实习项目正式启动。出席欢迎仪式的有美方带队教师、塞基诺大学教育学院教授、副院长安妮(Anne)和实习生一行，以及上海师范大学教务处处长高湘萍教授、国际交流中心处副处长陈志禄、康健外国语中学副校长张威等。安妮院长表示美国与中国制度、文化有很多不同之处，但是并不影响双方的交流，交换教育实习项目的实施就是一个很好的开端，以后会越来越好。

△美国凯斯西储大学法学院院长迈克尔·P. 沙尔夫(Michael P. Scharf)、LLM 办公室助理主任杰克·特纳教授(Jack Turner II)一行到访华东政法大学。沙尔夫表示，两校开展合作以来，已建立成熟的学生互换交流机制，希望在此基础上进一步开展在学术研究方面的合作交流。

△上海市食品药品监管总局副局长孙梅君会见到访的美国食品药品管理局副局长史蒂夫·奥斯特洛夫一行。双方通报各自食品安全法规最新进展，并就

保健食品和化妆品领域监管合作等议题进行了交流。总局相关部门负责人参加了会见。

下旬

△由美国麻省理工学院(MIT)、杨浦区政府主办,MIT 全球产业联盟、杨浦区科学技术委员会、上海杨浦科技创新(集团)有限公司承办的“2017 麻省理工学院中国年会”在杨浦举行。杨浦区区长谢坚钢、副区长谈兵,美国国家工程院院士、MIT 行政副校长卡伦·格里森(Karen Gleason)以及 MIT 知名专家代表、上海知名企业代表约 400 人出席,旨在通过 MIT 全球产业联盟平台,帮助全球优秀企业对接 MIT 的优秀创新资源,促成项目合作。

△美国宾夕法尼亚州立大学医学院教授约书亚·E. 马斯喀特(Joshua E. Muscat)到访华东理工大学,讲授题为“Application of Bilogical Method in Environmental Health Reserch”的全英文短期课程。

11 月

1 日

△美国密歇根大学电机工程与计算机科学系助理教授巴里斯·卡西克西(Baris Kasikci)到访复旦大学，作题为“Graduate Studies in Computer Science at the University of Michigan”的讲座。

△美国加州理工学院教授保罗·W. 斯腾伯格(Paul W. Sternberg)到访同济大学，作题为“Molecullar and Cellular Mechanism of Sleep”的学术报告。

△美国加州大学洛杉矶分校医学院助理教授周翠芬(Tsui－Fen Chou)到访同济大学，作题为“Targeting p97/VCP AAA ATPase in Cancer and Neurodegenerative Disease”的学术报告。

2 日

△上海美国商会企业家委员会(Entrepreneurship Committee)在上海商城举办题为“Keys to Forming a Successful Local Partnership”的主题活动。参与活动的主讲嘉宾有 Genius 51 的首席执行官阿尔文·李(Alvin Lee)、Dezan Shira & Associate 的国际商务主管切特·谢尔特马(Chet Scheltema)、Global Law Office 的合伙人刘杰瑞(Jerry Liu)和 The Rui Group 的主管张金萱(Jinxuan Zhang)。

△由全球中央对手方协会(CCP12)主办、上海清算所承办的中央对手清算法律论坛暨《CCP12 量化披露实务标准》发布会在上海外滩隆重举行。中国人民银行行长助理刘国强、上海市金融办主任郑杨与会致辞。美国芝加哥联邦储备银行、美国期货业协会、中国建设银行、欧盟驻华使团、全球中央对手方协会及其他中外金融机构近 200 人出席，共同见证 CCP12 在中国上海发布首个清算行业国际标准。

△美国阿贡国家实验室高级科学家查理·卡特利特(Charlie Catlett)博士到访复旦大学,作题为"Using Edge Computing, Sensing, and Data Analytics to Understand and Improve Cities"的学术报告。

△美国伍斯特理工学院教授迪兰·阿普利安(Diran Apelian)到访上海交通大学,作题为"Recent Advances in the World of Light Metals"的学术报告。

3日

△上海美国商会供应链委员会(Supply Chain Committee)在上海商城举办题为"Advanced Supply Chain Analytics in China and the Growing Business Impact"的主题活动。活动主讲嘉宾为普华永道的咨询主管卡拉·卡顿(Kara Kardon)、3M China, Ltd. 的制造和供应链主管斯特凡·舒尔茨(Stefan Schulz)。

△上海市副市长许昆林在虹桥迎宾馆会见美国阿肯色州州长阿萨·哈钦森(Asa Hutchinson)一行。双方就加强上海与美国阿肯色州开展合作交流进行了有益探讨。

△2013年诺贝尔化学奖得主、美国斯坦福大学教授迈可·列维特(Michael Levitt)受聘为复旦大学名誉教授。复旦大学校长、中科院院士许宁生教授为列维特教授颁发复旦大学名誉教授证书。之后,列维特作题为"Is Basic Science Essential for Significant and Fundamental Discoveries?"的讲座。

△美国约翰·霍普金斯大学教授李荣(Rong Li)到访复旦大学,作题为"Cellular Asymmetry During Aging and Proteostasis"的学术报告。

3—4日

△"一带一路"法庭科学国际学术研讨会在华东政法大学举行。国务院侨务办公室、中共上海市委和市政府、上海市高级人民法院、上海市人民检察院、上海市教育委员会、上海市司法局、上海市人民政府侨务办公室和华东政法大学等单位的领导出席。美籍华人李昌钰博士在会上作题为"凶杀案件调查之新理念"的主题报告。来自美国、俄罗斯、波兰、丹麦、印度等国家以及中国司法鉴定领域的近300名专家学者与会,就法庭科学与"一带一路"倡议、新时代教育创新与人才培养等核心命题展开讨论。

3—6日

△美国北卡罗来纳大学教堂山分校教育学院前院长威廉森·麦克迪尔米德(Williamson McDiarmid)教授到访华东师范大学，讲授教育学专业英语课程。

4日

△美籍华人李昌钰博士捐赠给华东政法大学的一批法庭科学类珍贵藏品落地，以其名字命名的李昌钰法庭科学博物馆正式开馆。国务院侨务办公室副主任谭天星，上海市委常委、政法委书记陈寅，上海市副市长翁铁慧，上海市高级人民法院院长崔亚东，上海市人民检察院检察长张本才，国务院侨务办公室国外司司长张健青，上海市政府副秘书长宗明，上海市教育委员会主任苏明，上海市司法局局长陆卫东，上海市政府侨务办公室主任徐力等领导出席。李昌钰为博物馆揭牌，并发表感言。

△美国马萨诸塞大学阿默斯特分校教授葛列格里·N.图(Grogary N. Tew)到访华东理工大学，作题为"Building Polymer Mimics of Natural Proteins"的学术报告。

△美国美中书画艺术研究院上海周浦分院成立暨"翰墨盛彩"第五届中美书画艺术交流展在周浦美术馆隆重举行，这标志着又一国际知名文化机构正式落户上海。由此，上海市民将能欣赏到国内外顶级的文化艺术作品。

6日

△中国上海原创音乐剧《犹太人在上海》2019美国百老汇驻场演出签约仪式在沪举行。上海恒源祥戏剧发展有限公司作为该剧目的出品方，与美国倪德伦环球娱乐公司进行签约。通过百老汇音乐剧市场化的运作模式，《犹太人在上海》2019年将在美国百老汇驻场演出。这是中国原创音乐剧第一次向百老汇输出版权，也是中国原创音乐剧首次在百老汇实现驻场演出。

△由上海市体育局和市卫计委共同发起启动的"体医交叉培训"第一堂课，特邀美国运动医学学会资深会员雪莉博士为150名社区医生、150名社会指导体育员开展培训。"体医交叉培训"旨在通过跨领域知识、技能培训，培养会开运动处方的医疗卫生人员、会指导慢性病患者体育锻炼的体育指导人员，以推动体育和医疗深度融合，发挥体育锻炼在糖尿病等慢性病防治中的积极作用，提高市民健康水平。

△上海国际问题研究院副院长严安林会见来访的美国夏威夷大学教授、复旦大学访问学者威廉·夏普(William Sharp)。双方就台湾问题、两岸关系等议题交换了意见。上海国际问题研究院台港澳研究所邵育群所长、童立群副研究员参加了交流活动。

△上海美国商会未来领袖委员会(Future Leaders Committee)在上海商城举办题为"The Startup Journey: From Concept to Execution and Business Growth"的沙龙活动。活动主讲嘉宾为 Baopals 的共同创始人杰伊·桑希尔(Jay Thornhill)。

△美国国家工程院和医学科学院院士、美国德州大学奥斯汀分校讲席教授尼古拉斯 A. 佩帕斯(Nicholas A. Peppas)到访上海交通大学,作题为"Biomedical Engineering Solutions for Patient Therapy Using Advanced Biomaterials"的学术报告。

△美国著名学者傅高义(Ezra Feivel Vogel)教授到访上海师范大学都市文化研究中心,中心主任苏智良教授接待来宾,双方就上海都市文化研究等话题进行了会谈。

7日

△上海美国商会 2017 年度 CSR 和可持续性论坛(2017 AmCham Shanghai CSR and Sustainability Forum)在半岛酒店举办。论坛主题为"Sustainable Business in Globalization 2.0"。发言嘉宾有 Arthur W. Page Society 的国际副主席彼得·德贝森尼(Peter Debreceny)、Metro China 的主席席龙(Jeroen de Groot)、MerchantCantos 的亚洲合伙人帕特里克·伊斯威特(Patrick Eastwood)等人。

△上海美国商会在上海商城举行题为"More than just Design - The process behind designing functional interfaces, and the tactics to improve conversion rates and reach your KPI"的会员培训活动。活动主讲嘉宾为 EO (Entrepreneur Organization)的创始人奥雷利昂·里加特(Aurelien Rigart)和资深企业家托马斯·吉拉姆(Thomas Guillamaud)。

△上海美国商会在四季酒店举行题为"China's Education System & Meet the Board of Governor Candidates"的月度会员主题活动。活动主讲嘉宾为资深记者、作家莱诺拉·楚(Lenora Chu)。

△美国天普大学法学院院长格雷戈里·曼德尔(Gregory N. Mandel)一行4人到访上海政法学院。

△复旦大学常务副校长桂永浩会见到访的美国弗吉尼亚大学校长特蕾莎·苏利文(Teresa Sullivan)。双方确立了今后在经济、商贸、政治、国际关系、航空航天、大数据、人工智能等方面开展或加强合作的目标,并签署了校级框架协议。

△华东政法大学副校长林燕萍等人接待到访的美国乔治城大学常务副校长、法学院院长威廉·特里那(William Treanor),研究生录取主管贾斯汀·斯文思科(Justin Swinsick),亚洲法执行主任汤姆·凯洛格(Tom Kellogg)等一行。双方就具体合作事项进行了深入探讨并签署了合作备忘录,正式建立合作关系。

△华东政法大学副校长林燕萍等人接待到访的美国天普大学法学院院长格雷戈里·曼德尔(Gregory Mandel)、助理院长路易斯·汤姆普森(Louis Thompson)、亚洲项目主任桑国亚(John Smagula)、中国项目执行主任王伟等一行。双方就扩大与深化两校合作项目等事宜进行了交流,预定于2018年续签合作备忘录。

△美国亚利桑那州立大学副教授张震到访复旦大学,作题为"Being a Giver Matters: When Assertiveness and Warmth Become a Lever for Network Centrality and Leadership Emergence"的学术报告。

△美国普渡大学计算机科学系教授伊莉莎·伯蒂诺(Elisa Bertino)到访复旦大学,作题为"Challenges and Opportunities with Big Data"的学术报告。

△美国西北太平洋国家实验室首席科学家徐午(Wu Xu)教授到访上海交通大学,作题为"Smooth Deposition and Stable Cyclability of Lithium Metal Batteries through Electrolyte Strategy"的学术报告。

△美国德州农工大学教授凯伦·L.伍利(Karen L. Wooley)到访上海交通大学,作题为"Translation of Fundamental Chemistry to Functional Nanoscopic Macromolecules Designed for Advanced Applications"的学术报告。

7—11日

△美国匹兹堡大学医学院外科教授乔治·K.吉茨(George K. Gittes)到访上海市儿童医院小儿外科。其间,上海市儿童医院副院长吕志宝为吉茨教授颁发了上海交通大学医学院客座教授聘书。吉茨教授先后参观了该院门急诊、重

症监护室、手术室和住院部等,并举办关于胆道闭锁、基础研究、外伤和胰腺疾病的讲座,介绍匹兹堡儿童医院目前的临床与研究情况。

8日

△美国加州大学河滨分校教授成泉(Quan Cheng)到访复旦大学,作题为"Advancing label - free detection with SPR: interface design and substrate manipulation"的学术报告。

△美国哈佛大学教授弗兰克·胡(Frank Hu)到访复旦大学,作题为"Precision Nutrition and Health Care Innovation"的学术报告。

△美国天普大学法学院中国法制项目主任桑国亚(John Smagula)教授到访上海交通大学,作题为"美国法律教育"的讲座。

△上海美国商会制造商商业理事会(Manufacturers' Business Council)与技术创新委员会(Technology and Innovation Committee)在上海商城举办题为"Case Studies of Industry 4.0 — Implementation and Impact"的主题活动。活动主讲嘉宾为GE Oil & Gas的苏州总经理陈硕(Shuo Chen)、WERMA Signaltechnik的销售主管弗雷德里克·邓(Frederic Deng)、Industrial Internet Consortium's Smart Factory Task Group的首席执行官埃里克·瓦伦扎(Erik Walenza)。

△上海美国商会在波特曼丽思卡尔顿酒店举办题为"The Way Forward: Preparing College Students for 21st - Century Careers"的主题活动。活动主讲嘉宾为美国弗吉尼亚大学校长泰瑞莎·苏利文(Teresa Sullivan)。

9日

△上海辰山植物园总工程师秦俊、高级工程师商侃侃等接待到访的美国莫顿树木园亚洲树木研究及保育项目的负责人柯彩贤博士、美国莫顿树木园首席树木学科学家盖瑞·沃森(Gary Watson)博士。双方认为应该通过科技创新、国际合作,运用特色的科研技术和精湛的城市树木园艺技术为辰山植物园的科研事业做出贡献。

△上海市人大常委会副主任沙海林在市人大贵宾厅会见美国州议会会议代表团。

△上海市科委副主任朱启高接待到访的美国美敦力公司全球科学技术及临

床事务副总裁习明科(Michael Hill)博士一行。双方就美敦力公司如何参与上海市医疗产业的发展及科创中心的建设进行了沟通和讨论。

△上海美国商会女性经理圈(Women's Executive Network)、人力资源委员会(HR Committee)和教育委员会(Education Committee)在上海商城举办题为"Female Leadership in the Age of Globalization"的主题活动。活动主讲嘉宾有ILE的首席执行官罗伯特·亚伯纳特(Robert Abbanat)、Mindsight的经营主管杰夫·哈森弗拉茨(Jeff Hasenfratz)等人。

△上海美国商会在上海商城举办题为"Cultural Factors Affecting Chinese Outbound Investments"的主题活动。活动主讲嘉宾为*From the Great Wall to Wall Street, a cross-cultural look at leadership and management of China and the US*一书的作者、商人严序纬(Xuwei Yan)。

△上海美国商会在波特曼丽思卡尔顿酒店举办题为"Ctrip, Georgia Tech, and SF Group Leaders Discuss Winning the Talent War"的论坛。论坛主讲嘉宾有普华永道的客户和市场领导狄飞龙(Dan DiFilippo)、佐治亚州技术学院商学院院长马里亚姆·阿拉维(Maryam Alavi)等人。

△美国德州大学教授柯克·山茨(Kirk Schanze)到访复旦大学,作题为"Applications of Conjugated Polyelectrolytes in Biosensing and Disinfection"的学术报告。

△复旦大学药学院院长王明伟、书记陆伟跃等人接待到访的美国南加州大学药学院院长瓦西里奥·帕帕多普洛斯(Vassilios Papadopoulos)教授和负责研究事务的原副院长沈维强教授。双方围绕在临床药学高层次人才培养、药事监管科学研究生教育、双向学生交流和生物技术药物研发等方面开展合作进行了会谈。下午,帕帕多普洛斯作题为"Regulation of steroidogenesis by hormones, drugs and the environment"的学术报告。

△上海交通大学化学化工学院副院长郑思珣会见到访的美国阿克隆大学高分子科学与高分子工程学院副院长凯文·卡文奇(Kevin Cavicchi)。双方探讨了将两次答辩通过网络连线合为一场的可能性,以减轻学生的负担并增进两地教师之间的交流,同时开展线上学术研讨会,推动双方在高分子领域的科研协作。

10日

△由中国教育部、中国大学生体育协会和美国帕克十二联盟共同主办、上海

交通大学承办的“第三届中美大学体育教育峰会”在上海交通大学徐汇校区举行。与会的中美教育界专家、体育及企业界领袖围绕“分享、激发、创新”的主题，着重探讨精英教育与竞技体育在大学校园中的和谐共存、大学体育运动对于个人未来发展的重要作用以及明星学生运动员的培养等议题。

△美国加州大学伯克利分校心理咨询中心主任杰弗里·普林斯(Jeffrey Prince)到访华东理工大学，作题为“幸福——成功的关键”的讲座，探讨如何增加幸福感，并介绍了克服压力的技巧，从积极心理学的视角寻找更多幸福的方法等。

△上海国际问题研究院国际战略研究所所长吴莼思会见到访的美国公谊服务委员会全球贵格国际事务代表张杰生(Jason Tower)一行。双方围绕中美关系、涉非三方合作等议题进行了交流。中国人民争取和平与裁军协会副秘书长陶涛陪同来访。上海国际问题研究院世界经济研究所副研究员叶玉参加了交流活动。

△由上海国际问题研究院和上海市美国问题研究所联合举办的“特朗普访华和中美关系”研讨会在上海国际问题研究院召开。会议邀请了上海公共外交协会、上海社科院、复旦大学、上海交通大学、上海外国语大学、同济大学的专家学者及媒体代表近 30 余人参加，共同围绕特朗普访华评估、中美关系前景展望进行研讨。

△由上海市室内环境净化行业协会联合美国环境科学与技术学会、上海理工大学、中国勘察设计协会建筑环境与能源应用上海分会等共同举办的“空气洁净技术与智能制造国际论坛(上海)”在上海理工大学举行。市经济信息化委副主任傅新华致辞，希望参加论坛的国内外专业科研、服务机构、专家学者以及企业家们能够充分学习交流洁净领域的国际前沿技术，加强技术、产业、人才的互动合作，为上海洁净技术及产业应用的加快发展贡献更大力量。

上旬

△美国宾夕法尼亚州立大学医学院教授乔舒亚·米斯卡(Joshua Muscat)到访华东理工大学，讲授题为“Application of Bilogical Method in Environmental Health Reserch”的全英文短期课程。

△上海市胸科医院副院长韩宝惠领衔的研究团队与美国 MD Anderson 癌症中心吴西凤(Xifeng Wu)教授团队合作的关于“癌症相关显著突变基因变异

与肺癌易感性(Genetic Variations inCancer - Related Significant Lymutated Genes and Lung Cancer Susceptibility)”的最新研究成果,刊登在欧洲临床肿瘤学会(ESMO)期刊《肿瘤学年鉴》(*Annals of Oncology*) 2017 年第 28 卷上。该研究成果为肺癌发病风险的精确预测以及肺癌发生机制的研究提供了新的依据和思路,也为上海市胸科医院与美国 MD Anderson 癌症中心在肺癌分子流行病学研究方向开展深入合作奠定了基础。

11 日

△阿里体育引进的 Pac - 12 联盟(太平洋 12 校联盟)美国加州大学洛杉矶分校和佐治亚理工学院男子篮球队在宝山体育馆开赛。

△上海市人大常委会副主任徐泽洲在衡山宾馆会见美国加利福尼亚州议会代表团。

△美国加州州立大学圣地亚哥分校英语与比较文学系教授阿里达·艾莉森(Alida Allison)到访上海师范大学,作题为“安徒生和曹文轩作品中的审美与情感”的讲座。艾莉森教授探讨了安徒生童话为何会有如此绵长的文学生命力,以及为何她如此珍视并希望中国首位安徒生奖获得者曹文轩的更多作品能够在英语世界传播。

△主题为“智媒时代:交流与协商”的 2017 新媒体国际论坛在上海交通大学举行。来自美国宾夕法尼亚州立大学、普渡大学,德国曼海姆大学,新加坡南洋理工大学等国内外高校、研究机构的专家学者、业界代表等 300 余位嘉宾和师生与会,重点研讨了智能媒体的现实影响、可能应用、未来趋势等问题。

13 日

△美国内布拉斯加大学林肯分校电气工程系教授陆永枫到访华东理工大学,作题为“超快激光在三维微纳加工和成像中的应用”的学术报告,介绍近年来实验室在飞秒激光应用方面的研究工作。

△美国加州大学尔湾分校教授楠斌(Bin Nan)到访复旦大学,作题为“Conditional Modeling of Longitudinal Data with Terminal Event”的学术报告。

△美国斯克里普斯研究所教授本·沈(Shen Ben)到访上海交通大学,作题为“Nature as the Ultimate Combinatorial Biosynthetic Chemist for Drug Discovery”的学术报告。

△美国西奈山伊坎医学院教授马丁·沃尔什(Martin Walsh)到访同济大学，作题为“RNA Modification and Enhancer Associated Transcripts as Emerging Models for Metabolism, Cancer and Stem Cell Biology”的学术报告。

△美国德州农工大学教授安德鲁·德斯勒(Andrew Dessler)到访华东师范大学，作题为“An analysis of the Earth's energy balance framework”的学术报告。

△美国德州农工大学助理教授徐阳阳(Yangyang Xu)到访华东师范大学，作题为“Short-lived chemical pollutant and Climate Change”的学术报告。

14 日

△美国辛辛那提儿童医学中心专家罗宾斯·杰弗里(Robbins Jeffrey)到访复旦大学，作题为“Autophagy and Heart Disease: A Question of Balance”的学术报告。

15 日

△上海医药集团股份有限公司全资子公司 Century Global 与美国医药流通巨头康德乐(Cardinal Health)全资子公司康德乐开曼签署购股协议，以现金约5.57 亿美元收购康德乐马来西亚 100%股权，进而间接拥有其于中国香港及内地设立的全部业务实体。合并康德乐中国业务后，上海医药年营业收入将达到1500 亿元人民币。双方还商定在医疗器械市场开拓、医药国际化及创新医疗医药服务等领域进一步深化合作。康德乐集团也由此成为上海医药在美国业务拓展的战略合作伙伴。

△美国宾夕法尼亚州立大学法学院副院长史蒂夫·巴恩斯到访华东政法大学。双方就学生交流、教师互访、暑期学校等交换意见。会后，巴恩斯前往华东政法大学长宁校区，进行国际项目的集体会面及答疑。

△美国密歇根大学教授钱建明(Jianming Qian)到访上海交通大学，作题为“The Higgs Boson — Past, Current and Future”的学术报告。

△美国纽黑文大学商学院教授王承璐到访上海交通大学，作题为“Hallowed be Thy Brand: Measuring Perceived Brand Sacredness”的讲座。

△美国宾夕法尼亚大学教授谢尔盖·萨文(Sergei Savin)到访上海交通大学，作题为“Performance Incentives and Competition in Healthcare Markets”的

讲座。

△上海交通大学法学院院长季卫东等会见到访的美国纽约大学法学院罗德里克·西尔斯(Roderick Hills)教授、法学院副院长本尼迪克特·金斯伯里(Benedict Kingsbury)教授一行。双方就中美法律问题进行了学术交流,并探讨今后进行教学和科研合作的可能性。

△上海市卫生计生委主任邬惊雷会见美国华盛顿国立儿童医学中心约翰·华尔许。双方就儿童健康中心(上海)以及儿童脑科学中心的建设进行了交流和探讨。

16 日

△上海交大-南加州大学文化创意产业学院召开第三次联合管理委员会会议。会议以电话会议方式进行。上海交大党委书记姜斯宪、副校长徐学敏,美国南加州大学马歇尔商学院讲席教授兼文创学院学术事务主任桑塔努·杜塔(Shantanu Dutta)、南加州大学安纳伯格传媒与新闻学院教授兼中美网络视听传媒管理联合研究中心美方主任本·李(Ben Lee)等在上海闵行校区参加会议。美国南加州大学教务长兼主管学术事务高级副校长迈克尔·奎克(Michael Quick)、副校长安东尼·贝利(Anthony Bailey)、马歇尔商学院教授兼文创学院南加大方联合学术事务主任陈百助等在美参加会议。与会代表回顾总结学院各方面工作和发展情况,研讨未来在人才培养、师资建设、学术发展和联合科学研究等方面问题。

17 日

△上海师范大学音乐学院舞蹈系成立 20 周年暨中美大学生舞蹈晚会在霞棐剧院举行。全国高校舞蹈美育联盟主席吕艺生、上海市文联副主席凌桂明、美国加州大学尔湾分校艺术学院副院长约翰·克劳福德(John Crawford)、美国驻上海总领事馆副领事盖恩·阿里亚斯·比列加斯(Gain Arias Villegas)、上海戏剧学院附属舞蹈学校校长李莹等嘉宾出席。中美两校师生表演了具有本国风情的原创舞蹈以及双方合作编创的新作品。

△美国芝加哥大学癌症研究所教授赵英明(Yingming Zhao)到访上海交通大学,作题为"A Family of Metabolism - Sensitive Protein Modification Pathways for the Regulation of Cellular Physiology and Disease"的讲座。

△美国西奈山伊坎医学院教授张斌(Bin Zhang)到访同济大学,作题为"Integrative Network Modeling of Large Scale Multi－Omics Data in Complex Human Diseases"的学术报告。

△上海美国商会在上海商城举办主题为"USTDA Representative Speaks on U. S. －China Healthcare Cooperation"的活动。主讲嘉宾为美国贸易发展署(USTDA)负责东亚、中亚、北非和欧亚区的区域主任卡尔·克里斯(Carl Kress)。

△上海美国商会在上海商城举办题为"Dealing with Difficult People"的会员培训活动。主讲嘉宾为资深公司培训师珍妮佛·彼得森(Jennifer Peterson)。

△上海美国商会在上海商城举办题为"Shanghai Environmental Policy"的政策简报会。主讲嘉宾为上海环境科学院低碳经济研究中心的高级工程师、主管胡静(Jing Hu)。

△2017 中美大学生舞蹈周的最后一支大舞《中国制造》在徐汇区上海师范大学霞棐剧院上演。数十名演员分别来自获奥斯卡奖、艾美奖的美国加州大学尔湾分校(UCI)艺术学院以及上海师范大学音乐学院舞蹈系。

19 日

△历时 31 天的第十九届中国上海国际艺术节在上海大剧院闭幕。美国肯尼迪艺术中心、英国皇家爱乐协会、爱丁堡艺术节、以色列艺术节等一线买家参会。

20 日

△上海美国商会在上海商城举办主题为"Mitigating the Risks of Restructuring, Downsizing and Closures"的活动。主讲嘉宾为 AlixPartners 商业资讯服务(上海)公司的经营主管、总经理葛晓初(George Geh),Asia Pacific of Hill & Associates 中国区前首席执行官、高级顾问杰伊·霍恩(Jay Hoenig)及 Morgan, Lewis & Bockius 的合伙人雷思丽·利戈尔内(Lesli Ligorner)。

△美国伍斯特理工学院副教授陶明江(Mingjiang Tao)到访同济大学,作题为"Next Generation Sustainable Cementitious Material (Geopolymer) － Synthesis, Characterization, Modeling, and Its Potential Applications"的学术报告。

△美国杨百翰大学中国教师项目协调人艾伦·马伦(Alan Malan)和金·马伦(Kim Malan)到访同济大学外国语学院。双方就中国教师项目合作情况、美方教师在校工作情况以及今后合作等方面进行了深入探讨。

20—21日

△美国印第安纳大学信息、计算与工程学院执行副院长大卫·利克(David Leake)一行9人参加"复旦－IU计算机科学双边研讨会"。研讨会的主题是"下一代工程与计算",目的是增进双方各研究方向教授之间的相互了解,寻找合作机会,并进一步推动双方成立联合研究所的计划。

中旬

△上海科技大学与美国大学经理人协会、牛津大学科技创新公司、希伯来大学技术转移公司等国际知名技术转移机构在知识产权运营、技术许可评估、产业对接、技术转移专业人才培训等方面开展深入的国际合作。由此,扩大产业化市场,增加双创资本,帮助双创基地融入全球双创产业链。

△由美国旧金山硅谷艺术中心、洛杉矶美术馆主办,旧金山、洛杉矶两地市政府、中国对外文化艺术交流协会、中国驻两地总领馆、华侨总会、中美文化艺术交流协会加州分会等机构共同协办的"2017中国画家访美秋季巡回交流展"在美国旧金山和洛杉矶两地分别揭幕。青浦区文化馆(画院)孟强受邀赴美参展。

21日

△华东师范大学副校长汪荣明会见到访的中美中西部联盟主席包龙图(Bob Holden)一行。中美中西部联盟是一个非盈利性机构。包龙图表示中美中西部联盟将支持中美教育发展,推动两国的人才培养工作。双方探讨了未来进行学术合作和联合科研的可能性。

△上海美国商会汽车委员会(Automotive Committee)、制造商商业理事会(Manufacturers' Business Council)组织参观上海通用汽车凯迪拉克工厂(SAIC General Motors Cadillac Plant)。

22 日

△上海美国商会在上海商城举办题为“健康上海 2030 规划解读(Healthy Shanghai 2030 Briefing)”的宣讲活动。活动主讲嘉宾为上海健康发展研究中心的高级顾问胡珊莲(Shanlian Hu)博士。

△上海美国商会在上海商城举办题为“Applying a new science to leadership for gold medal results”的会员培训活动。活动主讲嘉宾为资深培训师尼克·奥博伦斯基(Nick Obolensky)。

23 日

△美国“最大商店”梅西百货上海快闪限定店亮相上海长宁来福士广场,将纽约、上海相连结,呈现多元化的美式生活理念,吸引了众多消费者前来选购商品。该店于 26 日关闭。

△上海理工大学沪江国际教育学院音乐系创始人兼系主任陈洁与美国柯蒂斯音乐学院大提琴家加布里埃尔·卡贝扎斯(Gabriel Cabezas)、吉他手乔丹·多德森(Jordan Dodson)、小提琴家贝拉·赫里斯托娃(Bella Hristova)、作曲家大卫·路德维格(David Ludwig)携手登上上海东方艺术中心舞台,演出《美丽新时代——中外杰出青年音乐家之夜》。

24 日

△美国加州大学河滨分校哲学系教授瑞丽(Lisa Raphals)到访复旦大学,作题为“中国与希腊经典中的人兽之别(Human and Animal in China and Greece)”的讲座。

27 日

△上海美国商会在上海商城举办主题为“Executive Appointments:TOP 40 OVER 40 – Career Strategies for Executives”的活动。主讲嘉宾为 Cornerstone International Group 的经理教练刘鑫(Xin Liu)以及 Cornerstone International Group 的总裁西蒙·万(Simon Wan)。

△上海美国商会在上海商城举办主题为“U. S. – China Trade Frictions Overview:CFIUS, China's Market Economy Status, and 301 Investigation”的活动。主讲嘉宾为华盛顿战略国际研究中心费曼中国研究项目(Freeman Chair in China Studies)高级研究员雷明(Claire Reade)。

△上海海洋大学校长程裕东等接待到访的美国佛罗里达理工学院校长德维恩·麦凯(Dwayne McCay)和国际合作副校长许培锋教授。双方表示愿意不断增进了解,在以后的海洋方面合作中相互借鉴、取长补短,在学术交流和人员互访等方面开展更多富有成效的合作。

△美国圣母大学助理教授张延亮(Yanliang Zhang)到访同济大学,作题为"Nano Engineering and Additive Manufacturing Towards Innovative Thermal and Energy Systems"的学术报告。

28日

△美国加州理工学院研究员韩李豪到访上海交通大学,作题为"Efficient Artificial Photosynthesis Based on Earth Abundant Materials"的学术报告。

29日

△美国加州大学洛杉矶分校博士后研究员何庆林(Qinglin He)到访上海交通大学,作题为"Quantized signature of chiral Majorana fermions"的学术报告。

△美国中阿肯色大学校长休斯顿·戴维斯(Houston Davis)一行到访华东师范大学经济与管理学部。双方围绕学生联合培养、长短期学生交流、教师互访、召开联合学术研讨会等内容进行了充分交流,达成了多项合作意向。

30日

△美国威斯康星大学麦迪逊分校教育研究中心主任约翰·L. 史密森(John L. Smithson)到访华东师范大学,作题为"课堂实施监测与美国教育面临的挑战"的讲座。

△上海美国商会在上海商城举办题为"The 7 Habits of Highly Effective People Foundations — Improve Effectiveness Throughout Your Workforce"的会员培训活动。主讲嘉宾为富兰克林柯维(Franklin Covey)的高级顾问郁伟(Jack Yu)。

△上海美国商会在四季酒店举办上海美国商会年度商务会议(Annual General Business Meeting)。出席会议的特邀主讲嘉宾为New Peak Group的共同创始人和执行主席余刚(Gang Yu)。

下旬

△由中国妇幼保健协会主办、长宁区妇幼保健院协办的“推广国际产科儿科管理服务新模式、提高母婴健康质量国际研讨与临床指导培训班”在沪举办。美国妇产科学院院士、旧金山太平洋医疗中心产科范渊达教授,斯坦福大学医学院医学博士、斯坦福大学妇儿医院 NICU 主任威廉·莱茵博士,旧金山大学护理学博士、斯坦福大学加州医学院客座教授黄曼丽博士等与学员们进行学术互动。

△上海市商务委员会与普陀区政府共同主办“走进普陀——上海市商务委驻沪领事馆及外国驻沪机构答谢会暨普陀交流推介会”。普陀区区长周敏浩、副区长顾军,市商务委副主任杨朝以及美中贸易全国委员会上海代表处、美国加州巴旦木协会上海代表处有关人员出席。

△在美国机械工程师协会主办的国际机械工程大会上,上海交通大学交大密西根学院助理教授申岩峰的论文《基于局部作用模拟法的疲劳裂纹超声导波非线性散射的高效模拟》(“Efficient Modeling of Nonlinear Scattering of Ultrasonic Guided Waves from Fatigue Cracks using Local Interaction Simulation Approach”)获评最佳会议论文奖,以表彰其在疲劳裂纹非线性超声导波散射高效模拟方法方面的研究进展。

本月

△第二批 2016 级哈佛医学院临床学者科研培训项目中国班(C－CSRT)的 22 位华山医院学员赴美国波士顿参加第三次课程,以优异的成绩从哈佛医学院毕业。其中整形外科吴颖之、肾病科尤莉、康复医学科陆蓉蓉 3 位华山医院学员获 TOP10 殊荣,包括手外科陆九州、神经内科程忻、肿瘤科黄若凡、泌尿外科钟山医生、眼科肖位保、手外科郑谋雄在内的 6 位华山医院学员所在的小组获得优秀小组荣誉。

12 月

1 日

△上海美国商会在上海商城举行题为“Aligning Your Organizational Strategy with the Sustainable Development Goals”的 CSR 系列讲座的第四期。主讲嘉宾包括 AVPN 的主管和高级顾问安德鲁·缪尔黑德(Andrew Muirhead)等。

△美国肯塔基大学主管国际事务副教务长苏·罗伯特(Sue Roberts),中国项目办公室执行主任、孔子学院院长修华静女士及国际合作执行主任蒂姆·巴恩斯(Tim Barns)一行到访上海应用技术大学,与该校党委书记刘宇陆等人会见。两校就开展暑期学生交流项目及教师交流培训等方面进行洽谈。

△上海市新闻出版局、市文教结合办召开 2017 年文教结合项目实施情况跟踪评估会,对文教结合项目“高水平高校学术期刊支持计划”入选的期刊建设情况进行评估。经过文教结合项目的持续扶持,全市高校已有 5 种期刊被美国《科学引文索引》(SCI)收录、3 种期刊被 ESCI 收录,34 种期刊被《中文社会科学引文索引》(CSSCI)收录、12 种期刊被 CSSCI 扩展版收录。

△美国威斯康星大学麦迪逊分校副教授慕唯仁(Viren Murthy)到访复旦大学,作题为“泛亚洲主义与黑格尔的幽灵”的讲座。

1—2 日

△由复旦大学美国研究中心主办、上海市美国问题研究所承办的“第十届中美青年外交官对话”在上海举行。来自中国外交部和美国驻华使领馆的青年外交官参与了对话。复旦大学美国研究中心主任吴心伯教授和原美国俄克拉荷马大学美中问题研究所所长葛小伟(Peter Gries)教授主持了此次对话。在为期两天的对话中,中美两国的青年外交官就特朗普执政以来的中美关系、中美在重要

领域的合作机遇、中美亚太互动以及未来中美关系发展面临的挑战等议题开展了坦率、深入和建设性的交流。

2日

△美亚学会第115批国会助手团一行14人到访上海国际问题研究院。上海国际问题研究院国际战略所所长吴莼思、世界经济所所长助理叶玉与代表团就中美关系等问题进行了座谈。代表团团长为威斯康星州民主党联邦参议员塔米·鲍德温(Tammy Baldwin)的州办公室主任珍妮特·皮拉伊诺(Janet Piraino),成员主要为美国国会议员的选区负责人。

4—5日

△华东师范大学经济与管理学部副主任何佳讯代表学部接待到访的美国辛辛那提大学林德纳商学院MBA游学团师生40余人。双方进行了合作会谈,进一步讨论了合作协议。

5日

△上海美国商会教育委员会在上海商城举行主题为“Silicon Valley TechEd Start - up Points Way to Future”的活动。主讲嘉宾为AltSchool的创始人和首席执行官马克思·本蒂拉(Max Ventilla)。

△上海美国商会在上海商城举行题为“GTD — Self - Management in the Digital Age”的午餐学习会。出席活动的嘉宾为GTD高级训练师西里尔·吉古(Cyrille Jegu)。

△上海美国商会未来领袖委员会在上海商城举行主题为“The Secrets of Designing and Delivering Presentations to Influence Anyone!”的培训活动。主讲嘉宾为REV Training & Coaching的资深培训师杰夫·谭(Jeff Tan)。

△美国西北太平洋国家实验室教授张基广到访上海交通大学,作题为“Recent Progresses on the Development of High Energy Li Ion and Li Metal Batteries”的学术报告。

△在拉斯维加斯举行的第二十九届国际电力大会上,上海外高桥第三发电有限责任公司被授予全球清洁煤领导者奖中的最高效率奖和最低氮氧化物排放奖。该奖项由国际能源巨头皮博迪公司出资设立,旨在表彰世界范围内在煤炭

清洁利用和碳减排方面作出杰出贡献的能源企业。这是该奖项设立以来第一次向中国企业颁奖。上海外高桥三电厂总经理施敏应邀接受两大奖项。

6日

△上海市人民政府副市长许昆林在市府贵宾厅会见到访的美国休斯敦市市长西尔维斯特·特纳(Sylvester Turner)一行。双方就进一步加强两市的友好城市关系进行了交流。

△上海交通大学化学化工学院、材料工程与技术学院联合埃克森美孚交大校友会组织师生参与了美国埃克森美孚的企业开放日活动,参访了埃克森美孚亚太中心(美孚上海研发中心)。此次的企业开放日活动加强了学生们对于化学、化工学科的了解。

△上海交通大学农业与生物学院院长周培等人接待到访的美国佐治亚大学农业与环境科学学院助理院长、院全球项目办公室兼主任安穆立特·巴特(Amrit Bart)教授以及佐治亚大学食品科学系终身教授黄耀文一行。双方表示希望在学生培养、科研等方面建立长期有效的联系,为学生和教学人员提供切实的合作交流机会。

△上海美国商会在上海商城举行主题为"WeChat for Brands and Businesses"的活动。主讲嘉宾为31Ten的经营合伙人约瑟夫·勒维克(Joseph Leveque)。

△上海美国商会健康委员会与上海澳洲商会,ChinaBio,ChinaMed Capital,Healthcare Drinks以及武汉大学在上海富豪环球东亚酒店举办"上海假日健康酒会"。

△上海国际问题研究院院长陈东晓会见到访的美中关系全国委员会项目主管墨桐(Thomas Moore)一行。双方就中美数字经济合作、机构间合作等事宜交换了意见。

7日

△美国康涅狄格大学教授马克·罗宾斯(Mark Robbins)到访复旦大学,作题为"理解公民对税收与支出的偏好(Understanding Citizen Preferences for Taxing and Spending)"的讲座。

△美国国立卫生研究院高级研究员、约翰·霍普金斯大学教授张翠林到访

复旦大学，作题为“Determinants and Health Consequences of Diabetes in Pregnancy—A Life Course Perspective”的学术报告。

△上海美国商会在上海浦东香格里拉酒店举行第十六届上海美国商会年度感谢宴会(16th AmCham Shanghai Annual Appreciation Dinner)。

△上汽集团加州资本与全球顶级科技创新生态平台 Plug and Play(PNP)在位于美国硅谷的 PNP 总部签署了合作协议。双方将致力于在智能驾驶、网联汽车、共享出行和汽车电动化等多个领域共同挖掘硅谷的创新力量，培育创新企业，并通过上汽集团在中国的平台，将颠覆性的技术或者产品引入中国市场，搭建起中美两国汽车科技创新的桥梁。

8日

△美国驻华大使泰里·布兰斯塔德(Terry Branstad)和美国驻上海总领事谭森(Sean Stein)一行到访上海根与芽项目合作学校上海市民立中学。布兰斯塔德一行人观摩了民立中学的屋顶花园以及该校学生们的各种环保成果，还饶有兴致地参与了环保酵素的制作，并和师生们交流彼此的环保理念与经验。

△由中国社会科学院和上海市人民政府联合主办的第三届“世界考古论坛·上海”在上海大学开幕。中国社会科学院院长王伟光、上海市市长应勇、国家文物局副局长关强致辞并共同颁发世界考古论坛重要考古研究成果奖。上海市副市长翁铁慧为美国加州大学圣芭芭拉分校教授布莱恩·费根颁发世界考古论坛终身成就奖。英国剑桥大学名誉教授伦福儒勋爵等出席开幕式。

△上海应用技术大学副校长叶银忠会见到访的美国德州大学圣安东尼奥分校副校长雷恩·森特诺(Rene Zenteno)教授一行 5 人。双方讨论了加强两校国际交流合作的发展计划，包括进一步推动双方教师学术交流互派、学生交流及在网络安全专业开展合作项目等事宜。

△上海美国商会在上海商城举行题为“Practical Recruitment Guideline for Getting the Right Talent(探潜求实的招聘甄选实战)”的会员培训活动。主讲嘉宾为上海睿楚管理咨询有限公司的资深顾问侯海甬。

△上海美国商会在上海商城举行政策主题宣讲活动。主讲嘉宾为上海市工商局公平交易处的李英敏副处长以及 Boss & Young 律师事务所的张士海。

△美国俄亥俄州立大学李卫东博士到访上海大学，作题为“如何使用运动教育课程模式和实战情境教学课程模式在中小学体育课程里进行文化教学”的学

术报告。

△美国加州大学伯克利分校教授迪恩·托斯特(Dean Toste)到访上海交通大学,作题为“Organic Reactions Inspired by the Organometallic Chemistry of Gold”的学术报告。

9日

△上海对外经贸大学成立国内首家“人工智能与变革管理研究院”。工业与信息化部原副部长杨学山教授、美国管理学会组织沟通与信息系统分会(AOMOCIS)主席艾曼纽·瓦斯特(Emmanuelle Vaast)教授、SAP硅谷创新创意中心首席数据科学家邬学宁、工业4.0协会会长汪清跃、SAP中国研究院研发总监米凯、上海知言网络科技有限公司CEO张杰、清华大学吴及教授、江苏华信区块链研究院常务副院长吴旭、华东政法大学政治学研究院院长高奇琦等嘉宾出席成立大会。

10日

△“第三届世界考古论坛·上海”期间,来自美国、英国、印度、乌兹别克斯坦等世界各国和地区的150位考古专家到访青浦博物馆,参观了正在展出的《青龙镇与海上丝绸之路》展览。

10—16日

△美国密苏里大学物理与天文系教授大卫·J. 辛格(David J. Singh)到访上海大学,在材料基因组工程研究院开展学术交流活动。12日,辛格教授作题为“First Principles Calculations as a Glue for Connecting Materials and Models”的学术报告。15日,辛格教授作题为“Resolving Contradictory Transport Requirements to Identify New Thermoelectric Materials”的学术报告。

上旬

△上海体育学院与美国运动医学学会(ACSM)在上海联合发布2018中国健身趋势和2018全球健身趋势,这是中国首次对全国健身趋势进行调查。

△由上海市旅游局主办的“2017年上海旅游大课堂”落幕。大课堂邀请中国最佳法国侍酒师大赛冠军、美国国际侍酒师协会授权讲师、Wine100国际

葡萄酒大赛评委吴敏杰(Minjie Wu)作“中外葡萄酒文化与品鉴”专题交流。

△上海仪电董事长王强一行到访美国纽约黑石公司总部,公司高级董事总经理泰勒·S. 亨利兹(Tyler S. Henritze)等高管团队成员接待访客。黑石公司高层介绍了其在美洲及中国地产发展领域的优秀实践案例,尤其看好未来在上海的业务发展,希望进一步加强与上海仪电在产业基金、项目推进、产业并购等方面的深度合作。

11日

△美国约翰·霍普金斯大学副教授约书亚·怀特(Joshua White)到访复旦大学,作题为“华盛顿对‘一带一路’在南亚的看法(Belt and Road in South Asia: A View from Washington)”的讲座。

△美国南佛罗里达大学助理教授李霄鹏(Xiaopeng Li)到访上海交通大学,作题为“Self - Assembly of Multi - Layered Metallo - Supramolecules with Increasing Complexity”的学术报告。

△美国联邦巡回上诉法院前首席法官兰德尔·雷德(Randall R. Rader)到访上海交通大学,作题为“Conversation with Randall R. Rader , former Chief Judge of US Court of Appeals for the Federal Circuit”的讲座,介绍美国知识产权政策的改变,并针对中国知识产权事业发表评论。

△美国科罗拉多大学教授马库斯·拉舍克(Markus Raschke)到访同济大学,作题为“Seeing with the Nanoeye: Accessing Structure, Function, and Dynamics of Matter on Its Natural Length and Time Scales”的学术报告。

12日

△上海应用技术大学副校长叶银忠接待到访的美国肯塔基大学负责国际交流事务副教务长苏·罗伯茨(Sue Roberts)博士及中国项目办公室执行主任、孔子学院院长修华静一行。双方表示希望在学科上优势互补,开展多种形式的学生互派和教师交流活动。

△上海美国商会在位于淮海中路的CONDÉ NAST 时装设计中心举行主题为“Search Marketing through a China perspective”的活动。主讲嘉宾为电子咨询师张永安(Kenneth Cheung)等。

△国际风湿病学顶级期刊《风湿病学年鉴》(*Annals of the rheumatic*

diseases）以“Exome – wide association study identifies four novel loci for systemic lupus erythematosus in Han Chinese population”为题，在线发表了由复旦大学附属华山医院、安徽医科大学附属第一医院、中日友好医院等牵头，北京大学人民医院、北京协和医院、上海交通大学医学院附属仁济医院、中山大学附属第一医院、美国密歇根大学等共同参与完成的中国首项系统性红斑狼疮（SLE）全基因组编码变异研究。

△美国纽约警察总局培训委员会顾问莫虎及其夫人在上海市侨办国外处负责人的陪同下到访复旦大学。复旦大学校长许宁生会见了莫虎一行。复旦大学党委副书记许征、校党委统战部相关负责人参加会见。莫虎一行参观了复旦大学校史馆、智库楼。

△美国西北大学哲学系主任克里斯蒂娜·拉丰（Cristina Lafont）教授到访复旦大学，作题为“想象力的政治：批判理论与现实主义的乌托邦”的讲座。

△美国哈佛大学陈曾熙公共卫生学院副教授梁黎明到访复旦大学，作题为“Power and Method to Detect Cell – Type – Specific Associations in EWAS Using Cell Mixture Samples”的学术报告。

△美国耶鲁大学医学院免疫学系创始人、系主任理查德·弗拉维尔（Richard A. Flavell）教授到访上海交通大学，作题为“Inflammation, Microbiota and Human Health”的学术报告。弗拉维尔教授对交大医学院近年来的工作给予了高度肯定，并表示愿意推动筹建中的“上海交通大学医学院—耶鲁大学医学院免疫代谢研究中心”建设，使之成为上海交通大学医学院和耶鲁大学医学院紧密合作的纽带。

12—13日

△美国华盛顿大学圣路易斯分校奥林商学院副教授姜宝军到访复旦大学，作题为“Inter – Competitor Licensing and Product Innovation”和“Competition of Content Acquisition and Distribution under Consumer Multi – Purchase”的系列讲座。

12—14日

△“加州大学河滨分校中国与越南学习项目”在复旦大学国际关系与公共事务学院举办。欧亚集团主席和创始人之一斯图尔特·牛力博士、美国加州大学

河滨分校西恩・雅索(Sean Jasso)教授与7名学生参加了为期3天的交流访学活动。这是该学习项目的中国行程。活动使到访学生从多个角度了解到中国的发展现状及未来的发展方向与理念,加深了学生对中国文化、经济及外交的认知。

13日

△上海美国商会在上海君悦酒店举行上海美国商会政府事务大会(AmCham Shanghai Government Affairs Conference)。出席会议的演讲嘉宾包括上海美国商会主席(Kenneth Jarrett)、中国金融改革研究院院长刘胜军等人。

△上海美国商会在上海商城举行题为"Business Writing Excellence"的会员培训活动。主讲嘉宾为Celemi Consulting(上海)有限公司的高级咨询师莫妮卡・方(Monica Fang)。

△上海美国商会在和平饭店举行商会圣诞酒会。

△复旦大学数量经济学第五期高端讲坛在复旦大学举办。该论坛的主题为"大数据技术在经济、生物医学和物理学中的应用"。美国宾夕法尼亚大学沃顿商学院苏炜杰(Weijie Su)教授、哥伦比亚大学统计系主任应志良教授、斯坦福大学统计系原系主任黎子良(Lai Tze Leung)教授等专家学者与会并作主题报告。

△上海交通大学密西根学院2017冬季设计展在闵行校区新图书馆开幕。来自学院学生的50个创新项目参展,涵盖了《工程导论》《设计与制造3》《系统设计与实现》等多项实验性课程项目,并特别设置了"全球交叉学科设计项目"展台,全方位展示密西根学院学子的科创成果。参展作品中,来自密西根学院全球交叉学科设计的低成本除雾方案项目由美国通用汽车公司支持,项目参与同学将在中美两地通过实地和远程方式合作,完成赞助企业给定的课题。

△美国加州大学旧金山分校教授邹益民到访华东师范大学,作题为"Wnt/planar cell polarity signaling in neural circuit assembly"的学术报告。

13—20日

△应联合国工发组织纽约代表处、美洲开发银行及日本专修大学邀请,上海社会科学院副院长周伟一行赴美国和日本访问。访美期间,周伟一行拜访了联合国工发组织驻纽约联合国及其他国际组织的机构代表、主任保罗・马塞利(Paul Maseli)与纽约工发组织办公室可持续发展专家亚伦・科恩(Aaron R.

Cohen)，就“一带一路”数据库建设、城市工业发展进行讨论与交流，并就未来双方的合作交换了意见。此外，还和美洲银行进行了深度接触，与美洲开发银行部门和知识副总裁圣地亚哥利维(Santiago Levy)、一体化与贸易部门主要经济顾问毛里西奥·梅斯基塔·莫雷拉(Mauricio Mesquita Moreira)以及对外推广与伙伴合作部门经理贝尔纳多·吉利亚蒙(Bernardo E. Guillamon)等进行交流，在数据库建设、学术平台对接、不定期交流、长期战略合作等方面达成许多共识。

14 日

△主题为“创新设计：城市更新的生命力”的 2017 上海国际创意城市设计创新论坛在沪举行。上海市经济信息化委巡视员、市文创办副主任陈跃华，长宁区委常委、副区长刘平等出席并致辞。美国国家专业设计协会(AIGA)设计创新总监莱提纱·沃尔夫(Laetitia Wolff)与会，并作题为“创新设计构想力促城市的和谐悦动——美国纽约的活力”的演讲。来自美国、法国、荷兰、英国的设计大师、企业领袖等齐聚一堂，展开思想碰撞，探索城市更新中的设计价值。

△上海美国商会不动产和建筑委员会(Real Estate & Construction Committee)组织访问美国联合技术(上海)公司(United Technologies Corporation Shanghai)。活动主讲嘉宾为 UTC 亚洲区企业账户主管 Gek Hai Ng 以及 UTC 亚洲区营销主管赵丽佳(Lijia Zhao)。

△上海美国商会在上海商城举行题为“如何激励你的销售团队以达至卓越成效(How to Motivate Your Sales Force to Outstanding Performance)”的会员培训活动。培训主讲嘉宾为曾担任美国培训与发展协会(ASTD)2009 年国际大会特邀演讲嘉宾的资深培训师 C. J. 额(C. J. Ng)。

△上海交通大学与美国俄勒冈州立大学联合成立“环境可持续与食品质量控制创新中心”揭牌仪式暨首届 ESFC 学术研讨会在上海交通大学举行。俄勒冈州立大学农业科学院院长丹尼尔·阿尔普(Daniel James Arp)教授、副院长威廉姆·埃奇(William Daniel Edge)教授，食品科学技术系赵艳云教授，丰益国际研发中心总经理徐学兵教授，上海交通大学农业与生物学院院长周培、院党委书记齐红与会。会议由农业与生物学院副院长车生泉和刘源教授主持。“环境可持续与食品质量控制创新中心”的创立标志着上海交通大学与俄勒冈州立大学在食品控制与环境领域的研讨与合作取得成果，由此增进了两所大学的友好交流，为进一步的合作奠定了基础。

△美国宾夕法尼亚大学教授杨舒(Shu Yang)到访复旦大学，作题为“Patterning Liquid Crystals for Responsive and Foldable Materials”的学术报告。

15 日

△上海美国商会在上海商城举行主题为“Infertility in the Modern World - A Closer Look at HPV, Ovarian Reserves and Infertility”的活动。主讲嘉宾为嘉会国际医院医师项璐璐。

△上海美国商会在位于愚园路的 The Cannery 酒吧举行上海美商会会员圣诞酒会(AmCham Shanghai Christmas Membership Mixer)。

△美国夏威夷大学教授方岚生(Franklin Perkins)到访复旦大学，作题为“有神论之外的邪恶问题”的讲座。

△美国芝加哥大学教授约瑟夫・斯特恩(Josef Stern)到访复旦大学，作题为“Quotations and Pictures”的讲座。

△美国中佛罗里达大学教授龚学(Xue Gong)到访复旦大学，作题为“Customizable Antenna Array Using Reconfigurable Slot - Ring Antennas”的学术报告。

△美国加州大学旧金山分校教授邹益民(Yimin Zou)到访复旦大学，作题为“Wiring, function and repair of neural circuits”的学术报告。

△美国南佛罗里达大学教授马胜前(Shengqian Ma)到访上海交通大学，作题为“Advanced Porous Organic Polymers for Sustainable Energy: from Separation to Heterogeneous Catalysis and Beyond”的学术报告。

△美国俄勒冈州立大学农业科学学院副院长丹・埃奇(Dan Edge)到访上海交通大学，作题为“发展农业与自然资源专业在线学位项目(Developing Online Degree Programs in Agricultural and Natural Resources)”的学术报告。

17 日

△由上海交通大学附属第九人民医院普外科牵头的中美克罗恩病病理研讨会暨疑难病例讨论会在上海第九人民医院召开。曾获“美国最佳医师”称号的美国芝加哥大学肖书渊(Shuyuan Xiao)教授出席会议并作主题发言。来自

美国、上海、江苏等多地的外科、消化内科、病理科的逾100名医生参会。

△第二届“复旦－中植科学奖”颁奖典礼暨第三届“复旦科技创新论坛”在上海开幕。世界一流科学家齐聚一堂，探讨全球科技前沿和创新趋势。2017诺贝尔物理学奖得主雷纳·韦斯(Rainer Weiss)、基普·索恩(Kip Stephen Thorne)和巴里·巴里什(Barry Clark Barish)共同出席并作题为“LIGO与引力波的发现”的学术报告。与会嘉宾还包括1976年诺贝尔物理学奖得主丁肇中和1985年诺贝尔物理学奖得主克劳斯·冯·克里青(Klaus Von. Klitzing)等。本届论坛为期3天，由主论坛和3个分论坛组成，主题聚焦大数据、量子物理和创新创业等多个领域。活跃在世界各地学界、商界和政界的400余位嘉宾参加本届论坛。

△国际留学生与埃默里MCL项目学生交流分享会在上海交通大学凯原法学院举办。凯原法学院的LLMSJD项目留学生以及埃默里MCL项目即将前往美国学习的部分学生自发组织了本次交流分享会。会上，中美学生带来了自己的才艺表演，并通过交流沟通增进了双方感情。

18日

△美国加州大学尔湾分校教授关智斌(Zhibin Guan)到访复旦大学，作题为“Soft Material Designs at the Interface of Chemistry and Biology”的学术报告。

△美国加州大学伯克利分校教授许婷(Ting Xu)到访上海交通大学，作题为“Supramolecular Nanocomposites: A Possible Path Toward Metamaterials”的学术报告。

△美国加州大学伯克利分校教授曾我健一(Kenichi Soga)到访同济大学，受聘为顾问教授，并作题为“Smart Infrastructure and Construction”的讲座。

19日

△美国弗吉尼亚大学达顿商学院教授陈明哲到访复旦大学，作题为“2017年管理案例教学工作坊(Case Teaching Workshop 2017)”的讲座。

△美国哈佛大学副教授查尔斯·王(Charles C. Y. Wang)到访复旦大学，作题为“Governance through Shame and Aspiration: Index Creation and Corporate Behavior”的讲座。

19—23 日

△上海大学副校长欧阳华率团赴美访问肯塔基大学、宾州大学沃顿商学院、天普大学、哥伦比亚大学、纽约市立大学等多所高校，参观大学基础设施，学习相关学院规划建设和管理经验，就合作方面达成共识。

20 日

△由美国德克萨斯大学奥斯汀分校、西北大学、美利坚大学研究生组成的代表团到访上海国际问题研究院。该院台港澳研究所所长邵育群和所长助理张哲馨就中美关系同代表团进行了交流。

△2017 年上海戏剧学院和哥伦比亚大学编剧专业研究生交换培养项目的教学成果——哥伦比亚大学研究生原创剧作展示演出在上海戏剧学院新空间剧场举行。本次汇报演出由上戏编剧学研究中心出品，上艺戏剧社协办，叶长海教授担任顾问，陆军教授和黄溪副教授担任指导教师。

△美国印第安纳州立大学教授张国平(Guoping Zhang)到访上海交通大学，作题为“Femtomagnetism: From laser - induced femtosecond demagnetization to all - optical spin switching”的学术报告。

△美国加州大学圣地亚哥分校教授郝楠到访上海交通大学，作题为“Systems Biology of cellular aging - Multigenerational silencing dynamics control cell aging”的学术报告。

△美国犹他大学大卫·伊柯丽斯商学院合作伙伴关系主任瓦格纳·达米亚尼(Wagner Damiani)教授一行到访华东师范大学，与该校经济与管理学部副主任何佳讯教授等就海外学习模块、暑期学校、短期项目、教师互访等交换意见。

△美国雪城大学商学院助理教授熊桂洋到访东华大学，作题为“Try It On! Contingency Effects of Virtual Fitting Room”的学术报告。

21 日

△上海美国商会在上海商城举行题为“Manufacturing - Sales - Business Finance for Everyone”的会员培训活动。培训主讲嘉宾为 Celemi Consulting(上海)有限公司的高级咨询师莫妮卡·方(Monica Fang)。

△美国佛罗里达大学教授阿伦·斯里瓦斯塔瓦(Arun Srivastava)到访复旦大学，作题为“AAV: from almost a virus to an awesome vector for human gene therapy"的学术报告。

△美国莱斯大学化学系博士后、研究员易崇岳到访上海交通大学，作题为"Ultrafast and microscopic view on the electronic relaxation dynamics in metal nanostructures"的学术报告。

22日

△美国乔治华盛顿大学教授王会霞到访同济大学，作题为"Quantile Regression with Unknown Parameter Heterogeneity"的学术报告。

23日

△《美国运动医学杂志》(*The American Journal of Sports Medicine*)中文版在广东佛山召开启动会。AJSM中文版主编、中华医学会运动医疗分会候任主任委员、复旦大学运动医学中心主任陈世益教授担任大会主席，并作题为"AJSM过去、现在及未来"的专题报告。

△美国华人人文社科教授协会(ACPSS)主席欧阳荣华教授到访华东政法大学，与该校法律史研究中心陈灵海教授等就合作交流的可能性进行探讨。

25日

△美国密歇根理工大学讲席教授胡云行(Yunxing Hu)的受聘仪式在上海交通大学举行。上海交通大学副校长奚立峰为胡云行颁授聘书并佩戴校徽，表示期望在胡云行教授的带领下，环境学院能进一步开拓发展，争创一流学科。

26日

△美国辛辛那提大学商学院金融教授虞彤到访复旦大学，作题为"In Search of Habitat"的讲座。

△美国马里兰大学副教授陈宇(Yu Chen)到访复旦大学，作题为"Optical image Technology and Application"的学术报告。

△美国芝加哥大学助理教授辛林伟(Linwei Xin)到访上海交通大学，作题为"Dynamic Recommendation at Checkout under Inventory Constraint"的讲座。

27 日

△美国加州大学圣地亚哥分校博士后研究员张璟迪到访上海交通大学，作题为“Ultrafast Dynamic Control of Metamaterials and Emergent Phases in Quantum Materials”的学术报告。

△美国佐治亚理工学院助理教授刘念(Nian Liu)到访东华大学，作题为“Nanoscale design and in operando visualization of energy storage materials”的学术报告。

28 日

△美国西维吉尼亚大学教授张存全(Cunquan Zhang)到访复旦大学，作题为“Flows of Signed Graphs — A Survey”的学术报告。

△美国佛罗里达大学教授吴大鹏到访同济大学，作题为“Knowledge Centric Networking：Challenges and Opportunities”的学术报告。

△美国加州大学戴维斯分校教授孙刚到访东华大学，作题为“Biological Protective Materials with Refreshing and Recharging Abilities”的学术报告。

下旬

△BIG52017 国际青少年冬季篮球锦标赛分别在上海协和国际学校和上海美国学校浦东校区举办。比赛分 5 个年龄组，共计 500 多名球员参赛，现场观摩人数近千人。此次参赛球队来自国内外俱乐部及体校专业队伍，为观众们呈现了高质量、高水准的篮球比赛。

△为了迎合圣诞节日气氛，美国驻上海总领事谭森(Sean Stein)给天猫超市的贵宾递送了来自美国华盛顿的苹果。美国华盛顿苹果协会和阿里巴巴天猫超市联合促销，一同路演，并在全国各地免费分发宣传华盛顿的苹果。

资料来源

上海市人民政府办公厅
http://www.shanghai.gov.cn/shanghai/node2314/index.html

上海市发展和改革委员会
http://www.shdrc.gov.cn/

上海市经济和信息化委员会
http://www.sheitc.gov.cn/ttxw/index_3.htm

上海市商务委员会
http://www.scofcom.gov.cn/

上海市教育委员会
http://www.shmec.gov.cn/

上海市科学技术委员会
http://www.stcsm.gov.cn/info/nIndex.jsp? isSd=false&node_id=GKxxgk&cat_id=10152

上海市民族和宗教事务委员会
http://www.shmzw.gov.cn/gb/mzw/index.html

上海市人口和计划生育委员会
http://www.wsjsw.gov.cn/wsj/n422/n423/index.html

上海市人民政府新闻办公室
http://www.shio.gov.cn/shxwb/xwfb/node169/index.html

上海市人民政府合作交流办公室
http://xzb.sh.gov.cn/

上海市人民政府外事办公室　上海市人民政府港澳事务办公室　上海市人民对外友好协会
http://www.shfao.gov.cn/

上海市人民政府侨务办公室
http://qwb.sh.gov.cn

上海市金融服务办公室
http://sjr.sh.gov.cn/index.html

上海市口岸服务办公室
http://www.shport.gov.cn

上海市民防办公室
http://mfb.sh.gov.cn/mfbwz/mfb/xxgk/index.html

上海市文化广播影视管理局　上海市文物局
http://wgj.sh.gov.cn/node2/n2029/n2030/n2151/index.html

上海市体育局
http://www.shsports.gov.cn

上海市旅游局
http://lyw.sh.gov.cn/lyj_website/HTML/DefaultSite/portal/index/index.htm

上海市社会团体管理局
http://stj.sh.gov.cn/XWZX.aspx

上海市公安局
http://www.police.sh.cn/shga/wzXxfbGj/getList?pa=f41aa3d5accbfad14fcbf784730c1c7fd590f9edd6394372

上海市国家税务局　上海市地方税务局
http://www.tax.sh.gov.cn/pub/xxgk/swdt/

上海市工商行政管理局
http://www.sgs.gov.cn/shaic/news/news.html?section=1

上海市水务局　上海市海洋局
http://www.shanghaiwater.gov.cn

上海市环境保护局
http://www.sepb.gov.cn/fa/cms/shhj/shhj2272/shhj2158/index.shtml

上海市人力资源和社会保障局
http://www.12333sh.gov.cn/201712333/index.shtml

上海市民政局
http://www.shmzj.gov.cn/gb/shmzj/node4/node10/n2566/index.htm

上海市知识产权局
http://www.sipa.gov.cn/gb/zscq/node1/node11/index.html

上海市新闻出版局　上海市版权局
http://cbj.sh.gov.cn/news/newsIndex.jsp

上海市司法局
http://www.justice.gov.cn

上海市食品药品监督管理局
http://www.shfda.gov.cn/gb/node2/yjj/xwzx/jgzx/index.html

上海海关
http://www.customs.gov.cn/publish/portal27/tab34761/

上海市出入境检验检疫局
http://www.shciq.gov.cn/xwzx

上海市气象局
http://www.smb.gov.cn/sh/qxxw/qxyw/index.html

上海市邮政管理局
http://sh.spb.gov.cn/dtxx_13189/

上海市档案局　上海市档案馆
http://www.archives.sh.cn/zxsd/

上海市人民检察院
http://www.shjcy.gov.cn/xwdt/index.jhtml

上海市高级人民法院
http://shfy.chinacourt.org/index.shtml

上海市工商业联合会　上海市总商会
http://www.sfic.org.cn/newlist.aspx? lid=7

上海市文学艺术界联合会
http://www.shwenyi.com.cn/renda/2012shwl/introduction/node16103/work/index.html

上海市社会科学界联合会
http://www.sssa.org.cn/hyyl/index.htm

上海市科学技术协会
http://www.sast.gov.cn/list/36.html

上海市作家协会
http://www.shzuojia.cn/plus/list.php? tid=2&TotalResult=103&PageNo=3

上海市浦东新区人民政府
http://www.pudong.gov.cn/shpd/

上海市黄浦区人民政府
http://www.huangpuqu.sh.cn

上海市徐汇区人民政府
http://www.xuhui.gov.cn/H/xh/portal/index/index.htm

上海市长宁区人民政府
http://www.changning.sh.cn/col/col3984/index.html

上海市静安区人民政府
http://www.jingan.gov.cn/xwzx/xwzx.html

上海市普陀区人民政府
http://ptxw.shpt.gov.cn/

上海市虹口区人民政府
http://www.shhk.gov.cn/shhk/xwzx/

上海市杨浦区人民政府
http://www.shyp.gov.cn/shyp/index.html

上海市闵行区人民政府
http://travel.shmh.gov.cn/publish/portal0/tab3592/

上海市宝山区人民政府
http://bsq.sh.gov.cn/bswz_website/HTML/bsmh/portal/index/index.htm

上海市嘉定区人民政府
http://jiadingbao.jiading.gov.cn/

上海市奉贤区人民政府
http://www.fengxian.gov.cn/shfx/subywzx/

上海市松江区人民政府
http://www.songjiang.gov.cn

上海市金山区人民政府
http://jsq.sh.gov.cn/gb/shjs/index.html

上海市青浦区人民政府
http://www.shqp.gov.cn/gb/special/node_9029.htm

上海市崇明区人民政府
http://www.cmx.gov.cn/HTML/DefaultSite/shcm_xwzx_cmxw_cmyw/List/list_0.htm

上海市红十字会
http://www.redcross-sha.org/Home/Category.aspx? id=2

上海图书馆　上海科学技术情报研究所
http://www.library.sh.cn

国家海洋局东海分局
http://www.eastsea.gov.cn

中国民用航空华东地区管理局
http://hd.caac.gov.cn

上海化学工业区管理委员会
http://www.scip.com.cn/jsxw.asp? q=1

上海临港产业区管理委员会
http://www.lgxc.gov.cn/news/news-list.aspx

上海市虹桥商务区管理委员会
http://www.shhqcbd.gov.cn/HTML/shhq/shhq_zxdt_yw/List/list_0.htm

上海广播电视台　上海文化广播影视集团有限公司
https://www.smg.cn/review/index.html

上海市漕河泾新兴技术开发区发展有限公司
http://www.caohejing.com/Item/News.aspx?t=378

上海浦东发展(集团)有限公司
http://www.shpdg.com/news.do?method=imageNews&currentPage=6

上海张江(集团)有限公司
http://www.zjpark.com/cn/News.php

上海百联(集团)有限公司
http://www.bailiangroup.cn/html/news/new-bl/

上海市城市建设投资开发总公司
http://www.smi-co.com/node2/n578/n579/n581/index3.html

上海市国际贸易促进委员会
http://www.cpitsh.org

宝钢集团有限公司
http://www.baosteel.com/group/channels/1670.html

中国商用飞机有限责任公司
http://www.comac.cc/xwzx/gsxw/index_2.shtml

中国海洋石油集团有限公司
http://www.cnooc.com.cn/col/col201/index.html

中国东方航空集团有限公司
http://www.ceairgroup.com/channels/13.html

上海浦东发展银行股份有限公司
http://www.spdb.com.cn

上海铁路局
http://www.shrail.com/90_stxw.htm

上海虹桥经济技术开发区联合发展有限公司
http://www.shudc.com/sh/list.asp?id=60

上海外高桥(集团)有限公司
http://www.china-ftz.com/showlist.asp? cataid=31

上海陆家嘴(集团)有限公司
http://www.ljz.com.cn/news.aspx

上海临港经济发展(集团)有限公司
http://www.shlingang.com/web/news-center.aspx

上海港城开发(集团)有限公司
http://www.shharborcity.com/news/news.asp

上海仪电控股(集团)公司
http://www.inesa.com/ydxw/index.php? page=4&classId=53&listnum=10

上海纺织控股(集团)公司
http://www.shangtex.biz/news/newsList/M3256654/I1/P1.shtml

上海华谊(集团)公司
http://www.shhuayi.com/news.aspx

上海电气(集团)总公司
http://www.shanghai-electric.com/Pages/News/NewsList.aspx? Type=2&Sec=0

上海汽车集团股份有限公司
http://www.saicgroup.com/chinese/xwzx/xwk/2015/index.shtml

上海华虹(集团)有限公司
http://www.huahong.com.cn/2011/cn/News/default.aspx? page=2

光明食品集团
http://www.brightfood.com/cn/news.aspx? page=5&Class_ID=25

上海市供销合作总社
http://www.shcoop.com/

上海良友(集团)有限公司
http://www.shliangyou.com/news/news_list.htm? no=6

上海实业(集团)有限公司
http://www.siic.com/gb_news.php

上海久事公司
http://www.jiushi.com.cn/NewList.aspx?type=6

上海国际集团公司
http://www.sigchina.com/index.php/home/news/39

上海国盛(集团)有限公司
http://www.sh-gsg.com/dynamic.aspx?tpid=2

上海市信息投资股份有限公司
http://www.sii.com.cn/news.aspx

上海科技投资公司
http://www.sstic.com.cn/xinwenzhongxin-194639.html

上海工业投资(集团)有限公司
http://www.siig.cn/catalog/common/common.action?pid=1000003

上海申虹投资股份有限公司
http://www.sh-sr.com.cn/mhdj/2013shsr/node188/node191/index.html

上海交运(集团)公司
http://www.cnsjy.com/index.php

上海磁浮交通发展有限公司
http://www.smtdc.com/cn/xwzx.html

上海申通地铁集团有限公司
http://www.shmetro.com/node49/index.htm

上海国际港务(集团)股份有限公司
http://www.portshanghai.com.cn/jtwbs/webpages/news_list.jsp

上海机场(集团)有限公司
http://www.shairport.com

东方国际(集团)有限公司
http://www.oih.com.cn/news/groupnews.html

上海锦江国际(集团)有限公司
http://www.jinjiang.com/about/foreign/

上海市衡山(集团)有限公司
http://www.hengshan.com.cn/media_center_news.php

上海申迪(集团)有限公司
http://www.shendi.com.cn/news.html?pageIndex=2

上海爱建股份有限公司
http://www.aj.com.cn/ajc/gsdt/ajyw/

申能(集团)有限公司
http://www.shenergy.com.cn/news.aspx

上海市电力公司
http://www.sh.sgcc.com.cn/html/main/col3/column_3_1.html

上海电力建设有限责任公司
http://www.sepcc.com/News1.html

中航商用飞机发动机有限责任公司
http://www.acae.com.cn/portal/About/Index_4.aspx#

中国华能集团有限公司
http://www.chng.com.cn/n31531/n31597/index.html

中国石化上海石油化工股份有限公司
http://spc.sinopec.com/spc/news/news_report/

中远集装箱运输有限公司
http://www.coscon.com/forward.do?selectI=2&language=zh

中波轮船股份公司
http://www.chipolbrok.com.cn/chipolbrok/article/articleFront.do?method=viewNewsList&_category=46&i18n=zh_CN

中交上海航道局有限公司
http://www.cccc-sdc.com

中交第三航务工程局有限公司
http://www.ccshj.com/list.do?articleType_id=117

中国移动通信集团上海有限公司
http://www.10086.cn/aboutus/news/GroupNews/

中国联合网络通信有限公司上海分公司
http://www.chinaunicom.com/news/jtxw/index.html

中国电信上海公司
http://www.chinatelecom.com.cn/news/02/

中国银行业监督管理委员会上海监管局
http://www.cbrc.gov.cn/chinese/home/docViewPage/113.html

中国人民银行上海总部
http://shanghai.pbc.gov.cn/fzhshanghai/113571/index.html

中国工商银行上海市分行
http://www.sh.icbc.com.cn/ICBC/%E4%B8%8A%E6%B5%B7%E5%88%86%E8%A1%8C/%E5%88%86%E8%A1%8C%E5%8A%A8%E6%80%81/

中国建设银行上海市分行
http://ccb.com/sh/cn/index.html

中国农业银行上海市分行
http://www.95599.cn/cn/branch/sh/news/default.htm

中国农业发展银行上海市分行
http://www.adbc.com.cn/templates/shanghai_list/index.aspx?nodeid=402&pagesize=1&pagenum=17

国家开发银行上海市分行
http://www.cdb.com.cn/xwzx/szyw/

交通银行上海分行
http://www.bankcomm.com/BankCommSite/shtml/shanghai/cn/1692/1698/list_1.shtml?channelId=1692

中国民生银行上海分行
http://www.cmbc.com.cn/cs/Satellite?c=Page&cid=1375342063640&currentId=1356495495741&pagename=cmbc%2FPage%2FTP_InvestorRelationsLayout&rendermode=preview

上海银行
http://www.bankofshanghai.com/zh/sy/sy_sykx/index.shtml

上海农村商业银行
http://www.srcb.com/latestnews/index.shtml

中国证券监督管理委员会上海监管局
http://www.csrc.gov.cn/pub/shanghai/zxgx/

中国证券登记结算有限责任公司上海分公司
http://www.chinaclear.cn/zdjs/xgsdt/center_list_one.shtml

上海证券交易所
http://www.sse.com.cn/aboutus/mediacenter/hotandd/

上海期货交易所
http://www.shfe.com.cn/news/news/

中国保险监督管理委员会上海监管局
http://www.circ.gov.cn/tabid/359/Default.aspx

中国太平洋保险(集团)股份有限公司
http://www.cpic.com.cn/asset/infor/index.shtml

中国人民财产保险股份有限公司上海市分公司
http://www.picc.com.cn/html1/folder/0/2907-1.htm

中国人寿保险股份有限公司上海市分行公司
http://www.e-chinalife.com/news/index.html

中国平安财产保险股份有限公司上海分行公司
http://about.pingan.com/pinganxinwen/pinganxinwen_cn.shtml

太平财产保险有限公司上海分行公司
http://www.cntaiping.com/news/

长江养老保险股份有限公司
http://www.cj-pension.com.cn/cjyl/CN/

中国福利会
http://www.cwi.org.cn/zh/list.aspx? type=XWSX

上海科技馆
http://www.sstm.org.cn/newslist/10

上海大剧院
http://www.sgt-artscenter.org/contlist.aspx?prog=XWYGZ

上海音乐厅
http://www.shanghaiconcerthall.org/news/article/reports/

东方艺术中心
http://www.shoac.com.cn/Calendar.aspx

上海博物馆
http://www.shanghaimuseum.net/education/show/show.action

上海美术馆
http://shanghaimeiguan.meishujia.cn/?act=usite&said=414&usid=822

文汇报社
http://whb.news365.com.cn/

解放日报社
http://newspaper.jfdaily.com/jfrb/html/2016-01/27/node_2.htm

新民晚报社
http://xmwb.xinmin.cn/html/2016-01/28/node_1.htm

澎湃新闻
http://www.thepaper.cn/

东方网
http://www.eastday.com.cn/

上海社会科学院
http://www.sass.org.cn/Default.aspx?tabid=1607.

上海国际问题研究院
http://www.siis.org.cn

上海科学院
http://www.sast.org.cn/index.php?action=listPage&part_id=120&page=3

中国科学院上海分院
http://www.shb.cas.cn/xwzx/xwdt/

复旦大学
http://www.fudan.edu.cn/2016/index.html

上海交通大学
http://news.sjtu.edu.cn/

同济大学
http://news.tongji.edu.cn/

第二军医大学主页新闻网站
http://www.smmu.edu.cn/183/list.htm

华东师范大学
http://www.ecnu.edu.cn/

华东理工大学
http://www.ecust.edu.cn/

东华大学
http://www.dhu.edu.cn/

上海外国语大学
http://www.shisu.edu.cn/

上海上海财经大学
http://www.shufe.edu.cn/structure/index

华东政法大学
http://www.ecupl.edu.cn/

上海纽约大学
https://shanghai.nyu.edu/

中医药大学
http://www.shutcm.com/

上海师范大学
http://www.shnu.edu.cn/

上海大学
http://www.shu.edu.cn/IndexPage.html

上海理工大学
http://www.usst.edu.cn/

上海海洋大学
http://www.shou.edu.cn/

上海政法学院
http://www.shupl.edu.cn/

上海体育学院
http://www.sus.edu.cn/

上海音乐学院
http://www.shcmusic.edu.cn/

上海戏剧学院
http://www.sta.edu.cn/

上海电力学院
http://www.shiep.edu.cn/

上海对外经贸大学
http://www.suibe.edu.cn

上海第二工业大学
http://www.sspu.edu.cn

上海应用技术大学
http://www.sit.edu.cn/s/97/t/300/main.htm

上海交通大学医学院附属仁济医院
http://www.renji.com/Jiaoliu/Xueshu/List_d63b4323bfaa4861abb405d4c384a55d

上海市第一人民医院
http://www.firsthospital.cn/news/news.html

复旦大学医学院附属华山医院
http://www.huashan.org.cn/news/tuwenxinwen

复旦大学医学院附属儿科医院
http://ch.shmu.edu.cn/news/yiyuanxinwen

上海第十人民医院
http://www.shdsyy.com.cn/web/index.php?classid=9062&page_9062=1

上海市精神卫生中心
http://www.smhc.org.cn/yixue/yyxw/list_186.aspx?page=3

上海市儿童医院
http://www.shchildren.com.cn

上海交通大学医学院附属瑞金医院
http://www.rjh.com.cn/2013ruijin/ruijin/rj_fax/rjxw/index.shtml

同济大学附属同济医院
http://www.tongjihospital.com.cn/news/index.php?action=news

上海交通大学医学院附属第九人民医院
http://www.9hospital.com.cn/djy_web/html/djy/jy_xwgg/List/index.htm

上海交通大学医学院附属新华医院
http://www.xinhuamed.com.cn/NewsCenter.aspx

上海交通大学医学院附属上海儿童医学中心
http://www.shchildren.com.cn/shchildren_website/html/shset/shset_yyfw_xwzx_yykx/List/list_0.htm

上海市胸科医院
http://www.shxkyy.com/yyxw/list_7.aspx?page=6

复旦大学医学院附属中山医院
http://www.zs-hospital.sh.cn

复旦大学医学院附属眼耳鼻喉科医院
http://www.fdeent.org/news/xinwendongtai/6

复旦大学医学院妇产科医院
http://fckyy.fudan.edu.cn/news/yyxw#

复旦大学医学院附属肿瘤医院
http://www.shca.org.cn/dazhong/list/yiyuanxinwen

上海市肺科医院
http://www.shxkyy.com

上海第二军医大学附属长征医院
http://www.shczyy.com/front/news.aspx? quest=yiyuanxinwen

上海第二军医大学附属长海医院
http://chinachanghai.360500.com

上海第二军医大学附属东方肝胆外科医院
http://www.ehbh.cn

上海中医药大学附属岳阳医院
https://www.shyueyanghospital.com

上海中医药大学附属龙华医院
http://www.longhua.net/

上海中医药大学附属曙光医院
http://www.sgyy.cn/cn/news/

上海市中医医院
http://szy.sh.cn/szy/html/shzyy/shzyy_dtjb_xwdt/List/list_0.htm

上海市华东医院
http://www.huadonghospital.com/HDhospital/include/news/xwgg_index.jsp? columnId=3

上海市第一肺科医院
http://shsfkyy.com

上海市第一妇婴保健院
https://www.51mch.com

上海市眼病防治中心　上海市眼科医院
http://www.shsyf.com/List/News/11

中国福利会国际和平妇幼保健院
https://www.ipmch.com.cn

美国驻上海总领事馆
https://china.usembassy-china.org.cn/zh/

上海美国商会
https://www.amcham-shanghai.org/en/events/upcoming

（上述单位排名不分先后）

后记

中国人常说“只争朝夕”，西方人则讲究“行事要趁机会好”。中美地方合作正当其时。中国国家主席习近平曾在中美省州长会议时强调中美地方交流合作的重要性。上海自开埠至今已有175年，特殊的地缘优势与人文特点，使得上海与美国地方交流历史源远流长、内容精彩纷呈。

175年风云际会，175年春风化雨，上海作为中美两国交往的缩影和窗口发挥了独特的作用，为两地交流互通架起了桥梁，在不断汲取多元文化的同时，见贤思齐、追求卓越，成就了其独特的城市性格。

呈现在读者面前的《上海与美国地方交流年度大事记(2017)》以大事选编的形式汇总了上海与美国地方政府及民间各方在各领域双向交往的热点、亮点和重要事件。本卷记载了2017年度涉及沪美地方交流的各类事项共计1300余件，所涉及的领域主要包括文化艺术、教育、社会科学、外事、科技、医疗卫生、经济与金融等。

通过全面、简要的梳理，大致可以看出2017年沪美地方交流的一些主要特点：第一，沪美地方双方互动交流密度大，涉及领域非常广泛；第二，双方交流层次高，参与沪美地方交流的行为体比较广泛；第三，美国官方在推动交流方面表现积极，非政府组织的参与非常主动、活跃。

从沪美地方交往的各领域情况来看，2017年，上海与美国地方在经贸、文化、旅游等领域的交流与合作保持着良好的势头。统计显示，全年，上海接待美国入境游客达73万多人次，同比增长5.94%，美国成为上海第二大外国客源国(按过夜外国人计)。同期，美国在上海投资项目达266个，实到外资同比增长7.98%；至年底，美国在沪投资项目累计8772个，占上海外商投资企业的9.6%。外事方面，除了丰富多元的民间交流活动，地方政府继续加强同美国州政府密切互动与合作，并以扩大对美地区友好交往为抓手，推动上海涉美工作调档升级，具体表现为：一、市政府领导先后会见5位美国州长及其代表团，为发展地方友谊及促进经贸及农业等领域合作提供契机；二、深化与三大友城交流与合作，开拓与重点地区佛罗里达州的合作；三、推动区级政府开展与美国相应地区政府的友好关系。医疗卫生方面，相较于2016年，2017年度沪美地方医院间的互访与合作形式多样，既有“请进来”，也有“走出去”，汲取各自专科及医疗管理优势，加强医院建设。上海首家与美国哈佛大学医学院合作的外资医院落地，标志着上海开始探索多元化办医格局，引入国际先进技术，通过资本“嫁接”形成特色专科，定位对接外籍本土双重市场的现象抬头。在1300余条交往事件中，学术交流和院校际之间涉及众多专业领域的教育合作，如同往年一样占据条目总数半成；沪美地方学术交流主要集中在自然科学以及经济学、经济管理等相关领域，诸如文学、历史、哲学等人文与社会科学领域交流则比较少。

作为一本工具书，为了加强其美观度和实用性，本卷对原先的排版形式进行了调整，参考年鉴的排版形式编排条目。

本卷正文部分的原始资料来源于上海市政府机关、企事业单位及媒体等机构的官方网站。编辑团队在原始资料的基础上对相关内容进行了筛选和编排。资料来源所涉及的官网多达200余个，由于搜索工作量大、部分官网更新滞后等原因，本卷难免有粗疏之处，恳请广大读者和同仁不吝指正。

本套丛书由本所常务所长胡华和外联室副主任叶君策划。编写组组长为马学新、李奕昕，郭东豪、包毅楠、林艳雯、陈晓莺、黎莎莎等人参与条目收录和编写工作。在前期策划及编撰过程中许多单位和个人提供了大力支持和帮助，其中，上海市商务委员会、上海市人民对外友好协会、上海市文化广播影视管理局、上海市旅游局、上海市教育科学研究院等单位为本卷提供了研究数据和图文资料；上海市报纸行业协会会长吴芝麟、上海公共外交协会副会长道书明、上海社会科学院历史研究所所长王健、上海市人民对外友好协会欧美处处长薛彬、中国社会科学院美国研究所副研究员仇朝兵、复旦大学美国研究中心副主任宋国友等沪上知名专家参与了本卷部分内容的甄选评审工作，在此一并致以衷心的感谢和敬意！

我们将一如既往编好每年一本的《上海与美国地方交流年度大事记》，以期保存、展现和传承上海与美国地方交往的丰硕成果，同时为相关研究积累素材、提供线索、打开思路。

在今后的编撰过程中，我们殷切地期盼能得到上海市政府所属各委、办、局领导、工作人员及更多学界同仁的指导和帮助！我们将继续努力，力争把本套丛书做得更好，不断扩充内容，在史料积累的基础上进行理论提炼和总结，根据研究数据分析和研判沪美地方交往的特色和趋势，为“上海学”学科建设奠定基础。

上海市美国问题研究所

上海与美国地方交流课题组

2018 年 4 月 16 日

《上海与美国地方交流年度大事记(2017)》编写组

编写组组长：马学新　李奕昕

编写组成员：叶　君　郭东豪　包毅楠　林艳雯　黎莎莎　陈晓莺

合 作 单 位：上海市商务委员会

上海市文化广播影视管理局

上海市旅游局

上海市教育科学研究院

专家顾问（按姓氏笔画排序）：

上海社会科学院历史研究所所长　王　健

中国社会科学院美国研究所副研究员　仇朝兵

上海通志馆副馆长　吴一峻

上海市报纸行业协会会长　吴芝麟

复旦大学美国研究中心副主任　宋国友

上海市商务委员会主任　尚玉英

上海市美国问题研究所常务所长　胡　华

上海市公共外交协会副会长　道书明

上海市旅游局副局长　程梅红

上海市教育科学研究院研究员　谭晓玉